高职高专旅游与酒店管理专业系列教材

导游讲解实务(微课版)

刘　霜　陈浩东　曹苏杭　主　编
胡晓琴　邓　捷　常　颖　副主编

清华大学出版社
北　京

内 容 简 介

本书以典型工作任务为载体,提炼旅游人才所需的职业能力;以导游员实际工作任务为核心,确定模块提升、螺旋递进的教材结构体系;以金牌导游炼成记为主线,设置博识筑基、实战演练、匠心精研、岗课融合四大教学模块,旨在培养具备"匠心服务"精神、懂创意、善讲解、会管理的旅游界高素质技能型精英人才。

本书包括实用性强的四大模块、10 个学习型项目、59 个学习任务。每个学习任务包括:引言、情境导入、任务描述、相关知识、操作示例、动笔创作、角色练习等。每个学习任务中还包含相应的交互式课件、在线课堂,体现多形式、多维度、多场景、多角色等特点。本书还将业内的前沿技术和最新成果纳入课程体系,并融入行业最新的发展动态和前沿理念,帮助学习者紧跟行业发展趋势,为未来的职业生涯做好准备。

本教材是浙江省高职教育"十四五"教学改革项目"基于核心素养的旅游国际化精英人才培育路径研究与实践——以旅游管理中外合作专业为例"(项目编号:jg20230193)、浙江省第三批在线精品课程、2024 年浙江省教育厅高等学校访问学者教师专业发展项目(项目编号:FX2024164)的研究成果之一。

本书既可以作为高职高专院校旅游管理专业教材,也可以作为导游、旅游规划、智慧景区开发与管理、酒店数字化运营等专业的教材,以及全国导游人员资格考试的参考书。本书还可供有志于从事旅游工作的专业人士、管理人员学习、参考。

图书在版编目 (CIP) 数据

导游讲解实务:微课版 / 刘霜,陈浩东,曹苏杭主编 . -- 北京:清华大学出版社,2025. 7. -- (高职高专旅游与酒店管理专业系列教材). -- ISBN 978-7-302 -69500-4

Ⅰ. F590.633

中国国家版本馆 CIP 数据核字第 20253KY178 号

责任编辑:刘远菁
封面设计:常雪影
版式设计:方加青
责任校对:马遥遥
责任印制:沈　露

出版发行:清华大学出版社
　　　　　网　　　址:https://www.tup.com.cn,https://www.wqxuetang.com
　　　　　地　　　址:北京清华大学学研大厦 A 座　　　　邮　　编:100084
　　　　　社 总 机:010-83470000　　　　　　　　　　邮　　购:010-62786544
　　　　　投稿与读者服务:010-62776969,c-service@tup.tsinghua.edu.cn
　　　　　质 量 反 馈:010-62772015,zhiliang@tup.tsinghua.edu.cn
印 装 者:三河市人民印务有限公司
经　　销:全国新华书店
开　　本:185mm×260mm　　　**印　　张:**16.75　　　**字　　数:**377 千字
版　　次:2025 年 7 月第 1 版　　　**印　　次:**2025 年 7 月第 1 次印刷
定　　价:58.00 元

产品编号:106932-01

前言 ▶ PREFACE

党的二十大报告指出："繁荣发展文化事业和文化产业。""坚持以文塑旅、以旅彰文，推进文化和旅游深度融合发展。"文化产业和旅游业一直是相互促进、相互依存的，要建成"文化强国"，离不开高素质旅游人才的培养。

在当今旅游行业蓬勃发展的时代背景下，导游员作为连接游客与旅游资源的桥梁，正发挥着举足轻重的作用。在游客心目中，导游员是一个国家、一个地区的代表，是当之无愧的"民间大使"。导游服务是整个旅游服务的中心环节，"没有导游的旅行是不完美的旅行，甚至是没有灵魂的旅行"。导游的讲解能力深刻影响着游客的旅游体验，导游本身更是地域文化传播与历史文明传承的重要载体。在旅游环境日益复杂多变的今天，如何使导游的讲解更加生动有趣、引人入胜，成了每一位旅游教育工作者亟待解决的课题。

正是基于这样的背景，湖州职业技术学院旅游管理学院副教授刘霜携手湖州职业技术学院陈浩东博士、曹苏杭老师、嘉兴职业技术学院研学旅行管理与服务专业负责人胡晓琴副教授、浙江舟山群岛新区旅游与健康职业学院旅游学院邓捷副院长、浙江农业商贸职业学院常颖老师等人，精心编写了这部《导游讲解实务》。本教材建设团队有42人，包括校内外优秀教师、企业专家和技术人员。团队建设以"双元双优"为建设模式。校内教师既是专业教师，又是全国高级导游、行业专家。校外教师不仅是行业专家、优秀校友，也热心于教育事业，拥有丰富的行业资源。

本教材由刘霜、陈浩东、曹苏杭老师担任主编，胡晓琴、邓捷、常颖担任副主编，王笒文(湖州城乡旅游有限公司总经理)、吴冬梅(湖州畅行国际旅行社有限公司总经理)、杨缘缘(浙江信息工程学校办公室主任)参编。其中项目1、项目2、项目3为刘霜老师编写，项目4、项目5为陈浩东老师编写，项目6为邓捷老师编写，项目7为胡晓琴老师编写，项目8为常颖老师编写，项目9、项目10为刘霜老师编写，附录A1和A4为曹苏杭老师编写，附录A2和A3为陈浩东老师编写。刘霜、吴冬梅老师负责最后的统稿工作。

与本教材配套的系列微课视频获批第三批浙江省精品职业教育在线开放课程，其中项目1、项目2、项目3、项目4、项目5、项目8为刘霜老师拍摄，项目6为刘霜、李朋老师拍摄，项目7为刘霜、池诗曼(参赛学生)、钱沁(参赛学生)拍摄，项目9、项目10为刘霜、曹苏杭、付意(参赛学生)拍摄，附录"文化寻根，金牌导游细说湖州风韵"为俞春燕主任(湖州市旅游公共服务中心主任)与国家级(湖州市旅游协会导游分会会长王竿文)、省级、市级金牌导游(共22名)共同完成。刘霜、曹苏杭老师负责最后的统稿工作。

感谢湖州市文化广电旅游局、湖州市旅游协会、湖州新国际旅行社有限公司、湖州城乡旅游有限公司、湖州畅行国际旅游有限公司等，为本教材提供一线资料。感谢浙江信息工程学校、湖州市艺术和设计学校、衢州第二中等专业学校、安吉上墅私立职业高级中学、浙江省瑞安市农业技术学院的大力支持。

教材 特色

1. 价值引领，立德树人。通过"环太湖工匠学院""全国党建样板支部"，实现技能大师、校内导师与企业导师的融合；教学过程通过课前、课中、课后三阶段进行"润物细无声"的价值引领；围绕"岗、课、赛、证"四个维度，全方位、全过程育人；最终通过五递进，实现德技并修的高素质能工巧匠的培育目标。

2. 结构新颖，层次递进。本书改变了传统教材"章、节、单元、课"之类的框架体系，构建了模块、项目、任务、知识探究、资料链接等层层相扣、螺旋递进的新体系。以金牌导游炼成记为主线，设置博识筑基、实战演练、匠心精研、岗课融合四大教学模块。

3. 理实并重，强化实操。依据职业教育国家标准体系，对接职业标准和岗位(群)能力要求，依托国家/省级导游大赛、世界旅行及旅游合作组织(GTTP)案例研究、红色旅游策划等技能赛项与全国导游资格证、1+X证书，组建由"导师、学长、学弟"构成的"师徒结对、生生结对"实践共同体，有效衔接学生的第一课堂与第二课堂，开展"一学期一项目、一周一任务、每周一汇报"的"导师+项目+团队"的创新型旅游精英人才培养方式。

4. 突出本土，传承中华。在介绍不同类型旅游景点的讲解艺术与技巧时，教材特别注重深挖符合课程内容的浙江本土教学资源，强调课程教学内容的实用性，体现课程教育的生活性、生动性、具体性及鲜明的时代性，从而帮助学习者更好地了解和掌握地方文化的精髓，成为中华优秀传统文化的传承者和传播者。

5. 资源丰富，信息化强。本书充分运用信息化技术，建设"新形态立体教材"。通过教师讲授、专家访谈、现场拍摄、案例讲解等多种方式精心制作了82个微课视频(含附录中的23个)，这些视频以二维码的形式附在相关内容旁，可供学习者扫码观看。此外，依托浙江省高等学校在线开放课程共享平台，开展线上线下混合式教学，将配套的课程标准、教学课件、习题库①等多元的信息化学习资源一并提供给读者，以促进教与学的高效展开。

本书的目标是为广大的导游从业者及旅游专业的学生提供一本既实用又富有指导意义

---

① 教师和学生拿到书，先扫描封底刮刮卡，再扫描书内习题码，确认是否能正常做题；关注"文泉考试"公众号，这个公众号可作为除图书以外的第二入口；教师在公众号内先进行教师认证，待认证通过后可创建班级，将班级码分享给学生，提示学生加入；学生扫描书内习题码或者点击公众号上的"做题"，做完题后，输入班课码，可提交答案；教师可从后台导出成绩。

的指导手册，帮助他们在导游讲解的道路上不断精进，成为真正的文化传播者和旅游体验的塑造者。

《导游讲解实务》教材的编写是一项系统而复杂的工程，凝聚了作者多年的教学经验和业界同仁的智慧。我们深知，任何一部教材都不可能尽善尽美，因此在未来，我们将不断听取广大师生和旅游业界的反馈意见，对教材进行持续的修订和完善。真诚期待你的反馈！反馈邮箱：wkservice@vip.163.com。

最后，我们要感谢所有为这部教材的编写付出辛勤努力的同仁和朋友们！同时，衷心希望广大读者能够喜欢这部教材，并在学习和实践中不断取得新的进步和成就！让我们携手共进，为推动旅游业的繁荣和发展贡献自己的力量！

编者

2025年1月

目录 ▶ CONTENTS

模块3　匠心精研，导游讲解技巧持续精进 / 81

模块4　岗课融合，导考型讲解赛证并蓄融通 / 145

项目1　导游启航：讲解基础

项目结构

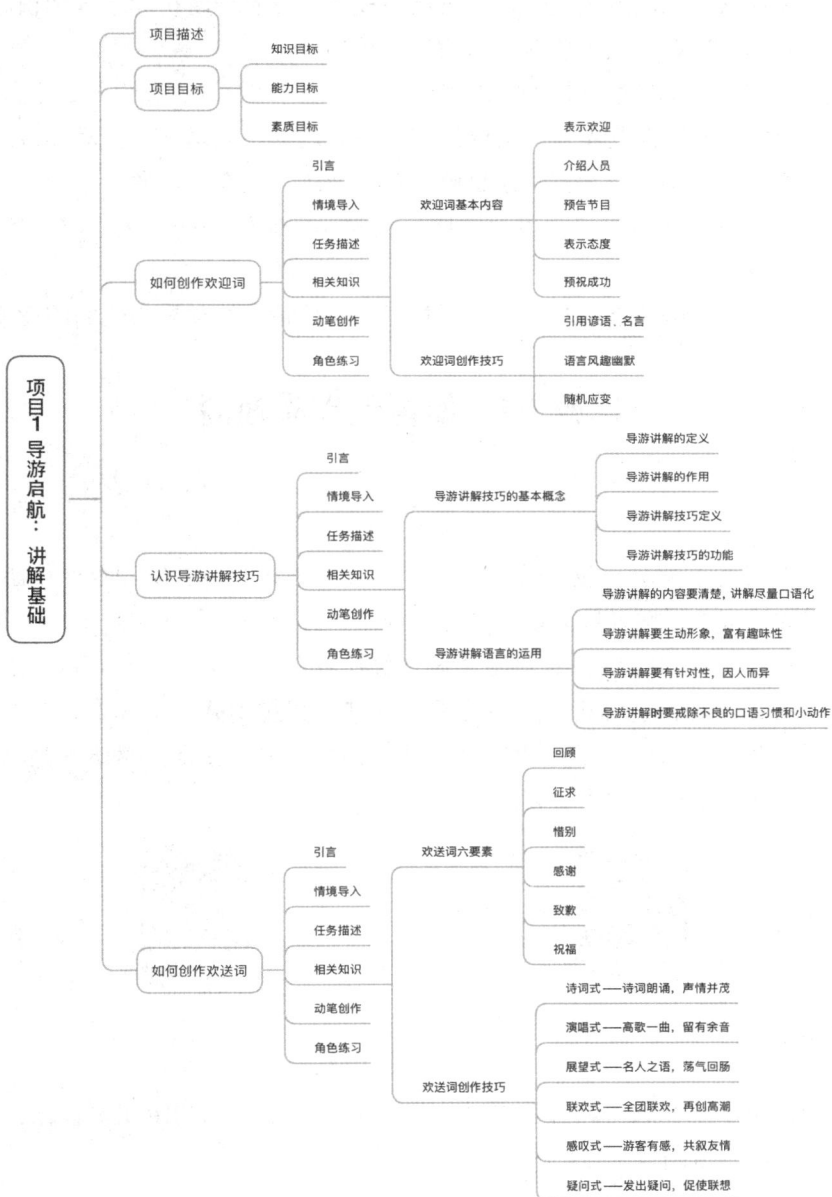

项目描述

对导游来说，讲解工作是整个工作职责中的重头戏。结构完整规范、用词妥当亲和的欢迎词、导游讲解词、欢送词会提升游客对导游的信任和依赖感，从而使导游的其他日常服务工作变得容易实施。在教师分发工作任务书的基础上，学生通过自主收集资料、角色扮演、讲解训练、小组讨论、互相纠错等方法，学会欢迎词、导游讲解词、欢送词的创作与表达。

项目目标

知识目标： 1. 概述欢迎词的五大要素、三大撰写技巧，以及导游讲解基础知识。

2. 概述欢送词的六大要素、六大撰写技巧。

3. 撰写和讲解导游欢迎词、欢送词。

能力目标： 1. 根据不同团队的特点，灵活运用导游欢迎词、欢送词的撰写和讲解技巧。

2. 通过小组协作，掌握导游讲解技巧，锻炼与人有效沟通的能力。

素质目标： 1. 通过理解和运用口头表达的修辞艺术，领略汉语的博大精深，增强语言文化的自信。

2. 在导游讲解技能的学习中，自觉树立起传播我国优秀文化的职业使命感。

任务 1.1　如何创作欢迎词

引言

欢迎词的撰写和讲解会重复出现在地陪导游、全陪导游、领队和景区导游的服务过程中，而且学好欢迎词的讲解能够为以后的导游词讲解打下基础，任务虽小，但非常关键。

欢迎词的讲解是导游接到团队后的"第一次发声"，是决定导游能否在游客心中留下"好印象"的关键步骤。能够讲出一段合适、幽默、紧扣团队需求又富有个人特色的欢迎词，是每位导游的必备技能。讲好欢迎词，是导游与游客建立良好感情基础和信息交流的第一步，在实际导游工作中非常重要。

在线课堂  交互式课件

情境导入

一天，导游员小王在火车站接到了从上海来的一个30人的旅游团，按工作流程，她认真核实了团队人数并带团登车。

接下来，车上所有游客都满怀期待地望着她，她要致欢迎词了。请问，为什么要致欢迎词呢？欢迎词包含哪些内容？

(资料来源：范志萍，张丽利.导游词创作与讲解[M].北京：中国旅游出版社，2023.有改动)

任务描述

本任务要求学生熟练掌握欢迎词五大要素，能综合运用三种技巧创作欢迎词。主要通过讲授法、比较法、角色扮演法等方法，进行欢迎词的创作与模拟展示。

相关知识

1. 欢迎词基本内容

(1) 表示欢迎。代表接待社、组团社向游客表达欢迎之意。例如：

大家好！很高兴能在这样一个阳光明媚的日子里见到大家！古人云："有朋自远方来，不亦乐乎？"请允许我代表旅行社欢迎大家来到风景秀丽、气候宜人、美女如云、帅哥如林的幸福城市——湖州。

(2) 介绍人员。介绍自己以及参加接待的领导、司机等。例如：

我叫……，在接下来的几天里将要担任各位的导游，大家可以叫我"小×"或"×导"。在我旁边的这位师傅，是"×师傅"，他是旅游界的三好人员。

(3) 预告行程。介绍城市的概况和将在当地游览的节目。

(4) 表示态度。表示愿意为大家热情服务、努力工作，希望大家满意。例如：

能够陪同各位共度这次旅行时光，我深感荣幸，您在途中有任何疑问、特殊要求或宝贵建议，都请及时告诉我。

(5) 预祝成功。表示希望得到游客的支持与合作，努力使游览获得成功，祝大家旅途愉快、健康幸福。例如：

最后，预祝各位旅途愉快，真诚地希望我们的努力能换来您满意的微笑！谢谢大家！

操作示例

谁的欢迎词更精彩 »

讲解一： 各位游客，大家下午好，我代表旅行社欢迎大家来到湖州，我叫刘×，大家可以叫我小刘或者刘导，这是我们的司机——王师傅，今天我们去太湖，我会为大家好好服务，希望大家在湖州旅游愉快。

讲解二： 各位游客，大家好，很高兴在这个阳光明媚的日子里见到大家。古人云："有朋自远方来，不亦乐乎？"请允许我代表湖州新国际旅行社欢迎大家来到风景秀丽、气候宜人、美女如云、帅哥如林的幸福城市——湖州。我叫刘×，大家可以叫我小刘或者刘导，初次见面，小刘没有什么礼物送给大家，就送给大家"六千万"吧。一千万要注意人身安全，二千万要注意财产安全，三千万要注意集合时间，四千万要注意集合地点，五千万要睁大双眼，六千万要记住前面五千万。坐在我旁边的司机是王师傅，他可是我们旅游界的三好人啊。哪三好呢？车技好、态度好、人好。王师傅还有一个特别的优点，就是长得帅，大家要不要看看？不可以，王师傅现在在开车，等下了车您可以随时一饱眼福，今天我们将要去湖州的国家级旅游度假区——太湖旅游度假区。能够给各位担任导游，我感到非常荣幸，在此次旅途中，大家如果有任何问题，请毫不犹豫地告诉我或者给我打电话。我的电话不会对大家关机，不会停机，也不会不在服务区。最后预祝各位旅途愉快，真诚地希望我们的努力能换来您满意的微笑！

2. 欢迎词创作技巧

技巧一：引用一些谚语、名言，让其更有文采，会收到较好的效果！

案例：有缘千里来相会，无缘对面不相逢。有朋自远方来，不亦乐乎？百年修得同船渡，千年修得共枕眠。上辈子一百次的回眸，才换来今生的擦肩而过。

技巧二：语言风趣幽默，形式丰富多样，可以加入唱歌、讲笑话、猜谜语等形式，改善游客的情绪氛围。

案例：有一首《北京欢迎你》唱遍大江南北，我给改编了一下，一首《我来欢迎你》送给大家。如果我唱得好呢，您就用您的右手拍左手；如果我唱得不好呢，您就用您的左手拍右手。

迎接另一个晨曦，带来全新空气。

气息改变，情味不变，茶香飘满情意。

旅游路线常更新，开放怀抱等你。

参加过就有了默契，你会爱上这里。

不管远近都是客人，请不用客气。

相约好了在一起，我来欢迎你。

我来欢迎你，带你参观、游历，

吃喝玩乐安排全由我为你。

我来欢迎你，在太阳下分享呼吸，

希望你把烦恼忘记。

我们旅游界常说，我是高音上不去，低音下不来，中间还跑调，别人唱歌要钱，我唱歌要命，但是为了您的开心，我依然要唱。

案例：师傅的"三心二意"

导游：大家知道师傅的特长是什么吗？

客人可能会说"开车"！

导游：不是，师傅的特长是"三心二意"！"三心"是指开车小心，对待客人耐心，服务热心。"二意"是指开起车来一心一意，为各位美女帅哥服务全心全意。

技巧三：随机应变，因人、因时、因地灵活地处理欢迎词，切忌死板，切忌沉闷！运用互联网大数据，找到游客的特点和规律，分析游客的心理动态，结合马斯洛需求层次理论(生理需求、安全需求、社交需求、尊重需求、自我实现需求)，灵活运用技巧。

【动笔创作】

假设你即将接待一些上海游客到湖州旅游，针对此情境撰写一篇欢迎词，可以分别模拟教师团、老年团、学生团、记者团、考察团、儿童团等，并分组进行讲解练习。

【角色练习】

[练习名称]

致有针对性的欢迎词

[练习要求]

从接待计划书和游客名单中获取信息，对信息加以分析并创作个性化欢迎词。

[角色设置]

(1) 教师作为计调人员或业务员，分派团队接待任务。

(2) 对学生进行分组，各组独立完成游客分析并在组内完成个性化欢迎词的创作。

[练习材料]

接待计划书、游客名单表(课前收集、知识准备、掌握各类团型特点)。

[练习步骤]

1) 掌握有关信息

认真阅读接待计划书的有关资料，详细了解该旅游团的重要信息，并做记录。

(1) 客源地：国别、省、市。

(2) 组团人员的情况：人数、性别、职业、宗教信仰、年龄构成。

(3) 旅游线路。

(4) 一次电话询问机会，教师扮演全陪并进行回答。

2) 创作欢迎词并致欢迎词

(1) 各组领任务后，组内成员创作一份针对自己旅游团的欢迎词。

(2) 各组推选一名组员致欢迎词，另选一名组员结合任务阐释创作思路。

(3) 其他组听后提问并点评优缺点。

3) 换位演示

各组交换游客对象，但欢迎词内容不变，体会欢迎词个性化的重要性。

4) 评价总结(见表1-1)

(1) 仪容仪表规范，礼貌用语规范。(20分)

(2) 语言表达准确、流畅、生动、有说服力，身体语言运用自如。(20分)

（3）欢迎词讲解符合规范，内容正确、全面、条理性好，详略得当，重点突出，运用一定的技巧。(40分)

（4）应变与创新：面对临场提问时反应迅速、得体；欢迎词的撰写或者表述有创新。(20分)

表1-1　欢迎词讲解评价表

组名：　　　　　　　　组员名字：　　　　　　　　得分：

评价项目	评价细则	小组自评 (15%)	小组互评 (15%)	教师评价 (30%)	企业评价 (40%)	意见和建议
仪表礼仪 (20分)	仪容					
	礼貌用语					
	举止(站、坐、行、手势、面部表情等)					
语言表达 (20分)	准确、流畅、语速合理					
	生动、有感染力					
	有较强的说服力					
	身体语言运用自如					
欢迎词讲解 (40分)	符合规范程序					
	内容正确、全面、条理性好					
	详略得当、重点突出					
	运用一定的讲解技巧					
应变与创新 (20分)	面对临场提问时反应迅速、得体					
	欢迎词的撰写或者表述有创新					
合计分数						

任务 1.2　认识导游讲解技巧

引言

俗话说"祖国山河美不美，全凭导游一张嘴""看景不如听景"，可见导游"嘴上功夫"的重要性。一名优秀的导游既要"笔头功夫"好，会创作；又要"嘴上功夫"好，会讲解，双管齐下，才能做好讲解工作，为整个导游服务质量的提升打下坚实的基础。

在线课堂　　　　　　　　　　交互式课件

情境导入

杭州导游员小王接到了旅游团，正在送客人赶赴下榻饭店的路上，小王致完欢迎词后，需要继续进行导游讲解。

请问：导游讲解包含哪些内容，需要运用哪些技巧呢？

任务描述

本任务要求学生熟练掌握导游讲解技巧的定义、作用，熟练运用导游讲解语言。主要通过讲授法、案例法、角色扮演法等方法，进行导游讲解基础知识的教学。

相关知识

1. 导游讲解技巧的基本概念

1) 导游讲解的定义

导游讲解是导游以丰富多彩的社会生活、文化和璀璨壮丽的大千世界为题材，以兴趣爱好、审美情趣各异的游客为对象，对自己了解并掌握的各类知识进行整理、加工和提炼，以简明的语言进行的一种意境的再创造。

导游的讲解要以客观事实为依据，如名山大川、文物古迹、小桥流水、民族风情等，以科学性、知识性、道德性等特点为基础，力图正确、清楚、生动、灵活地为游客进行讲解。经过导游的整理、加工、组织后，讲解词转化为游客能够理解的语言，再配上即时景象，引起游客的兴趣，使得游客浮想联翩。

2) 导游讲解的作用

导游讲解是一种文学艺术创作，是导游或导游词作者通过对该旅游区的深入调查与研究，在挖掘、掌握大量资料的基础上，以一种口头文学的形式，将材料合理组织后呈现给游客的文学作品。导游的职能是引导游客游览。导游讲解能充分展示导游的才华和主人翁精神。导游通过讲解，让游客对旅游区景点有全面的认识，而导游角色也是宣传旅游区形象的一个活动窗口。优秀的导游不仅能够给游客留下好感，还能通过游客这个有着巨大潜力的宣传员发挥广告效应。

3) 导游讲解技巧定义

导游讲解技巧是指善于根据讲解的内容、游客的理解能力及反应等来控制讲解语言速度，且能根据不同的客观环境、内容、文化等组织语言，使得讲解的效果最大化。导游讲解并不是单靠动口就可以圆满完成的，还依赖于态势语言的辅助，比如，站姿、眼神、手势、表情等要处理得恰到好处。

4) 导游讲解技巧的功能

导游服务是全方位的。导游讲解技巧是导游服务的核心技能之一，导游讲解服务是导游服务的灵魂。导游讲解服务是导游在指导旅游者旅行、游览途中所做的介绍、交谈和问题解答等导游活动，以及在参观游览场所时所做的介绍和讲解。导游应以深入浅出、生动形象、妙趣横生的讲解，激发游客的兴趣，使之获得丰富的知识和美的享受，在潜移默化中陶冶性情、放松身心。

2. 导游讲解语言的运用

导游是靠语言"吃饭"的。"祖国山河美不美，全凭导游一张嘴"，导游讲解语言的运用在导游工作中占有极其重要的地位。

(1) 导游讲解的内容要清楚，讲解尽量口语化。导游在介绍文化古迹的历史背景和价值、自然景观的成因和特点时，要表达清楚，特别是历史沿革和自然景观的地质演变过程，导游要熟记在心，不能前后倒置，也不能张冠李戴。

(2) 导游讲解要生动形象，富有趣味性。导游生动、丰富、妙趣横生的语言，不仅可以起到锦上添花的作用，在某些情况下，还会影响到旅游者的情绪。语言生动、得体、幽默，可以使游客游兴大增，兴高采烈；相反，如果导游的语言乏味或者用词不当，不仅会使得讲解的内容单调乏味，还会让旅游者兴味索然。

(3) 导游讲解要有针对性，做到因人而异。满足游客求知、求奇、求新的需要。俗话说："到什么山，唱什么歌；见什么人，说什么话。"游客有不同的旅游目的、文化修养、知识水平和审美情趣，这就要求导游在语言运用、服务态度、讲解方法和技巧方面具有针对性。

(4) 导游讲解时要戒除不良的口语习惯和小动作，戒除含糊不清与重复的言语。讲解时要胸有成竹，才能用词贴切，有条不紊。导游若对事物理解不全面，望文生义，讲解时就会言语不清，容易使人产生误解。有的导游说话含糊，主要是因为对讲解的内容不熟悉，缺乏自信心，讲解时常用"大概""好像""可能"之类的模糊言语，游客听了肯定不会满意。此外，导游的口语表达要戒除惯用的不良口头禅，比如"这个""那个""嗯""差不多""结果呢""反正""啊"等，这些词会降低讲解内容的连贯性，游客听了会很不舒服。同时，导游要注意别做一些小动作，比如：摆弄头发、首饰和衣服；提裤子；眼睛快速转动或者做出夸张的表情、动作等。

操 作 示 例

中国导游口韵——导游篇

国家改革，百姓欢乐。

经济发展，敬业安舍。

旅业兴起，山水齐歌。

各地导游，自有特色。

广东导游夸美味，桂林导游赞山水，

杭州导游诗相随，上海导游多长辈，

新疆导游歌甜美，济南导游咏泉水，

西安导游一张嘴，北京导游跑断腿，

恩施导游乐翻天，天天导游赚不完。

导游之歌

导游苦，导游苦，冬生冻疮夏中暑！

导游累，导游累，最早起床最晚睡！

导游怕，导游怕，一路操劳还挨骂！

导游愁，导游愁，无休无止交人头！

导游怒，导游怒，司机乱来管不住！

导游急，导游急，就怕塞车人不齐！

导游欢，导游欢，走南闯北阅历宽！

导游乐，导游乐，生活充实忘饥渴！

放眼全球，献身旅游；广交朋友，其乐无穷。

导游工作百态

上知天文地理，下知鸡毛蒜皮；上山能够擒鸟，下河可以摸鱼。

起得比鸡还早，干得比牛还多，吃得比谁都杂，跑得比马还快。

白天辛苦晚上累，半夜三更回家睡，优质服务有热心，接团经理才放心。

为了客人去排队，避免客人高消费，接待不周有误会，赔礼道歉被灌醉。

旅途当中苦不苦，看看长征二万五；旅途当中累不累，想想革命老前辈。

旅途当中甜不甜，开心快乐多花钱；旅途当中美不美，全靠导游一张嘴。

(资料来源：熊友平.导游讲解技巧[M].杭州：浙江大学出版社，2023.)

【动笔创作】

假设你即将接待一些上海游客到浙江省旅游，针对此情境撰写一篇导游词，可以分别模拟"千金团"(讲解语速适中、聊天式)、儿童团(讲解活泼，内容简洁明了)、考察团(内容专业)、老年团(语调平缓)，并分组进行讲解练习。

【角色练习】

[练习名称]

导游词讲解

[练习要求]

收集、整理相关资料并加以编排，进行合理取舍，为游客做好导游讲解。

[角色设置]

(1) 学生分组，各组选取浙江省任意5A级旅游景区，合作完成导游词的创作。

(2) 每组派一名同学进行讲解和展示，其他同学扮演游客。

[练习材料]

教师提供一些素材(课堂上学生可上网搜索并补充所需素材)。

[练习步骤]

(1) 各组选取讲解景区。

(2) 各组组员对已有材料进行整理。

(3) 各组组员分工，上网查找、记录需要补充的素材。

(4) 对讲解材料进行取舍、整理、编排、修改和润色。

(5) 各组推选代表完成导游词的讲解和展示。

(6) 各小组互评，教师点评。

任务评价表见表1-2。

表1-2　任务评价表

序号	任务内容	任务要求	等级	待改进技能	备注
1	收集、整理资料	收集目标明确			
2	资料处理	对资料进行整合、补充、取舍、梳理、修改、润色			
3	讲解效果	结构、内容完整			
		语言表达简洁、生动			

任务 1.3　如何创作欢送词

引言

　　送别是导游接待工作的尾声，欢送词是整个旅游活动的小结。好的欢送词令人终生难忘，它关系着一次旅游是否善始善终。欢送词的表达能起到锦上添花的作用。如果能运用好欢送词，将会避免很多因旅游中缺乏沟通而引起的误解和投诉。好的欢迎词将给游客留下美好的第一印象，而好的欢送词给游客留下的最后印象将是深刻的、持久的、终生难忘的！

在线课堂

交互式课件

情境导入

导游员小刘这几天在带团过程中发现有几位游客对行程安排有些不满，现在正在送站途中，眼看还有十分钟就要到机场了，小李在致欢送词时该怎么说呢？

任务描述

本任务要求学生熟练掌握欢送词的六大要素，能灵活采用六种方式创作欢送词。主要通过讲授法、比较法、角色扮演法等方法，进行欢送词的创作与模拟展示。

相关知识

欢送词讲解的重要性不容忽视。有的导游员认为在行程快要结束的时候，反正事情已经做完了，该赚的钱也赚了，就想着赶紧送团，早些回家休息。但是我们要知道，好的欢迎词和导游词讲解是胜利的99%，如果加上精心准备的欢送词，那么效果将会大于100%。好的欢送词是锦上添花的点缀。

1. 欢送词六要素

(1) 回顾：与游客共同回顾这几天的旅游行程内容。例如：这几天我们去了杭州灵隐寺、西湖、雷峰塔景区。

(2) 征求：诚恳地向游客征求意见和建议。例如：希望大家对我的工作提出宝贵的意见和建议，以便我日后改进工作。

(3) 惜别：表达友谊和惜别之情。例如：这几天与大家建立了深厚的友情，真舍不得与你们分别。

(4) 感谢：分别对领队、全陪、游客及司机的合作表示谢意。例如：各位朋友，感谢你们在这些天里对我工作的支持和帮助，谢谢你们。

(5) 致歉：若行程中有不尽如人意之处，请求原谅，并向游客赔礼道歉。例如：这几天，如果我有什么做得不好的地方，还请各位多多包涵。

(6) 祝福：期望再次相逢，表达美好的祝愿。例如：衷心祝愿大家身体健康！万事如意！生活幸福！

操作示例

谁的欢送词更精彩 》

　　讲解一：各位游客，我们的行程即将结束，如果大家有什么意见，可以告诉我，马上就要分开了，我非常舍不得大家，谢谢大家在行程中的配合，如果我有做得不好的地方，在这里跟大家说声对不起，祝大家工作顺利，万事如意。

讲解二：送君千里，终须一别。常言道："天下没有不散的筵席。"我们的旅程到这就基本结束了，小刘也要跟大家说再见了。临别之际没什么礼物送给大家，就送大家四个"yuán"字吧。第一字是"缘分"的"缘"，能够相识就是缘，人们常说"百年修得同船渡"，可以说我们是"百年修得同车行"。这次旅程也是百年修来的缘分啊，现在我们就要分开了，缘分却未尽。第二字就是"财源"的"源"，也希望各位朋友在以后的日子里，财源如滔滔江水，连绵不绝！第三字是"原谅"的"原"，在这几天的旅程中，小刘如果有什么做得不周到的地方，还请大家多多包涵，多多原谅，多提宝贵意见，让我以后能做得更好。最后是"圆满"的"圆"，朋友们，我们的旅程到这就圆满地结束了。预祝大家以后工作好、家庭好、身体好、心情好、今天好、明天好、不好也好，好上加好，来点掌声好不好？谢谢大家！

最后用张学友的歌来表达我的祝福："说再见，再见不会太遥远，若有缘，有缘就能期待明天，你和我重逢在灿烂的季节。"期待再次相逢！

2. 欢送词创作技巧

1) 诗词式——诗词朗诵，声情并茂

例如：各位游客朋友们，时间过得很快，几天的旅程一眨眼就过去了。在此，我不得不和大家说再见了，心中真的有许多不舍。无奈，天下没有不散的筵席，也没有永远在一起的朋友，但愿我们还有再见的机会。透过车窗可以看见，南京的天空又下起了小雨。一千多年前唐朝诗人王维有一首著名的诗，叫《送元二使安西》，诗中写道：

渭城朝雨浥轻尘，

客舍青青柳色新。

劝君更尽一杯酒，

西出阳关无故人。

今天，南京也下起了小雨，我也要在雨中与各位分别了，也许雨还是当年的雨，不同的是，王维送的人要西出阳关，那里没有故人，而大家则是要回家，去见亲人。南京人常说："下雨天留客。"但凡下雨的时候，南京人是不放客人走的，一是下雨路滑，客人走路不方便；二是下雨无事，正是陪客的好时候。但是，由于行程的安排，我们不得不违反南京这一民俗，在此相送了。好花不常开，好景不常在，今日离别后，何日君再来？最后祝大家财源滚滚，福星高照，一帆风顺。

2) 演唱式——高歌一曲，留有余音

例如：各位朋友，现在我们已经在前往机场的途中了，虽然只和各位相处了大半天的时间，但还是十分感谢大家对我工作的支持与帮助，虽然有的地方我做得不够到位，但你们没有责怪我，而是鼓励我。再次感谢朋友们，我们虽然只去了苏堤和雷峰塔景区，但是我们杭州的美当然不局限于这两个地方，在这里，我把西湖十景串成一首歌送给各位朋友，希望各位能再次来到杭州，我也能再次为大家提供服务。

断桥外，苏堤边，荷花曲苑开。

钟声拂柳南屏响，雷峰山外山。

花港鱼，平湖月，彩云绕双峰。

一杯龙井尽余香，他日三潭会。

3) 展望式——名人之语，荡气回肠

例如：游客朋友们，时间过得真快啊，三天两夜的湖州游马上就要结束了。到了要和大家说再见的时候，还真有点舍不得，说真的，本次旅行能够画上完美的句号，离不开大家对我工作的支持和帮助，再次感谢大家，这几天里，我们从相识到相知，最后成了朋友，我明白我有些地方做得还不够好，也谢谢大家对我提出宝贵的建议。俗话说，两山不能相遇，两人总能相逢，我们的将来是未知的，也许以后的以后，我们还会再见面，人生路漫漫，他日再相逢，我相信我们将来会再相见。最后祝大家一帆风顺，二龙腾飞，三阳开泰，四季平安，五福临门，六六大顺，七星高照，八方来财，九九同心，十全十美。

4) 联欢式——全团联欢，再创高潮

例如：我们的旅途马上就要结束了，大家很快就能回到自己温馨的家，见到自己的亲人了，我看到大家的精神都回来了。出门几天，各位朋友可能都有这个体会。离家越远，回家的愿望就越强烈，哪怕走到天涯海角，总有一个地方让我们魂牵梦绕，那就是我们的家！看得出大家是多么高兴啊，几天以来，我们朝夕相处，风雨兼程。吃在一起，住在一处，说心里话，现在一别，还真舍不得。今日的离别是为了明天更好地相聚，我很庆幸，我遇到了你们，大家是那么包容，那么善解人意，大家对我像朋友一样，你们的热情和友好让我深受感动，这些也是我最宝贵的收获，虽然我只是个导游，但很多时候我感觉各位朋友在照顾着我，也正是因为大家的包容和配合，我们才顺利而圆满地完成了本次旅行，漫漫归途如虹，小吴我准备了几个小游戏，希望给我们的归程再添几笔愉快的色彩，也祝愿大家工作好，家庭好，身体好，心情好，今天好，明天好，天天好，不好也要好，好上加好！也给我们自己送一点掌声好不好？希望大家未来的事业和这掌声一样声势如虹好不好？(游戏过后)好啦，我们的小游戏到这就结束了，没有领到小礼品的朋友也不要失落，毕竟我还在这等着与大家再续前缘，最后小吴祝大家一帆风顺，归途愉快！

5) 感叹式——游客有感，共叙友情

例如：各位朋友，机场马上就要到了，正所谓"天下没有不散的筵席"，行程就要结束了，在这两天中，我们去了西湖、灵隐寺、六和塔，吃了杭帮菜，有的朋友也选购了一些杭州土特产。朋友们，人生就像一场戏，千里有缘来相会，赵钱孙李本一家，四海之内皆兄弟，大家相逢就是有缘，能够认识大家，是我的大福气！最后祝愿大家，一帆风顺，两袖清风，三阳开泰，四喜发财，五谷丰登，六六大顺，七星高照，八面玲珑，九九同心，十全十美，万事如意，谢谢大家。

6) 疑问式——发出疑问，促使联想

例如：各位亲爱的游客朋友，至此，我们本次的台州之行就要告一段落了。也不知大

家对这两天的行程满不满意，吃得畅不畅心，住得舒不舒心，玩得开不开心。能与大家相识，是我的荣幸。在这离别之际，小黄心中也是万般不舍。俗话说"人惟求旧"，我可能不是最好的导游，但大家却是我遇见过的最好的客人。如果在这段旅程中，小黄有什么做得不好的地方，还请您多多包涵，多提意见。这样等您再来的时候，才能感受到我更好的服务。都说"读万卷书不如行万里路"，在这两天的行程中，我们一起见证了27岁的李白，意气风发，放荡不羁，在游天台山时挥毫写下的"龙楼凤阙不肯住，飞腾直欲天台去"的豪言壮志；我们一起进入了"烟霞第一城"神仙居，邂逅了"诗仙"李白42岁时的梦境。除此之外，我们还吃到了独具台州特色的糯叽叽小吃——嵌糕，尝到了台州代表性面食——味浓鲜香的姜汤面。此次的台州之行给您留下了怎样的印象呢？行程的最后，小黄很感谢大家一路以来的支持与配合，也衷心地祝愿大家以后的生活能一帆风顺，二龙腾飞，三阳开泰，四季平安，五谷丰登，六六大顺，七星高照，八方来财，九九同心，十全十美！

【动笔创作】

针对到浙江省旅游的上海游客撰写一篇欢送词，可以分别模拟诗词式、演唱式、展望式、联欢式、感叹式、疑问式等，并分组进行讲解练习。

【角色练习】

[练习名称]

致有针对性的欢送词

[练习要求]

从接待计划书和游客名单中获取信息加以分析并致个性化的欢送词。

[角色设置]

(1) 教师作为计调人员或业务员，分派团队接待任务。

(2) 对学生进行分组，各组独立完成游客分析和个性化欢送词的创作。

[练习材料]

接待计划书、游客名单表、相关材料(课前收集、准备：诗词式、演唱式、展望式、联欢式、感叹式、疑问式)。

[练习步骤]

1) 创作欢送词并致欢送词

(1) 各组领任务后，组内成员创作一份针对自己旅游团的欢送词。

(2) 各组推选一名组员致欢送词，另选一名组员结合任务阐释创作思路。

(3) 其他组听后提问并点评。

2) 换位演示

各组交换游客对象，但欢送词内容不变，体会欢送词个性化的重要性。

3) 评价总结(见表1-3)

(1) 仪容仪表规范，礼貌用语规范。(20分)

(2) 语言表达准确、流畅、生动、有说服力，身体语言运用自如。(20分)

(3) 欢送词讲解符合规范，内容正确、全面、条理性好，详略得当，重点突出，运用一

定的技巧。(40分)

(4) 应变与创新：面对临场提问时反应迅速、得体；欢送词的撰写或者表述有创新。(20分)

表1-3　欢送词讲解评价表

组名：　　　　　　组员名字：　　　　　　得分：

评价项目	评价细则	小组自评(15%)	小组互评(15%)	教师评价(30%)	企业评价(40%)	意见和建议
仪表礼仪(20分)	仪容					
	礼貌用语					
	举止(站、坐、行、手势、面部表情等)					
语言表达(20分)	准确、流畅、语速合理					
	生动、有感染力					
	有较强的说服力					
	身体语言运用自如					
欢送词讲解(40分)	符合规范程序					
	内容正确、全面、条理性好					
	详略得当、重点突出					
	运用一定的讲解技巧					
应变与创新(20分)	面对临场提问时反应迅速、得体					
	欢迎词的撰写或者表述有创新					
合计分数						

项目2 语言魅力：讲解的表达

项目结构

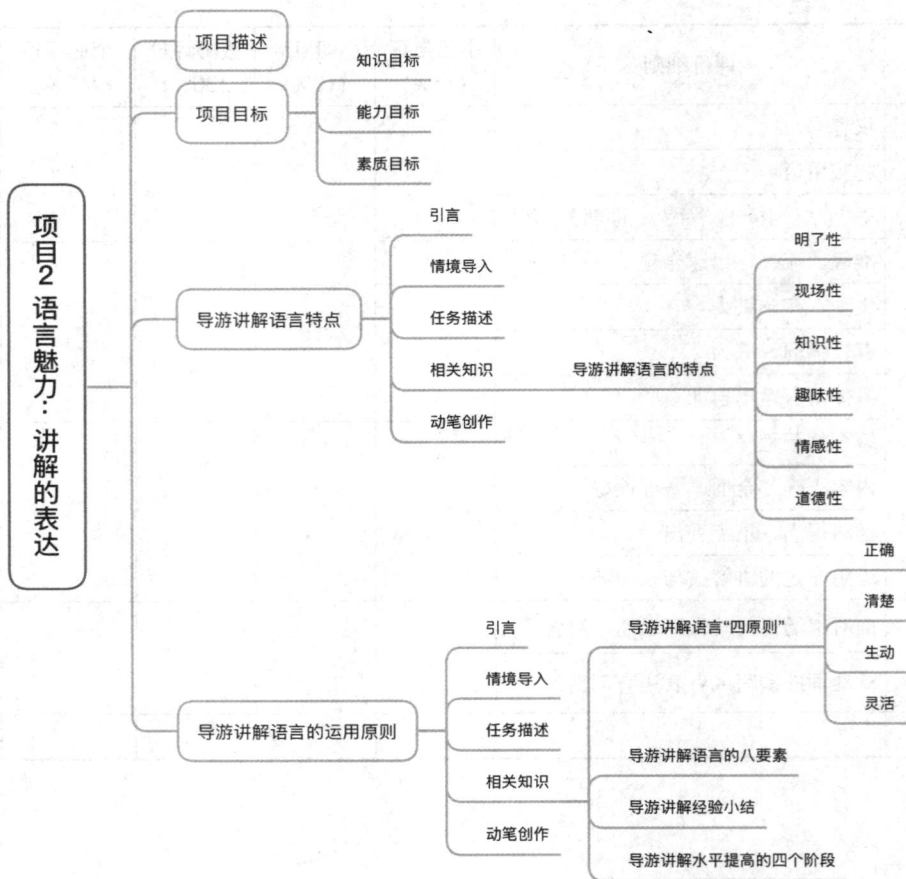

项目描述

　　语言是导游员最重要的基本功之一。扎实的语言功底，正确、优美、得体的语言表达对提高导游服务质量是至关重要的。在教师分发工作任务书的基础上，学生通过分析导游讲解语言的特点、功能、基本要求，探索导游讲解的技巧与方法的灵活运用。

项目目标

知识目标： 1. 了解语言在沟通中的重要意义，认识到语言是沟通的开始。

　　　　　　2. 掌握导游讲解语言的基本要求、特点和原则。

能力目标： 1. 根据不同团队的特点，灵活运用导游讲解语言的特点和原则。

2.通过小组协作，实现导游讲解语言的创新，锻炼与人有效沟通的能力。

素质目标： 1.通过我国古今名人、伟人的案例，学习其语言表达艺术，同时感受正能量，深刻体悟其中蕴含的爱国为民、自强不息、廉洁奉公等中华传统美德。

2.通过学习人际关系中的语言表达艺术，理解和践行"讲信修睦"的人际交往之道。

任务 2.1　导游讲解语言特点

引言

随着科技的发展，现在出现了图文声像的导游方式，这种导游方式具有形象生动、便于携带和保存的特点，这是否意味着导游的现场讲解不再重要？

在线课堂

交互式课件

情境导入

实习导游员小陈接到通知，两天后独立接团。小陈既兴奋又紧张，兴奋的是终于可以独立带团了，紧张的是担心自己不能顺利完成任务。两天后小陈已经把准备好的导游词背得非常熟练了，准备好好表现。但是，在他讲解第一个景点的时候，游客就开始抱怨了。

任务描述

本任务要求学生熟练掌握并灵活运用导游讲解语言的特点和原则。主要通过讲授法、比较法、角色扮演法等方法，围绕导游讲解语言特点进行导游词创作与模拟展示。

相关知识

导游讲解就是导游员以社会生活和自然美景为题材，以兴趣爱好不同、审美情趣各异的游客为对象，对自己掌握的各类知识进行整理、加工和提炼，用简要明快的语言进行的一种意境的再创造。因此，导游讲解技能体现了导游方法的多样性、灵活性和创造性。

语言能力是导游的看家本领，江山之美全凭导游一张嘴。

导游讲解语言的特点

1) 明了性

忌用书面语；忌用行话和专业术语；忌用长句；忌啰嗦与不良的口头禅。

操作示例

谁的导游词更明了 »

讲解1： 大家请看，这是一对铜胎珐琅嵌料石太平有象，它能通四夷之语，身驮宝瓶而来，给皇帝带来了农业的丰收和社会的太平，故御名曰"太平有象"。各种质地的象经常是皇宫的陈设品。象，高大威严，体躯粗壮，性情温柔，粗大的四蹄直立于地，稳如泰山，象征着社会的安定和皇权的巩固。

讲解2： 大家请看，这里有一对象，它们是采用铜胎珐琅嵌料石的工艺制作而成的。大家可以看到这对大象身上驮着宝瓶。在传说中，它们能给皇帝带来农业的丰收和社会的太平，所以皇帝给它们赐了个"太平有象"的名字。各种质地的大象工艺品经常是皇宫的陈设品。在古代，因为大象形象高大威严，形体粗壮，四肢非常粗大，而且性情温柔，站在地上给人以稳如泰山的感觉，所以它们象征着社会的安定和皇权的巩固。

解析：讲解1中的"通四夷之语，身驮宝瓶而来""故御名曰""体躯粗壮"等表述都违背了"忌用书面语"的原则，讲解2更明了。

讲解1： 各位团友请看，这座高17米，头发长14米，宽10米，头顶中心的螺髻可以放一个大圆桌，脚背有8米多宽的大佛，站100个人，一点也不拥挤。

讲解2： 大家请看，这座大佛高17米，他的头发就有14米长，10米宽。大佛头顶中心的螺髻还可以放一个大圆桌呢！大家可能想象不到，大佛的脚背就有8米多宽，站100个人，一点也不拥挤。

解析：讲解1违背了"忌用长句"的原则，讲解2把长句变为短句，更简洁明了。

讲解1： 这个普陀山普济寺最早的名字叫这个不肯去观音院，这个为什么叫这个名字呢？这里有个传说，嗯……这个传说是，五代后梁贞明年间，有个和尚，叫这个……慧锷，对，这个和尚是日本来的，到中国山西的这个五台山……

讲解2： 普陀山普济寺最早的名字叫"不肯去观音院"，为什么叫这个名字呢？有个传说是，五代后梁贞明年间，日本僧人慧锷从五台山请观音像归国，途中遭遇风浪……

解析：讲解1违背了"忌啰嗦与不良的口头禅"的原则，短短的一段导游词使用了8个"这个"，讲解2更清晰明了。

2) 现场性

导游讲解的最大特点是旅游者直面景物，而讲解的主要目的也是引导游客更好地欣赏景物。所以导游讲解不能视若无物，而要体现现场性。

操 作 示 例

谁的导游词更具现场感 »

　　讲解1： 各位朋友，六和塔为常见的阁楼式塔，可以攀登，这种类型的塔是中国古代塔中最为重要的一种形式。六和塔外观为十三层，它内部只有七层，六层为封闭层，取自佛教中的"七明六暗"之意。六和塔的外延为八面，有八面玲珑、八面临风的意思。六和塔的塔檐上挂着一个大铁马，也就是我们通常所说的大铃铛。六和塔共十三层，每层挂8个，共104个。当微风吹过的时候，便能听到悦耳的铃声了。然而更妙的是，铃声能赶走前来栖息的鸟儿，使得该塔免遭鸟屎的侵袭，起到了防腐的作用。

　　讲解2： 现在我们已经站在六和塔前面了。六和塔为我们常见的阁楼式塔，可以攀登，这种类型的塔是中国古代塔中最为重要的一种形式。下面请大家数一数六和塔一共有几层，对了，十三层，然而它内部只有七层，六层为封闭层，取自佛教中的"七明六暗"之意。六和塔的外延为八面，有八面玲珑、八面临风的意思。现在请大家安静一下，仔细地听听，可以听到什么声音呢？对了，是悦耳的铃声。大家请往六和塔的塔檐上看，每个塔檐上挂着一个大铁马，也就是我们通常所说的大铃铛。六和塔共十三层，每层挂8个，共104个。当微风吹过的时候，便能听到悦耳的铃声了。然而更妙的是，铃声能赶走前来栖息的鸟儿，使得该塔免遭鸟屎的侵袭，起到了防腐的作用。

　　解析： 讲解2中加入了一些现场语，比如"现在我们已经站在六和塔前面了""下面请大家数一数六和塔一共有几层""现在请大家安静一下，仔细地听听，可以听到什么声音呢"，因此，讲解2更具现场感。

---

3) 知识性

　　对游览客体所蕴含的知识有必要的了解；对游览客体的相关史料、典故进行引用。知识性是导游讲解的基本属性。导游讲解的主要任务是传播知识，帮助游客了解旅游目的地的历史、文化、社会等方面的人和事，以满足游客求知、求新、求奇、求异的需要。

操 作 示 例

吉林雾凇 »

　　在前往雾凇景区的这一段路上，请先让我向大家介绍雾凇是怎么样形成的。雾凇，人们通常叫它"树挂"，是雾和水汽遇冷凝华而成的，分粒状、晶状两种类型。吉林雾凇属于晶状类，它是在吉林市独特的地理环境中自然形成的。从吉林市区溯松花江而上十五千米是著名的丰满水电站，冬季江水通过水轮机组发电，水温升高，每到数九隆冬，尽管松花江面一抹如镜，冰冻如铁，从水轮机口流出的水仍是40摄氏度以上。江水载着巨大热能，形成了松花江几十里(十里=五千米)缓缓流过市区不封冻的奇景。整个江面看起来热气腾腾，白茫茫一片。沿江长堤苍松林立，杨柳低垂，在一定的气压、风向、温度等条件下，江面上蒸腾的雾气在树枝上凝结成雾凇。

4) 趣味性

幽默风趣的语言如果运用得当，能起到活跃气氛、提高游兴的作用，且能使旅游者回味无穷，有时还可以缓解和摆脱尴尬局面。然而，"幽默"如果运用不当，就会使旅游者感到导游语言"俗气"、品位不高、"耍贫嘴"，甚至感到低级趣味。要避免"幽默"的滥用，不能伤害旅游者的自尊心，更不能调侃国家政治或宗教信仰等严肃问题。

操 作 示 例

有位导游员在讲解岳阳楼旁的"三醉亭"时说："女士们，先生们，岳阳有句俗话叫'三醉岳阳成仙人'，各位是否想成仙呢？""成仙？当然想啊！"几个游客高兴地回答道。导游小李："大家若想成仙人，有两个条件，一是醉酒；二是吟诗。"客人们乐不可支，有的说会吟诗，可惜不会饮酒；有的说会饮酒，可又不会吟诗，气氛十分活跃。这位导游员又推波助澜地说："如果谁既能饮酒，又会吟诗，而且到过岳阳三次，就会像吕洞宾一样成仙。如果只会饮酒，不会吟诗，或者只会吟诗，不会饮酒，那就只能半人半仙了。"客人们都兴奋地笑起来了。

5) 情感性

情感是对外界刺激肯定或否定的心理反应，是一种感情的直白流露。首先，导游语言要"有情"，所谓"有情"就是导游员的言语要友好，富有人情味；其次，导游语言要"动情"，"动情"就是导游员要善于运用有感染力的语言，消除导游员与旅游者的心理距离，尽快接近旅游者，取得旅游者的信任，帮助旅游者尽快进入旅游的最佳角色状态，保持旺盛的旅游兴趣；最后，导游语言要"共情"，"共情"就是导游员要善于发现旅游者的兴趣，在旅游者为某人、某事、某物感到兴奋时，导游员要积极地去"分享"，以实现与旅游者在情感上的"共鸣"。

操作示例

　　小陈每次带团都十分认真，但游客的反应却很不理想，小陈一直感到很困惑。一天，一位游客给她发了一段视频，当她打开视频的时候才惊讶地发现，自己带团时的讲解非常机械，毫无情感可言，而且自己的脸没有一丝表情。难怪客人不满意，究其原因，是自己带团时毫无感情。

6) 道德性

　　导游员的道德性表现在自尊自强和敬业爱岗的精神上。除此之外，还体现在以下三方面。一是表现在主动热情方面，主动先开口，主动询问客人。二是表现在言行庄重方面，导游员讲话时要面带微笑，言语文雅，谦虚敬人，与旅游者交谈时要尽可能使用敬称、敬辞和敬语，要平等地对待每位客人，忌说粗话、脏话和不敬的话，切忌使用游客忌讳的词语。第三是表现在兑现性方面，旅游团在旅行游览过程中肯定会碰到各种问题，旅游者也会不断提出各种意见和要求。导游员对旅游者提出的各种意见与要求，既要积极回应，又要慎重对待。一旦做出了承诺，就要付诸实行，不能食言。

操作示例

　　一次，导游员小张接待了一个学生团，在参观侵华日军南京大屠杀遇难同胞纪念馆(以下简称"南京大屠杀纪念馆")时，学生中有几位不太安静，当时小张的脸色一下子就变得非常严肃。他说："各位既然选择了到这儿来，就请尊重这些死难的人。"几个学生觉得导游员小题大做了，一位学生当即反问道："那么请问导游你是不是南京人？"小张答道："严格来讲，我不能算是真正的南京人，而是从南京周边的县镇迁居过来的，但是现在几乎所有的南京人都算不上真正的南京本地人，因为真正意义上的南京人已经在南京大屠杀当中几乎被屠杀殆尽了。"听完小张的这一席话，所有人的神情都变得凝重了，在接下来的参观中，自始至终都没有一个人喧哗。参观完了以后小张还告诉学生们："来南京旅游的大部分日本团的行程中都会有参观'南京大屠杀纪念馆'这一项，如果没有，只要时间允许，很多导游都会自掏腰包加上这个参观点，免费让日本游客参观。"在后面的游览中，导游员小张始终如一地认真带着学生们参观完了各项内容，他的讲解始终都体现出一种深刻的爱国主义情怀和尽职尽责的精神。临告别时，很多学生都向他索要了通信地址并表示了感谢。

　　(资料来源：全国导游资格考试统编教材专家编写组.导游业务[M].北京：中国旅游出版社，2023.有改动)

【动笔创作】

导游讲解语言具有多个显著特点，包括道德性、现场性、知识性、明了性和趣味性。这些特点在导游的实际工作中起着至关重要的作用，使得他们能够有效地与游客交流，传递信息，并引导游客深入体验旅游地的文化、历史和风景。下面结合这些特点，创作导游讲解词，并进行分析。

[场景设定]

导游在带领游客参观中国故宫(紫禁城)时，站在太和殿前进行讲解。

[导游讲解词]

各位游客，大家好！欢迎来到举世闻名的紫禁城，也就是我们常说的故宫。站在这庄严的太和殿前，您是否感受到了历史的厚重与皇家的威严？

道德性：首先，我要提醒大家，在参观过程中，请保持安静，尊重这里的每一件文物，它们都是中华民族宝贵的文化遗产。我们的每一步，都应怀着敬畏之心，这是对历史的尊重，也是对我们自己的尊重。

现场性：现在，请大家抬头看，这座金碧辉煌的太和殿，是明清两代皇帝举行大典的地方。想象一下，当年皇帝身着龙袍，端坐在这里，接受文武百官的朝拜，那场面是何等的壮观！而今天，我们站在这里，仿佛能穿越时空，与古人对话。

知识性：太和殿，又称金銮殿，是中国现存最大的木结构大殿。它采用重檐庑殿顶，屋顶上铺满了金黄色的琉璃瓦，在阳光下熠熠生辉。大殿内的每一根柱子，每一块金砖，都蕴含着丰富的历史信息和精湛的工艺技术。比如，这些柱子上的龙纹雕刻，栩栩如生，展现了古代工匠们的卓越才华。

明了性：为了让大家更好地理解，我将简单介绍一下太和殿的建筑特色。它采用了中轴线对称布局，左右两侧的建筑和装饰都呈现出一种和谐的美感。同时，太和殿的屋顶设有脊兽，这些脊兽不仅具有装饰作用，还寓意着吉祥和辟邪。

趣味性：说到这里，我还有一个小故事要分享给大家。相传，在明清时期，皇帝为了测试新科进士的才学，会让他们在这里进行"殿试"。而进士们为了能在皇帝面前留下好印象，往往会提前几个月就开始准备，有的甚至会在梦中背诵诗文。可见，这太和殿不仅是权力的象征，而且是无数文人墨客梦想成真的地方。

结语：好了，亲爱的游客们，今天的讲解就到这里。希望大家在游览故宫的过程中，能够感受到中华文化的博大精深和历史的源远流长。如果有任何问题或想了解更多信息，请随时告诉我。祝大家旅途愉快！

解析：在这个示例中，导游的讲解语言充分体现了道德性、现场性、知识性、明了性和趣味性等特点。通过道德性的提醒，导游引导游客尊重文化遗产；通过现场性的描述，让游客仿佛置身于历史场景之中；通过知识性的介绍，让游客了解到太和殿的丰富历史和文化内涵；通过明了性的表达，使游客能够轻松理解复杂的信息；通过趣味性的故事，提升了讲解的吸引力和趣味性。这样的讲解方式不仅能让游客获得知识，还能让他们享受到一次难忘的旅游体验。

任务 2.2　导游讲解语言的运用原则

引言

导游员在带团的初期都会有这样的疑惑：导游语言是一种口头语言，有"快、急、难、杂"的特点，往往没有时间字斟句酌，那怎样才能实现高水平的讲解，让旅游者听了感到舒服，难以忘怀呢？

在线课堂

交互式课件

情境导入

我们即将开启一段充满魅力与艺术的旅程，共同探索导游语言的奥秘。站在风景如画的名胜古迹前，面对着来自五湖四海的游客，如何用你的语言去描绘那片风景，如何让你的讲解成为游客心中难忘的记忆？

对导游来说，语言不仅是传递信息的工具，也是连接人与景、心与心的桥梁。今天，我们将围绕"导游语言的四原则"和"八要素"，通过"导游讲解经验小结"和"导游讲解水平提高的四个阶段"来深入剖析导游语言的艺术性和实用性。

任务描述

本任务要求学生熟练掌握导游讲解语言的四原则。主要通过讲授法、比较法、角色扮演法等方法，围绕导游讲解语言的原则进行导游词创作与模拟展示。

相关知识

1. 导游讲解语言"四原则"

1) 正确

(1) 背景材料(如历史沿革、数据、地质构造等)必须准确无误，有据可查。故事传说、民间传奇也要有据可查，不能道听途说，信口开河，如西湖白娘子和许仙的传说(目前存在多个版本)。若遇到说法不一的地方，可忽略不讲或选择有代表性的意见介绍给旅游者。内容不准确是"硬伤"，特别容易引起游客对导游员的轻视和不信任。

(2) 语音、语调、语法要准确。如果不准确，会造成信息失真，沟通不畅(如说不同方言的人在一起交流)，所以要按语法和语言习惯对语料进行良好的组合搭配。

(3) 观点正确。坚持"内外有别"的原则，不讲格调低下的内容，不开政治性的玩笑。用导游的职业道德来要求自己，体现爱国、爱家乡的情感。

> **操作示例**
>
> 　　红色娘子军原名"中国工农红军第二独立师第三团女子军特务连"，成立于1931年5月1日，创建于乐会县第四区革命根据地……为了纪念她们，政府于1985年专门兴建了红色娘子军的塑像，塑像坐北朝南，高3.7米(连底座总高6.8米)，四周呈六角形状，围以石栏杆，占地面积40平方米。

2) 清楚

导游语言的清楚性是指在讲解时要条理分明、脉络清晰、逻辑严密，把所讲的内容一层一层地交代清楚。具体要求如下。

(1) 内容要层次分明，具有严密的逻辑性。讲解的内容需要逐字逐句地斟酌。是按照一定的时间顺序讲，还是按照一定的空间顺序讲，要提前精心策划。

(2) 中心内容明确、简洁明了。由于一般的旅游团队活动日程安排较紧，景点游客较多，旅游者听导游员讲解时又以站姿为主，因此导游员讲解时一定要提高时间利用率。中心内容要明确，简洁明了，使旅游者感到脉络清晰、重点突出，对所介绍的景物留下较深刻的印象。

> **操作示例**
>
> 　　导游员领着游客来到岳阳楼前，在登楼之前，导游员介绍说："这就是驰名中外的岳阳楼，它与武昌的黄鹤楼、南昌的滕王阁合称江南三大名楼，素有'洞庭天下水，岳阳天下楼'的美誉。它原是三国时期东吴将领鲁肃的阅兵楼。唐代建为岳阳楼，宋代由巴陵县令滕子京主持重修，整个楼阁为纯木结构，重檐盔顶，1984年落架大修后重新开放。现在楼高19.42米，由四根楠木柱支撑，楼顶就像古代将军的头盔。全楼没有一颗铁钉，这在力学、美学、建筑学、工艺学等方面都有杰出的成就。现在，楼内藏有清代刻的《岳阳楼记》雕屏，大家要想领略'衔远山，吞长江，浩浩汤汤，横无际涯'(《岳阳楼记》)的风光，请随我登楼观赏。"

3) 生动

生动是指导游员用具有活力的语言去打动人心，引起旅游者的共鸣。"看景不如听景"讲的就是导游员生动的讲解语言对景点起到了画龙点睛的作用，这是导游语言艺术性和趣味性的体现。为此，导游员应做到以下几点。

(1) 语言流畅。这是对导游语言最基本的要求，因为只有流畅通顺的语言才能达意。导游员为了使自己的语言生动流畅，应苦练语言基本功，带团前做好准备，掌握资料，熟悉各种知识但又不能"死背书本"。要将掌握的知识口语化，句子宜短不宜长。不要过多地使用形容词，不要东拼西凑，内容要有整体性和连贯性。

(2) 使用形象化的语言。导游员在讲解时恰当地使用比喻，不仅能使旅游者易于理解，还能产生亲切感。听导游讲解对旅游者来说应该是一种美的享受，所以导游员讲解时应注意多用褒义的比喻，并尽量通过旅游者熟悉的人和事物介绍景点的相关知识。

> **操作示例**
>
> 远看双峰插云，近看花港观鱼；远听南屏晚钟，近听柳浪闻莺；春有苏堤春晓，夏有曲院风荷；秋有平湖秋月，冬有断桥残雪；黄昏观雷峰夕照，夜晚看三潭印月。

4) 灵活

导游词应因人而异，因时而异，因景而异。根据不同的对象和时空条件决定讲解的多少、内容的深浅、语言的层次、声音的大小等。总之，要因人而异、因地制宜。要达到这一要求，导游员首先要尽快了解旅游者的背景材料，如年龄、职业、爱好、宗教信仰等，还要了解客源地的知识，然后做出正确的判断，最后选择适当的方法调整讲解的内容，使特定的景点讲解词适应不同旅游者的文化修养和审美情趣。切忌"千人一辞""千团一辞"，尽量避免死背式的呆板语言。

> **操作示例**
>
> 根据不同的天气介绍西湖：晴天、阴天、小雨、大雨、大雪。晴西湖不如雨西湖，雨西湖不如雪西湖，雪西湖不如夜西湖。

2. 导游讲解语言的八要素

言之有物；

言之有据；

言之有理；

言之有情；

言之有礼；

言之有神；

言之有趣；

言之有喻。

3. 导游讲解经验小结

讲解不是背书；

好的讲解需要充足的知识储备作后盾；

讲解的内容需要事先做好规划，分好层次，建立好结构；

讲解的时机要把握好，游客的心理要照顾到；

注意讲解语气、语言技巧的运用。

4. 导游讲解水平提高的四个阶段

张皇失措；

死记硬背；

喜欢导游的感觉；

天马行空。

【动笔创作】

导游讲解语言的运用原则主要包括正确性、清楚性、生动性、灵活性，以及言之有物、言之有据、言之有理、言之有情、言之有礼、言之有神、言之有趣、言之有喻等方面。在动笔创作时，这些原则应贯穿始终，以确保导游讲解的质量和效果。请以长城为例，运用导游讲解语言的原则创作一篇导游词。

项目3　方法荟萃：讲解的策略

项目 结构

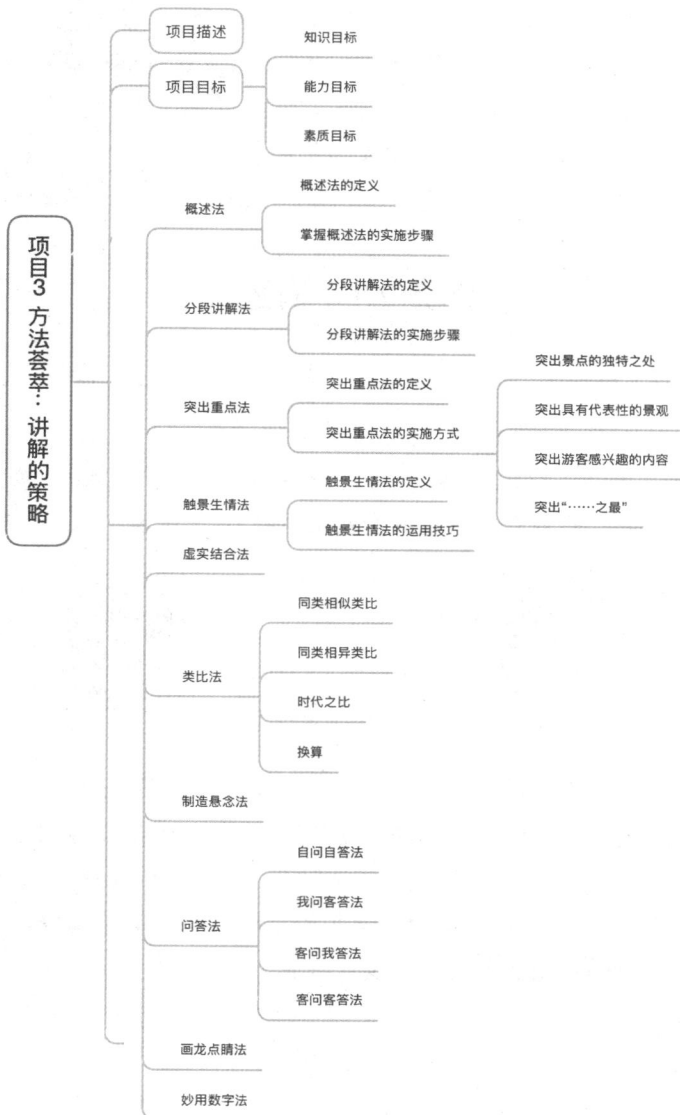

项目 描述

导游是旅游活动中不可缺少的一部分，国际旅游界认为："没有导游的旅游是不完美的旅行，甚至是没有灵魂的旅行。"而导游员的讲解则是导游过程中的灵魂和核心所在。在教师分发工作任务书的基础上，学生通过自主收集资料、角色扮演、讲解训练、小组讨论、互相纠错等方法，学会常用导游讲解方法的灵活使用。

项目目标

知识目标： 1. 认识到导游词创作需要各种方法。

2. 掌握常用的导游讲解方法。

能力目标： 1. 培养学生灵活运用导游讲解方法的实际操作能力。

2. 培养学生根据不同景点特色采用不同导游讲解方法的创造性思维能力。

素质目标： 1. 通过导游岗位语言技巧的学习和实践训练，培养爱岗敬业的职业精神。

2. 注重语言艺术在实际工作岗位中的灵活应用，做到"学以致用""知行合一"。

3. 主动提高互联网背景下旅游服务所需的数字素养，并能秉持"守正创新"原则，根据需求提供个性化沟通服务，同时保障服务效率和质量。

任务 3.1 概述法

引言

巴金曾说："艺术的最高境界是无技巧。"一名优秀的导游能让游客在旅游结束后游兴未尽，流连忘返，同时给社会带来良好的经济效益。

在线课堂

交互式课件

情境导入

你作为一位经验丰富的导游，正站在一座历史悠久、风景如画的古城门口，准备迎接一群满怀期待的游客。他们来自五湖四海，对这座古城充满了好奇与向往。此时，你的首要任务就是通过概述法，为游客们描绘一幅关于这座古城的简略画卷，让他们在踏入城门之前，就能感受到其独特的魅力与深厚的文化底蕴。

任务描述

本项目要求学生明确概述法的定义与重要性，掌握概述法的实施步骤和实践应用，能够分步进行案例分析，且能熟练运用概述法创作导游词。

相关知识

1. 概述法的定义

概述法是导游员就旅游城市或景区的地理、历史、社会、经济等情况向游客进行概括性的介绍，使其对即将游览的城市或景区有一个大致的了解和轮廓性认识的一种导游讲解方法。这种方法多用于导游员接到旅游团后坐车驶往下榻饭店的首次沿途导游中，也适用于游览较大的景点之前，在入口处示意图前进行的讲解。它好比交响乐中的序曲，能引导游客进入特定的旅游意境，初步领略游览地的奥秘。

2. 掌握概述法的实施步骤

资料准备：提前收集并整理关于旅游城市或景区的相关资料，包括地理位置、历史沿革、文化特色、著名景点等。

确定重点：根据游客的兴趣点和旅游目的，筛选出最具代表性的信息进行概述。

精炼语言：用简洁明了、生动有趣的语言进行讲述，确保游客能够轻松理解并留下深刻印象。

适时互动：在讲解过程中，适时提出问题或引导游客思考，增强互动性和参与感。

操 作 示 例

运用"概述法"介绍莫干山景区 》

各位游客们，欢迎来到浙江莫干山参观、游览。莫干山，属天目山余脉，位于浙江省北部湖州市德清县，美丽富饶的沪、宁、杭金三角的中心，国家重点风景名胜区。莫干山因春秋末年，吴王阖闾派莫邪、干将在此铸成盖世无敌的雌雄双剑而得名，是中国著名的度假休闲旅游及避暑胜地。莫干山山峦连绵起伏，风景秀丽多姿，总占地面积达58平方千米，它虽不及泰岱之雄伟、华山之险峻，但却以绿荫如海的修竹、清澈不竭的山泉、星罗棋布的别墅、四季各异的迷人风光称秀于江南，享有"江南第一山"之美誉。

莫干山虽以"清凉世界"而著称于世，但实际其四季风景各有特色。春季和风阵阵，云雾变幻，其时春笋破土而出，漫山琼花飞舞，无疑是一番动人景象。荡气回肠的剑池飞瀑，史料翔实的白云山馆，雄气逼人的怪石角，野味浓郁的塔山公园，以及天池寺踪迹、莫干湖、旭光台、名家碑林、滴翠潭等百余处景点，无不引人入胜，令人流连忘返。陈毅、宋美龄等人既为莫干山赢得了巨大的名人效应，也为莫干山留下了难以计数的诗文、石刻、事迹以及二百多幢式样各异、形状美观的名人别墅。更妙的是，无限美景和丰富的文化内涵将使您尽情享受无穷乐趣，带您回到真正的美丽大自然。

解析：根据地理位置、历史沿革、文化特色、著名景观等对莫干山景区进行概述。

【动笔创作】

分析优秀导游的概述法讲解案例，学习其语言技巧、信息筛选方法和互动方式等，并探讨如何将这些经验应用到自己的讲解中。

任务 3.2 分段讲解法

引言

在导游的广阔天地里，讲解技巧是连接游客与旅游目的地的不可或缺的桥梁。在本任务中，我们将深入探索一种高效且实用的导游讲解方法——分段讲解法。这种方法不仅能够帮助导游更好地组织信息，还能让游客在游览过程中保持高度的兴趣和注意力，从而获得更加丰富和深刻的旅游体验。

在线课堂　　　　　　　　　　　　交互式课件

情境导入

作为导游员，你正带领一群游客漫步在一条历史悠久的古街上，两旁是错落有致的古建筑，脚下是青石板铺就的小路。游客们对周围的一切都充满了好奇，但面对如此丰富的信息，如何让他们既能全面了解，又不会感到疲惫和迷茫呢？

任务描述

本任务要求学生理解分段讲解法的概念与原理，掌握分段讲解法的实施步骤和实践应用，能够分步进行案例分析，且能熟练运用分段讲解法创作导游词。

相关知识

1. 分段讲解法的定义

分段讲解法是指将一处大景点分为前后衔接的若干部分来讲解的方法。

首先在前往景点的途中或在景点入口处的示意图前，导游人员概述景点(包括历史沿革、占地面积、欣赏价值等)，并介绍主要景观的名称，使游客对即将游览的景点有一个初步的印象，使之迫切地想要一睹为快，然后到现场依次游览。导游员在讲解某一景区时注意不要过多地涉及下一景区的景物，但要在即将结束这一景区的游览时，适当地谈及下一个景区，以引起游客的兴趣。此讲解法适合在讲解规模大的重要景点时使用。

2. 分段讲解法的实施步骤

前期准备：深入了解旅游目的地的相关信息，包括历史、文化、景观等，并根据实际情况划分讲解段落。

设计过渡：在每个段落之间设计自然的过渡语，使讲解过程流畅连贯，避免突兀感。

突出重点：在每个段落中明确讲解的重点和亮点，用生动具体的语言进行描述，吸引游客的注意力。

互动引导：在讲解过程中适时提问或引导游客参与讨论，增加互动性和参与感。

操作示例

运用"分段讲解法"介绍嘉业堂藏书楼 》

嘉业堂藏书楼是我国近代最著名的私人藏书楼之一，因为清朝末代皇帝溥仪曾题赠"钦若嘉业"的九龙金匾，所以楼主刘承干以此作为楼名，称之为嘉业堂藏书楼。嘉业堂始建于1920年，到1924年才宣告落成，前后历时四年。嘉业堂整体设计为园林式布局，占地二十多亩(一亩约为666.667平方米)，分为前园后楼。楼主刘承干是南浔"四象"之首刘镛的嫡长孙，因为他的伯父刘安澜没有儿子，他就被过继给了刘安澜。等到刘镛死后，刘承干以"长房长孙"的身份顺理成章地继承了刘氏家业。他本人一生酷爱藏书，辛亥革命以后社会动荡不安，很多贵族遗老纷纷家族败落，靠卖家里的藏书度日，刘承干在这一时期收购了大量的宝贵书籍，总数达五十几万卷，号称六十万卷，并用白银十二万两建造了这座藏书楼来保护这些古书籍。

大家现在看到的就是嘉业堂藏书楼的整体建筑，整座书楼呈一个巨大的"口"字形，砖木结构，为中西合璧的两层楼房。中间的这个大天井足有三百多平方米，这在一般的江南院落当中是很少见的。所以我想考考大家，这么大的天井，它的作用是什么？对了，这位朋友反应很快嘛。就是用来晒书的。大家再看面向我们的所有库房，它们的窗户有什么特别的地方？所有的窗户都是落地的长窗，窗户上的木雕全是"嘉业藏书楼"几个篆字。

上面说的都是藏书楼的外部，现在咱们再来看看藏书楼里面的精华所在。我们刚刚说了嘉业堂最鼎盛时期号称藏书六十万卷，但是到了民国后期，由于刘家家道中落，大量的珍贵古书籍被变卖，抗战前，其中的一些宋刊本、明手抄本、手稿书陆续售出，抗战以后，又将其中一千三百多种明刊本、三十多种手抄本卖给重庆中央图书馆。新中国成立后，刘承干先生由于无力再经营藏书楼的事业，毅然将嘉业堂的全部房产和藏书捐献给了国家，由浙江省图书馆接收。嘉业堂之所以能保存到今天，除了楼主自己的悉心经营外，还离不开国家的大力支持，解放前夕和"文革"期间，周恩来同志曾两次批示要保护好嘉业堂藏书楼。

大家请随我一起往外走，我们再去欣赏一下嘉业堂的第二个部分——园林。大家现在看到的这个小池塘叫莲花池。周围有我们江南人比较熟悉的太湖石。太湖石产自太湖周边的山下，它分为干石和水石两种。干石是石灰石在酸性土壤的长期侵蚀下形成的，而水石是水下的石灰石在湖水的不断冲刷下形成的，所谓的"水滴石穿"也就是这个原理。但是现在太湖石的开采是受到严格限制的，市面上销售的太湖石多半是人工用枪打孔制成的，所以大家如果有兴趣用太湖石来装点院落，就要小心识别。说到太湖石，大家多半会联想到咱们苏州留园的"冠云峰"、上海豫园的

"玉玲珑"以及南京玄武湖的观音石。不过我们眼前就有一块可以跟上面三块名石媲美的太湖石，它被誉为"南浔三大奇石"之首，石面上有一个小孔，人一吹，声音像虎啸，所以得名"虎啸石"。(可以现场表演一下，如果你的肺活量比较大的话。)它原为清朝学者阮元的故物，后来被刘承干以五百银圆的价格购得，置于藏书楼的花园当中。不知道大家有没有注意到，我们嘉业堂四周是没有围墙的，取而代之的是一条外围的河道，使得四周的景色与嘉业堂藏书楼看起来浑然一体。这个设计正好与我们现在提倡的和谐社会不谋而合，可见当时楼主在书楼的设计上意识相当超前。

解析：将嘉业堂藏书楼一处大景点分为整体建筑、藏书楼的外部和园林三个部分进行讲解。

【动笔创作】

分析成功运用分段讲解法的导游讲解案例，学习其在划分段落、设计过渡、突出重点以及引导互动等方面的技巧和经验。

任务 3.3　突出重点法

引言

浩瀚的旅游信息海洋中，准确捕捉并传达最核心、最具吸引力的内容给游客，是每位导游都需要掌握的关键技能。今天，我们将聚焦于一种高效且直击人心的讲解方法——突出重点法。这种方法不仅能够帮助导游在众多信息中筛选出精华，还能确保游客在有限的时间内获得最深刻的旅游体验。

在线课堂　　　　　　　　　　交互式课件

情境导入

作为导游员，你正站在一座雄伟壮观的古建筑前，周围是熙熙攘攘的游客，他们满怀期待地等着你的讲解。然而，这座古建筑历史悠久，文化底蕴深厚，涉及的知识点繁多。如何在有限的时间内，让游客既能感受到其独特魅力，又能对关键信息留下深刻印象呢？

任务描述

本任务要求学生理解突出重点法的概念与原理，掌握突出重点法的实施方式和实践应用，能够分步进行案例分析，且能熟练运用突出重点法创作导游词。

相关知识

1. 突出重点法的定义

突出重点法是指导游员在讲解中不面面俱到，而是突出某一方面的讲解方法。

2. 突出重点法的实施方式

导游员的讲解应该有的放矢，做到轻重搭配、详略得当、重点突出。导游讲解时一般要突出以下四个方面。

1) 突出景点的独特之处

游客来到目的地旅游，要参观的景点很多，其中不乏一些与国内其他地方类似的景点。导游员在讲解时必须讲清这些景点的特征及与众不同之处，当在同一次旅游活动中参观多处类似景观时，尤其要突出介绍其特征。

2) 突出具有代表性的景观

游览规模大的景点之前，导游员必须事先确定重点景观。这些景观既要有自己的特征，又能代表全貌，实地游览时，导游员应主要向游客讲解这些具有代表性的景观。

3) 突出游客感兴趣的内容

游客的兴趣爱好各不相同，但从事同一职业的人、文化层次相同的人往往有共同的爱好。导游员在研究旅游团的资料时要注意游客的职业和文化层次，以便在游览时重点讲解旅游团内大多数成员感兴趣的内容。

4) 突出"……之最"

面对某一景点时，导游员可根据实际情况，重点介绍世界上或者中国最大(最长、最古老、最高，甚至最小)的……因为这种表述能突出景点的独特性，从而引起游客的兴致。

操 作 示 例

运用"突出重点法"介绍雁荡山大龙湫瀑布 》

提起名瀑，人们自然会想到久负盛名的北美洲尼亚加拉大瀑布和我国贵州黄果树瀑布，在宽度上，它们均已誉满全球，但是在落差上，前者只有大龙湫瀑布的四分之一，后者也只不过二分之一。高达197米的大龙湫瀑布是我国单级落差最大的瀑布，与黄果树瀑布、壶口瀑布、吊水楼瀑布合称为"中国四大名瀑"。"龙湫"是什么含义呢？《康熙字典》的解释是"悬瀑水曰龙湫"。

正如清朝诗人袁枚在诗中描绘的那样："龙湫山高势绝天，一线瀑走兜罗绵。五丈以上尚是水，十丈以下全为烟。况复百丈至千丈，水云烟雾难分焉。"是的，大龙湫是美的，它的美体现在四季的变化上。

解析：讲解雁荡山时突出具有代表性的景观——大龙湫瀑布。

【动笔创作】

分析成功运用突出重点法的导游讲解案例，了解其如何精准筛选关键信息，如何巧妙运用语言技巧，以及如何激发游客兴趣，等等。

任务 3.4　触景生情法

引言

触景生情法是一种极具感染力和吸引力的讲解技巧。它要求导游能够敏锐地捕捉眼前的景物，通过生动的描述和情感的引导，使游客在游览过程中不仅能够看到景色的美，还能感受到其中蕴含的情感与故事。

在线课堂　　　　　　　　　　　　交互式课件

情境导入

导游员小王正带领一群游客漫步在一条风景如画的古道上，两旁是郁郁葱葱的树木，远处是壮丽的层峦叠嶂。此时，一阵微风吹过，带来了阵阵花香和树叶的沙沙声。面对这样的美景，小王该如何引导游客更好地感受这份宁静与美好呢？触景生情法便是此时最佳的选择。通过描述这里的历史传说、文人墨客的诗词歌赋，或者当地居民的生活习俗，你可以让游客仿佛穿越时空，与这片土地产生更深的情感共鸣。

任务描述

本任务要求学生理解触景生情法的概念与原理，掌握触景生情法的运用技巧，能够分步进行案例分析，且能熟练运用触景生情法创作导游词。

相关知识

1. 触景生情法的定义

触景生情法是指见物生情、借题发挥的导游讲解方法。

第一层含义是导游员不能就事论事地介绍景物，而是要借题发挥，利用所见景物使游客产生联想，起到以点带面的作用；第二层含义是导游讲解的内容要与所见景物和谐统一，使其情景交融。

2. 触景生情法的运用技巧

观察细致，捕捉特点：导游在讲解前要对所讲解的景物进行细致的观察，捕捉其独特之处，包括形状、颜色、声音、气味等方面。

情感融入，引导共鸣：在讲解过程中，导游要将自己的情感融入其中，通过生动、丰富的语言，引导游客产生联想和共鸣。可以讲述与景物相关的历史故事、民间传说或个人感悟等，使讲解内容更加丰富多彩。

互动交流，增强体验：在讲解过程中，导游要注重与游客的互动交流，鼓励游客提出问题和分享感受。通过互动交流，可以进一步加深游客对景物的理解和感受，提升其旅游体验。

操 作 示 例

运用"触景生情法"介绍鲁迅故里 》

下面我们来到的是三味书屋，这就是鲁迅先生当年读书的地方，相信大家一定都看过他写的《从百草园到三味书屋》，文章写道："出门向东，不上半里，走过一道石桥，便是我的先生的家了。"三味书屋位于鲁迅先生的塾师寿镜吾的住宅，已经有一百年的历史了，当时是当地有名的私塾。我们现在走进来看，大家眼前正上方的匾额，是清朝书法家梁同书所写，大家再看，长桌上摆放的便是寿镜吾先生的画像。寿镜吾先生一生视功名为粪土，考中秀才后便开始教书，他教书极为认真，对学生的要求也十分严格，他的为人态度对鲁迅先生有很大的影响，鲁迅先生极为尊重他。在这里，我们已经看不到摇头晃脑的先生，也听不到学生们琅琅的读书声，但是讲台和课桌还是一如当年，鲁迅先生的书桌就摆放在东北角，上面还刻着一个"早"字，是当年鲁迅先生刻的。关于"早"的来历，有一个有趣的故事。当年他的父亲重病卧床，鲁迅先生每天都要出入当铺和药店。医生给开了一个很奇怪的药方，要十年的陈米，这可难为了鲁迅。为了采办陈米，鲁迅四处奔波，结果，上学从来没迟到过的他，这一天迟到了，寿镜吾先生从来不准学生迟到，要是学生三天不来读书，他就会亲自上门问原因，现在看到鲁迅迟到了，便十分生气，沉下脸责备了几句。鲁迅心里也十分自责，十分难受，便在这里刻下了一个"早"字，以勉励自己。事后，寿镜吾先生得知了真相，便想法子弄到了几升陈米，亲自背到了鲁迅家里，一进门就高兴地说："樟寿啊，你要的陈米我寻来哉。"

最后，我们来到鲁迅的故居，鲁迅先生就诞生在这里。我们现在就从台门斗侧门过去，来到桂花明堂，此处俗称天井，因为有一棵桂花树而得名。每逢夏夜，小鲁迅就躺在下面，而祖母则摇着芭蕉扇，时而讲故事，时而让他猜谜。祖母性情温和，讲的故事十分吸引人。每到精彩之处，祖母就会故意卖个关子，让小鲁迅急得瞪眼睛。"猫是老虎的师父""水漫金山"，都是他难以忘怀的故事。我们最后来到的就是百草园了，因为荒芜，所以这里杂草丛生，雅称为百草园，现在鲁迅笔下的菜地、石井栏、桑树都在我们的眼前，原模原样，鲁迅经常在这里游戏，拔何首乌，抓蟋蟀，去念书时，嘴里还喊着："ADE，我的蟋蟀们！"ADE是德文，意思是"再见"。可以说这里不仅是鲁迅儿时的乐园，也是他的精神家园。

解析：导游讲解的内容(如三味书屋的"早"字)与鲁迅先生当时的情感和谐统一，使其情景交融。

【角色练习】

通过模拟讲解或实地演练的方式，让同学们分组尝试运用触景生情法对某个景点进行讲解。注意观察游客的反应和情绪变化，及时调整讲解内容和方式。

任务 3.5　虚实结合法

引言

在导游工作中，生动有趣地介绍景点，使游客在游览过程中获得丰富的知识和美的享受，是每位导游需要掌握的重要技能。虚实结合法作为一种行之有效的导游讲解方法，通过将景点的实体信息与相关的传说、故事或轶事相结合，赋予景点更多的情感色彩和文化内涵，使讲解更加生动有趣，从而激发游客的游兴。

在线课堂

交互式课件

情境导入

导游员小张正带领一群游客游览西湖，并适时地讲解一些与西湖相关的传说，如白娘子和许仙的爱情故事。

任务描述

本任务要求学生理解虚实结合法的概念与原理，掌握虚实结合法在实践中的应用技巧，能够分步进行案例分析，且能熟练运用虚实结合法创作导游词。

相关知识

虚实结合法是指导游员在讲解中将典故、传说等与景物介绍紧密结合的导游讲解方法。

这里的"实"指的是景物的实体、实物、史实、艺术价值等；"虚"指的是与景点有关的民间传说、神话故事、趣闻轶事等。虚与实应有机结合，以实为主，以虚为辅。

操作示例

运用"虚实结合法"讲解莫干山山名 》

莫干山的山名来自莫邪、干将二人铸剑于此的古代传说。两千五百年前的春秋末期，群雄争霸，吴王欲争盟主，得知吴越边疆的莫邪、干将夫妇是铸剑神手，限令三月之内，铸成盖世宝剑来献。

莫邪、干将采山间之铜精，铸剑于山中。时冶炉不沸，妻子莫邪剪指甲、断头发，以黄土拌揉，做成人状，投之炉中。炉腾红焰，锻锤成雌雄双剑。雌号莫邪，雄称干将，合则为一，分则为二，蘸山泉，磨山石，剑锋利倍常。时莫邪有孕，夫妻俩知吴王奸凶，莫邪留雄剑于山中，干将往献雌剑。吴王问："此剑有何奇妙？"干将说："妙在刚能斩金削玉，柔可拂钟无声。论锋利，吹毛断发，说诛戮，血不见痕。"试之果然。吴王为使天下无此第二剑，杀干将。

十六年后，莫邪、干将之子莫干成人，莫邪详告家史，莫干问："宝剑何在？"莫邪道："日日空中悬，夜夜洞边眠。竹青是我鞘，黄金遮霜妍。"莫干机敏，在竹林中黄槿(金)树洞孔内得到干将雄剑。于是别母亲，持剑赴吴国京城，欲刺杀吴王。途遇干将好友之光老人。老人说："吴王禁卫如林，谋刺难成。若能借得莫干二宝，定能谋取吴王之头。"莫干问："哪二宝？"老人说："干将之剑，莫干之头。"莫干即以剑自割其头，莫干一手献剑，一手献头。之光老人至吴宫阶下，言献"稀世之宝"，吴王召见，之光以油鼎煮莫干头，头歌唱，之光邀吴王近看。吴王至，之光拔剑斩吴王之首，两头相搏于油鼎中。王头奸凶，之光亦自杀其头，两头共斗王头，得胜。时二剑化作两巨蟒腾空而飞。

一日，莫邪备果品、山花，至铸剑处祭莫丈夫英灵，祈求儿子平安。这时，地方官气势汹汹地赶来，说要拿莫邪问罪，莫邪愤慨地说："我夫干将铸剑、献剑有功，反遭昏王杀害；我儿莫干为父报仇，为民除暴，罪在哪里？"正当官兵要捉拿她的时候，忽然潭里白浪涌腾，一条巨蟒探头出水，一张嘴，飞出一口宝剑，银光一闪，地方官便身首异处。然后，宝剑又飞回巨蟒口中，那巨蟒连连出水点头，似在向莫邪传言。莫邪得知阴阳剑已飞回剑池，说了声："莫邪愿永远与宝剑同在！"便纵身跳进深潭。后人为纪念莫邪、干将，遂将其铸剑、磨剑处叫剑池，将剑池所在之山命名为莫干山。

解析：将莫干山的实景作为"实"，莫邪、干将二人的神话传说作为"虚"，虚与实相结合进行讲解。

【角色练习】

请同学们以黄山为例，运用虚实结合法创作导游词。虚实结合法不仅能够增强讲解的生动性和感染力，还能够让游客在欣赏美景的同时，感受到更深层次的文化内涵和历史底蕴。

任务 3.6　类比法

引言

在旅游的世界里，每一位导游都是故事的讲述者、文化的传播者，以及连接游客与目的地情感的桥梁。而如何有效地运用各种讲解方法，让这段旅程不仅是一场视觉的盛宴，也是一次心灵的触动，正是我们今天要共同探讨的主题。

在线课堂

交互式课件

情境导入

作为游客，你正站在一座古老而宏伟的城堡前，这座城堡对许多人来说可能既神秘又难以捉摸。但是，如果我们将它比作你曾经游览过的故宫，是不是立刻就觉得亲切了许多？

任务描述

本任务要求学生理解类比法的概念与原理，掌握类比法的分类、在实践中的应用技巧，能够分步进行案例分析，且能熟练运用类比法创作导游词。

相关知识

所谓"类比法"就是以熟喻生，达到类比旁通的导游手法。

1) 同类相似类比

将相似的两物进行比较，以便旅游者理解眼前的景点并使其产生亲切感。北京的王府井可以和日本东京的银座、法国巴黎的香榭丽舍大街进行比较。中国的梁山伯和祝英台(或许仙和白娘子)可以和西方的罗密欧和朱丽叶进行比较。

2) 同类相异类比

从规模、质量、风格、水平、价值等方面对比两种相似的景物并阐释两者的异同。

3) 时代之比

由于各国纪年法不同，在介绍历史年代时，要用游客能理解的表述方式。例如，可将处于同一时期的不同国家的帝王作类比，也可将年号、帝号纪年转换为公元纪年。

4) 换算

换算就是将抽象的数字换算成游客熟悉的具体事物，以便游客理解。

操作示例

运用"类比法"讲解千岛湖 »

千岛湖是一座壮美的湖，这首先表现在它的大上。在正常水位情况下，它的面积约为573平方千米，相当于新加坡独立之初的国土面积，蓄水量可达178亿立方米，相当于3184个西湖。

- - - - - - - - - -

运用"类比法"讲解延安路 »

朋友们，我们现在来到的是杭州的延安路，它是杭州规模最大的商业街，北起武林广场，南到吴山广场，全长3570米，串联着武林商业圈、湖滨商业圈和吴山商业圈三大商圈。在地位上，杭州的延安路相当于北京的王府井、上海的南京路，以及日本的银座。

解析：将千岛湖的面积和新加坡独立之初的国土面积进行对比，将千岛湖蓄水量和西湖蓄水量进行对比。将杭州的延安路和北京的王府井、上海的南京路、日本的银座进行对比。

【动笔创作】

请运用类比法为参观西安兵马俑的游客创作一段讲解词。

任务 3.7　制造悬念法

引言

在旅游的广阔舞台上，每一位导游都是一位故事讲述者，而吸引游客的注意力，让他们全程投入并充满期待，是每一位导游必须掌握的重要技能。

在线课堂

交互式课件

情境导入

导游员小李正带领一群游客步入一个古老而神秘的村落，四周是蜿蜒曲折的小巷，墙上爬满了岁月的痕迹。此时，导游员没有直接介绍村落的历史和特色，而是缓缓开口："在这个村落的深处，隐藏着一个世代相传的秘密，据说只有真正有缘之人才能揭开它的面纱。而这个秘密，与我们即将探访的这座古老宅院有着千丝万缕的联系。"

任务描述

本任务要求学生理解制造悬念法的概念与原理，掌握制造悬念法在实践中的应用技巧，能够分步进行案例分析，且能熟练运用制造悬念法创作导游词。

相关知识

"制造悬念法"是指导游员在讲解时提出令人感兴趣的话题，但故意引而不发，激起旅游者迫切想知道答案的欲望，使其产生悬念的方法，俗称"吊胃口""卖关子"。这是一种常用的导游手法。

操 作 示 例

运用"制造悬念法"讲解苏州网师园 »

苏州网师园的月到风来亭，依水傍池，面东而立，后装一大镜，将对面的树石檐墙尽映其中。对这个亭子的介绍有两种方法，效果完全不同。

一位导游员介绍说："如果在晚上，当月亮从东墙上徐徐升起时，另一个月亮在水波中荡漾，这镜子安置得十分巧妙，通过它还可以看到一个月亮。"游客们看了看镜子，并未产生多大兴趣。

另一位导游员将游客带到亭中，这样介绍说："当月亮升起的时候，在这里可以看到三个月亮。"他微笑着，望着游客，并没有立即往下讲。游客们满腹狐疑，都以为自己听错了或导游员讲错了。最多只有两个月亮：天上一个，水池里一个。怎么可能会有第三个呢？大家的脸上都露出了迷惑不解的表情。这时，导游员才点出：天上、池中，还有镜里，共有三个月亮。大家才恍然大悟，在响起一阵掌声、叫好声之后，也更领悟到镜子安置之巧妙，印象特别深刻。

解析：导游员运用"三个月亮"制造悬念，引人入胜。

【动笔创作】

运用制造悬念法为九寨沟创作导游词，了解在何时何地设置悬念最为合适，以及如何控制讲解的节奏，使悬念在适当的时机揭晓，达到最佳效果。

任务 3.8　问答法

引言

在旅游行业中，如何激发游客的兴趣，促使他们与景点进行深度互动，是我们每位导游都需要深思的问题。问答法正是这样一种能够激发游客好奇心、增强参与感、使讲解过程更加生动有趣的方法。

在线课堂

交互式课件

情境导入

导游员小王正带领一群游客漫步在古老的长城之上，阳光洒在斑驳的城砖上，历史的沧桑感扑面而来。此时，小王没有直接开始长篇大论的讲解，而是先向游客抛出了一个问题："大家知道吗？长城除了是一项军事防御工程外，还承载着怎样的文化和象征意义呢？"这个问题就像一把钥匙，瞬间打开了游客们思考的大门，他们开始纷纷猜测、讨论，整个氛围变得活跃起来。

任务描述

本任务要求学生理解问答法的概念与原理，掌握问答法的四种形式以及在实践中的应用技巧，能够分步进行案例分析，且能够熟练运用问答法创作导游词。

相关知识

问答法就是导游员在讲解时向游客提问题或启发他们提问题的导游方法。使用问答法的目的是活跃游览气氛，激发游客的想象思维，促使游客和导游员之间产生思想交流，并使游客获得参与感或者自我成就感。问答法包括自问自答法、我问客答法、客问我答法和客问客答法四种形式。

1) 自问自答法

导游员自己提出问题，并适当停顿，让游客猜想，但并不期待他们回答，只是为了吸引他们的注意力，促使他们思考并激起他们的兴趣。然后导游员给出简洁明了的回答或生动形象的介绍，也可以借题发挥，给游客留下深刻的印象。

2) 我问客答法

导游员要善于提问，所提问题要恰当，估计游客不会一无所知，并且会有不同答案。同时要诱导游客回答，但不要强迫他们回答，以免使游客感到尴尬。游客的回答不论对错，导游员都不应打断，更不能笑话，而要给予鼓励。最后由导游员讲解，并引出更多、更广的话题。此外，导游员提问的时机也要把握好。导游员应该懂得，与游客在一起的时候提问不能太随便，也不能没有目的，只有懂得把握时机，才能收到较好的效果。一般来说，游客在思考问题的时候，导游员不宜打扰游客；游客在欣赏美景和节目的时候，导游员不宜提及与此无关的事情和问题。

3) 客问我答法

导游员要善于调动游客的积极性和他们的想象思维，欢迎他们提问题。游客提出问题，说明他们对某一景物产生了兴趣，进入了审美角色。对于他们提出的问题，即使是幼稚可笑的，导游员也绝不能置若罔闻，千万不要笑话他们，更不能显示出不耐烦，而是要有选择地将回答和讲解有机结合起来。不过，对于游客的提问，导游员不必有问必答，一般只回答一些与景点有关的问题，注意，不要让游客的提问冲击你的讲解，打乱你的安排。

在导游实践中，导游员要学会认真倾听游客的提问，善于思考，掌握游客提问的一般规律，并总结出一套相应的"客问我答"的导游技巧，以求随时满足游客的好奇心。

4) 客问客答法

导游员并不直截了当地回答游客提出的问题，而是有意识地请其他游客来回答问题，此法亦称"借花献佛法"。导游员在为"专业团"讲解专业性较强的内容时可运用此法，但前提是必须对游客的专业情况和声望有较深入的了解，并事先打好招呼，切忌安排不当，引起其他游客的不满。如果发现游客回答问题时所讲的内容有偏差或不足之处，导游员也应见机行事，适当指出，但不要使其自尊心受到伤害。需要注意的是，这种导游方法不宜多用，以免游客对导游员的能力产生怀疑，甚至产生不信任感。

操作示例

运用"问答法"讲解千岛湖 »

今天我们游览的千岛湖位于杭州市的淳安县。大家知道千岛湖为什么取名千岛湖吗？因为湖内拥有1078座翠岛。千岛湖即新安江水库，是我国第一座自行设计设备的大型水力发电站——新安江水力发电站拦坝蓄水而形成的人工湖。新安江水库的蓄水量是西湖的三千多倍。千岛湖水在中国大江大湖中位居优质水之首，属国家一级水体，不经任何处理即可饮用，被誉为"天下第一秀水"。

解析：运用问答法讲解千岛湖的命名，引导游客进行猜测和讨论，活跃氛围。

【动笔创作】

导游讲解方法中的问答法既能有效提升游客参与感，又能加深他们对景点的理解和记忆。运用问答法为长城创作导游词。

任务 3.9　画龙点睛法

引言

在导游讲解的广阔舞台上，以精练的语言捕捉景点的灵魂，让游客在短暂的时间内留下深刻的印象，是每位导游追求的目标。画龙点睛法作为一种高度凝练且富有艺术性的讲解技巧，正是实现这一目标的有效手段。通过精准地概括景点的独特之处，导游能够迅速激发游客的兴趣，引导他们深入探索并领略景点的魅力。

在线课堂　　　　　　　　　　交互式课件

情境导入

导游员小李正带领游客游览杭州西湖，站在苏堤春晓的观景台上，眼前是波光粼粼的湖面和远处朦胧的山影。此时，如果小李只是简单地说："这是西湖，很美。"恐怕难以引起游客的共鸣。而运用画龙点睛法，小李可以这样说："西湖之美，在于它的温婉与灵动。苏堤春晓，便是这温婉灵动中的点睛之笔。春日里，堤上杨柳依依，桃花灼灼，与湖面的倒影交相辉映，仿佛一幅流动的水墨画，让人沉醉其中，流连忘返。"

任务描述

本任务要求学生理解画龙点睛法的概念与原理，掌握画龙点睛法在实践中的应用技巧，能够分步进行案例分析，且能熟练运用画龙点睛法创作导游词。

相关知识

画龙点睛法就是导游员用凝练的词句概括所游览景点的独特之处，给游客留下突出印象的导游方法。游客听了导游讲解，观赏了景观，既看到了"林"，又欣赏了"树"，一般都会有一番议论。导游员可趁机给予适当的总结，以简练的语言(甚至几个字)点出景物精华之所在，帮助游客进一步领略其奥妙，获得更多更高的精神享受。

操 作 示 例

运用"画龙点睛法"讲解莫干山 》

莫干山素以竹、云、泉"三胜"和绿、清、凉、静"四优"而驰名中外。

"竹"是莫干山"三胜"之冠，以其品种之多、品位之高、覆盖面积之大而列于全国之首、世界之最。走近莫干山，只见修竹满山、绿荫环径，风吹影舞、芳馨清逸，宛如置身绿幕之中。景区及外围区有连片竹林127平方千米，有诗云："竹径数十里，供我半月看。"莫干山所独有的"黄金嵌碧玉""碧玉嵌黄金"两类珍贵竹种则以其独特的花纹令无数游客倾倒。

　　"云"也极具特色，因时而异、变幻万千，动若浮波、静若堆絮。站在云海上餐雾饮露、枕云席絮，令人有"遗世而独立"之感。

　　"泉"也是一胜，飞瀑流泉多达百余道，可谓峰峰有水、步步皆泉。

　　"绿"是"四优"之一，树绿、竹绿、草绿、山绿，如绿色的海洋，满目皆翠。全山绿化覆盖率高达92%。

　　"清"也是一大优点。若漫步于竹林或憩息于林荫，或眺望于亭台，或夜坐于别墅，会发现处处清新悦人、神舒肤爽。

　　"凉"是避暑的主要条件，因为莫干山海拔较高，绿化覆盖率高，且多流泉及储水，所以夏季气温较低，七、八两月平均温度仅24.1摄氏度，早晚尤为凉爽，最宜避暑。

　　"静"，谷幽境绝，宛如世外桃源。走出久被噪声围困的圈子，你能在莫干山找到一方静谧的天地。

　　历史上为纪念春秋时期夫妻铸剑匠师莫邪和干将，以他俩的姓来命名此山，故称"莫干山"。山上翠竹满坡，气候凉爽宜人，素有"清凉世界"之称。

【动笔创作】

　　运用画龙点睛法创作丽江古城导游词。提示：丽江古城之美在于其"水"与"桥"的和谐共生，在于"古"与"今"的巧妙融合，更在于那份"慢"与"静"的生活哲学。

【任务小结】

　　各种常用导游讲解方法不是孤立的，而是相互渗透、相互依存、密不可分的。只有将它们融会贯通，结合自己的特点，形成自己的独特风格，才能创造出适合自己的导游讲解技巧，取得令人满意的导游效果。

　　(1) 导游讲解方法和技巧都不是孤立的，而是相互依存、相互联系的。

　　(2) 导游讲解需要充足的知识储备作后盾。

　　(3) 导游讲解的内容需要事先做好规划，分好层次，建立好结构。

　　(4) 导游讲解的时机要把握好，游客的心理要照顾到。

　　(5) 导游讲解不是背书；讲究语气、语言技巧的运用。

任务 3.10　妙用数字法

引言

　　妙用数字法作为一种高效且直观的讲解技巧，正逐渐成为导游行业中的一股清流。通过引用具体、精确的数字，导游不仅能够为游客呈现更加清晰、全面的旅游信息，还能增强讲解的说服力和感染力，让游客在轻松愉快的氛围中深入了解景点的历史、文化和特色。

在线课堂

交互式课件

情境导入

导游员小张正带领一群游客游览故宫博物院，站在太和殿前，面对着这座宏伟壮观的建筑，小张如何向游客介绍它的规模、历史和重要性呢？如果一味地描述它的"大""美""壮观"，恐怕难以给游客留下深刻印象。而此时，妙用数字法便能派上用场。

任务描述

本任务要求学生理解妙用数字法的概念与原理，掌握妙用数字法在实践中的应用技巧，能够分步进行案例分析，且能熟练运用该方法创作导游词。

相关知识

妙用数字法就是在导游讲解中巧妙地运用数字来说明景观内容，使其易于理解的一种导游方法。导游讲解中离不开数字，因为数字是帮助导游员精确地说明景物的历史、年代、形状、大小、角度、功能、特性等方面内容的重要手段之一，但是数字的使用必须恰到好处。如果运用得当，平淡的数字就会发出光彩；否则会令人产生索然寡味的感觉。运用数字时忌讳平铺直叙，大量的枯燥数字会使游客感到厌烦。所以使用数字时要讲究"妙用"。

操作示例

运用"妙用数字法"讲解西湖 »

"欲把西湖比西子，淡妆浓抹总相宜。"杭州西湖曾令无数文人墨客魂牵梦萦。如今，"一湖映双塔、湖中镶三岛、三堤凌碧波"的西湖全景终于重现人间，形成了"一湖二塔三岛三堤"的基本格局。其中，一湖指西湖，二塔指保俶塔和雷峰塔，三岛是指三潭印月、湖心亭和阮公墩，三堤则是指苏堤、白堤和杨公堤。

(资料来源：浙江省全国导游资格考试统编教材专家编写组. 诗画浙江现场导游考试指南[M].
北京：中国旅游出版社，2019.)

解析："一湖二塔三岛三堤"通过数字来讲解西湖，给游客留下深刻印象。

【动笔创作】

　　以"妙用数字法"创作敦煌莫高窟导游词，通过一系列的数字，使游客认识到莫高窟不仅是一座石窟寺，也是人类文化的宝库。它以其独特的艺术魅力和深厚的历史底蕴，吸引着世界各地的游客前来探访。

【在线答题】

期末考试题库1

项目4 自然奇观导游讲解艺术

项目结构

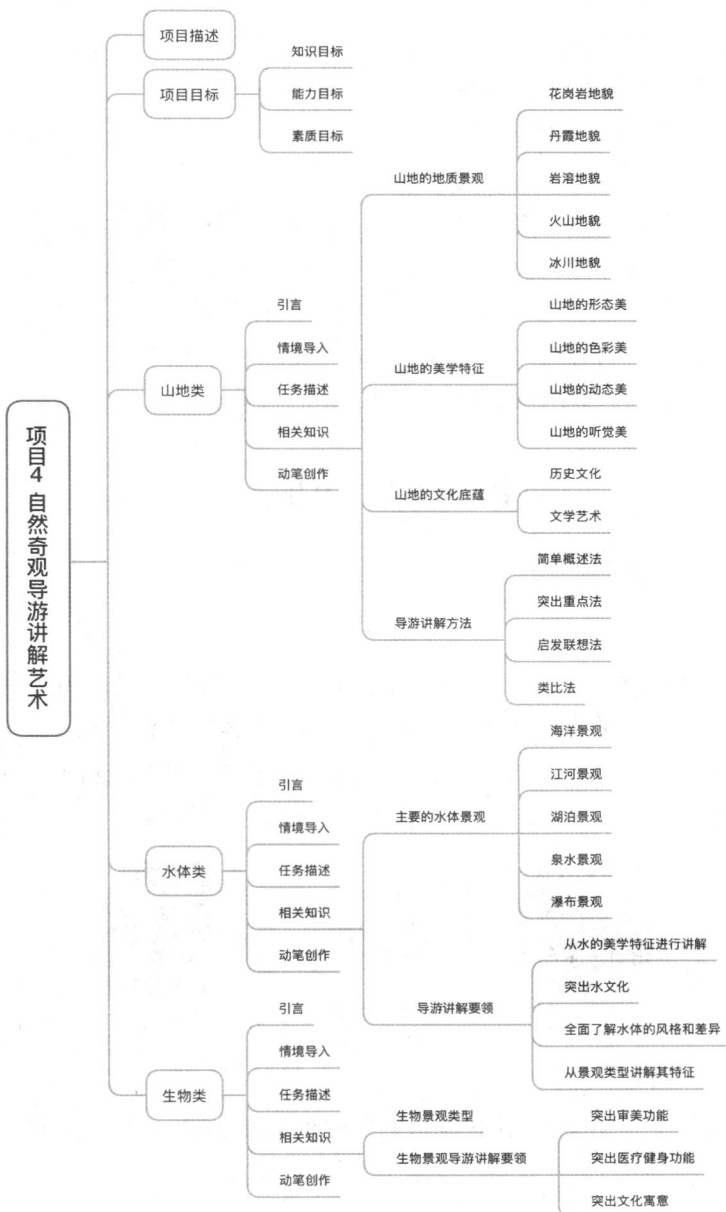

项目 描述

　　自然景观导游讲解是导游讲解业务的重中之重，其要求导游员具有相当丰厚的科学知识储备、人文历史涵养和较强的口头表达能力。在教师讲解本项目要点的基础上，学生通过掌握基本要求，揣摩案例，自主搜索知识和信息，撰写出简明扼要又精彩的导游词并进行模拟讲解。

项目 目标

知识目标： 1. 知晓自然景观的导游讲解要领。

　　　　　　2. 掌握各种自然景观的主要特点。

　　　　　　3. 掌握各种景观的不同美学特征。

　　　　　　4. 掌握目标景观的人文内涵。

能力目标： 1. 能根据自然景观的自然、美学和人文特征，提炼出讲解的中心要点和核心脉络。

　　　　　　2. 整体讲解和典型景物讲解相结合，注意点、线、面的结合。

　　　　　　3. 因时、因地、因人而异选择导游讲解方法，灵活组织导游语言。

素质目标： 1. 通过对自然景观的科学原理进行归纳，对美学特征进行赏析，以及对人文特征进行梳理与总结，形成科学与人文交融的个人讲解风格。

　　　　　　2. 形成对祖国大好河山和灿烂历史文化的热爱。

任务 4.1　山地类

引言

　　山地景观是我国旅游资源中最具自然审美价值的景观。我国山地景观不仅有富含趣味的科学知识、雄奇险峻的天然风光，也有历代文人墨客的经典题咏。这就启示我们从科学、景观和人文三个方面切入，将三种要素有机组合起来，以追求自然知识与人文体验、导游讲解与游客感悟相融合的讲解效果。

在线课堂

交互式课件

情境导入

　　今年夏天的某一天，导游员小王带领上海来的一个包含30人的旅游团赴安徽黄山游览。黄山是蜚声中外的中国名山代表，小王该如何从科学、景观和人文三个方面进行导游讲解？

任务描述

本任务要求学生熟练掌握不同类型山地景观的科学知识、景观美学和人文内涵，在科学与人文交融的基础上创作引人入胜且具有个人风格的导游词。

相关知识

1. 山地的地质景观

从地质角度进行分析，山地的地质景观主要包括花岗岩地貌、丹霞地貌、岩溶地貌、火山地貌和冰川地貌等。

1) 花岗岩地貌

花岗岩由地球内部岩浆侵入接近地表的地方冷凝而成，属岩浆岩中的侵入岩，其中含有数种矿物质，石英和长石最多，另有黑云母或角闪石。我国典型的花岗岩山体有泰山、华山、衡山、天柱山、黄山、三清山、九华山、普陀山、天台山、崂山、千山等。

比如，讲到黄山的美，我们首先讲到的就是黄山的奇峰，这里峰峰称奇，各有特色，各具神韵。黄山奇峰到底有多少？目前还没有一个确切的数字，历史上先后命名的有36大峰、36小峰，这些峰绝大多数都在千米以上。其中莲花峰最高，海拔高达1864米。

花岗岩山体景观的特征是：主峰明显、群峰簇拥、峭拔挺立、雄伟险峻。

2) 丹霞地貌

丹霞地貌为第三纪以陆相为主的红色砂砾岩在外力作用下发育而成的方山、奇峰、溶洞等特殊地貌。目前我国发现的丹霞地貌已超1000处，其中广东丹霞山、江西龙虎山、四川青城山、福建武夷山最为出名。

丹霞地貌的景观特征是：丹山碧水，精巧玲珑。

3) 岩溶地貌

岩溶地貌亦称喀斯特地貌，是地下水与地表水对可溶性岩石溶蚀与沉淀，以及重力崩塌、塌陷、堆积等作用形成的地貌。地上岩溶景观有石崖、石林、峰丛、峰林、漏斗(也就是天坑)等。地下岩溶有溶洞、钟乳石、石幔、石柱、石瀑布等。云南的路南石林、桂林的象鼻山和广东肇庆的七星岩就是典型的岩溶地貌景观。

岩溶地貌的景观特征是：山地高度不大，石峰林立或孤峰突起，造型奇特。

4) 火山地貌

火山地貌是由地壳内部岩浆岩喷出地表，堆积成的山体形态。这种山体称为火山。火山通常由火山堆、火山口等组成。火山地貌是火山爆发后由堆积物质形成的一种地貌景观。黑龙江五大连池最具代表性，历史上多次喷发，被誉为"火山地貌博物馆"。吉林的长白山天池也是典型的火山地貌景观。

5) 冰川地貌

冰川地貌是由冰川作用塑造的地貌，属于气候地貌范畴，被称为"冰的河流"。我国典型的冰川地貌包括海螺沟冰川、明永冰川、米堆冰川、透明梦柯冰川等。

2. 山地的美学特征

山地的美学特征主要表现在形态美、色彩美、动态美和听觉美。

1) 山地的形态美

山地形态美是指山岳自然景观的总体形态和空间形式美。山体有不同的造型，形成不同的景观。从不同的距离、不同的视角、不同的方式去观赏，看到的景色迥然不同。山体形态美可以概括为雄、险、秀、幽、奇等形象特征。

雄之美一般是指相对高度与气势之美，形象高大壮观，气势磅礴。比如泰山素有"天下雄"的美誉。因为泰山屹立于齐鲁大地之上，大有通天之势，给人以高大雄浑的视觉意象。

险之美一般指形态陡峭，气势险峻，坡度特别大，山脊高而窄。比如华山地势险峻，险象环生，素有"天下险"之名。

秀之美一般指由良好的植被覆盖地表，山水交融，树木葱茏，生机盎然，形态别致而丰满，轮廓线条柔和优美，比如以"天下秀"闻名的峨眉山。

幽之美一般是指以丛山深谷、山间盆地为地形基础，辅以高大乔木，构成封闭或半封闭的空间环境的景观，清静幽深。比如，四川的青城山就享有"天下幽"的美称。

奇之美一般是指具有形态幻怪离奇的特点，给人以千变万化、出人意料之感。比如，享有"天下奇"美誉的黄山，以其峰奇、石奇、松奇、云奇而著称。

2) 山地的色彩美

色是物的基本属性之一，物有其形，也必有其色。当人们看到物的形象时，也就感知了它的颜色。与形象相比，色彩对人的感官更具刺激性。因此，色彩在构景中起着非常重要的作用，有时超过地貌造型的效果，甚至在一定程度上改变了事物的形象，赋予它特有的神韵。

山体景观中，色彩比较稳定的是岩石和土壤，最引人注目的色彩通常来自缤纷的鲜花，比如峨眉山的杜鹃花。此外，一年四季的交替和阴、晴、雨、雪等天气现象导致了山体景观色彩的宏观变化，比如北京的香山红叶。水、云、雨、雪等与山体相结合，形成了不同的景致，有的成为游客直接观赏的对象，比如九寨沟的五彩池；有的成为其他景观的背景或其他风景区的借景，比如黄龙雪宝顶、丽江玉龙雪山等；淡淡的云和薄薄的雾又给山体景观增添了层次感。

3) 山地的动态美

山地的动态美主要由流水、飞瀑、浮云等要素构成。流水和瀑布所体现的动态美具有相对的稳定性。云烟是很不稳定的因素，但是也有一定的规律。

4) 山地的听觉美

不同的名山有不同的"音源"，比如泉水叮咚、林海松涛、雨打芭蕉、幽林鸟语、寂静夜虫等，在特定的环境条件下，都能给游客音乐般的享受，让游客忘记烦恼。

3. 山地的文化底蕴

1) 历史文化

历史文化名山是在历史进程中，由于社会、经济、文化、民族等因素而形成的，比如泰山、黄山、华山等，这些山具有特别深厚的历史文化底蕴，是中国著名的文化胜地。古代神话中记载，泰山是由盘古死后的头部化成的，因此自古以来中国人对泰山就有格外的崇拜之情，而黄山在传说中是轩辕黄帝修身炼丹、羽化升仙的地方。

2) 文学艺术

泰山、庐山、武夷山等文化名山在中国古代文学艺术中占据着重要地位，许多文人墨客都曾登临这些山，并留下千古流传的墨宝。比如：杜甫在《望岳》中赞叹泰山"会当凌绝顶，一览众山小"；宋代大文豪苏轼也曾在《题西林壁》感叹"不识庐山真面目，只缘身在此山中"；等等。这些诗词不仅让山地景观多了一份诗情画意，还为山地之美增添了一抹浪漫主义色彩。

4. 导游讲解方法

1) 简单概述法

进入景区之前，导游员要对山地景观进行概况性的讲解，通过简单概述法让游客了解山体景观的概念、景观特色和分布等。比如，丹霞地貌是一个独特的地形，因中国广东仁化丹霞山典型发育而得名。丹霞地貌为第三纪以陆相为主的红色砂砾岩在外力作用下发育而成的方山、奇峰、溶洞等特殊地貌。因为岩石含有钙质、氧化铁和少量石膏，呈现丹红色，所以也被称为红层地貌。

2) 突出重点法

丹霞地貌是一种独特的地质地貌景观，而广东的丹霞山是中国最具代表性的丹霞地貌景观之一。来丹霞山游览，不仅可以获得视觉上的体验，还可以了解丹霞地貌的科学成因。因此，对于丹霞山的地质成因，应该重点讲解，从科学的角度分析丹霞山的地质成因和演变历史。

3) 启发联想法

启发联想法是指导游员引入话题，描述情景，引导游客联想，从而加深游客对景观的认识。比如：

现在我们看到的是一组火山流纹岩地貌景观——台州神仙居的将军岩和睡美人。现在呢，请大家回头看前面那座岩石，那简直就是一个栩栩如生的天然塑像。他的眉、目、鼻、嘴、腮轮廓十分分明，特别是高挺的鼻梁、自然张开的嘴巴，惟妙惟肖，可谓是大自然的杰作。我们称之为"将军岩"。大家看啊，将军的眼睛看向远方，那他在看什么呢？将军的嘴微微张开，好似在喃喃自语，那么他到底想说什么呢？俗话说得好："英雄难过美人关。"我们这位将军也不例外，更何况这美人就躺在他眼前。那美人到底有多美呢？还是让我们一起去看看吧。走了这么久，我们期盼已久的美人终于要揭开她的神秘面纱了。远望左边那一带山峰，以天空为底色，从高到低缓缓画下一道起伏的玲珑曲线，头、颈、胸、身体、手、腿，惟妙惟肖，活脱脱一个仰卧酣睡的美人侧影。睡美人头戴鲜花，手置胸前，她的头、颈、胸、脚，甚至连眼睛上的睫毛都清晰可见。"美人"和"将军"正好遥遥相对、两两相望，也正因为有"将军"的呵护，"美人"才会睡得如此安详、恬静。

4) 类比法

山地景观姿态万千，风情万种。我们可以结合游客客源地的情况，将眼前景色与游客较为熟悉的其他景观相结合，以启发游客的联想，增强游客游览时的印象。

操作示例

各位游客朋友们，大家好！欢迎来到风景如画的安徽黄山。我是你们的导游，今天将带领大家领略这座神奇山岳的自然之美与人文之韵。

黄山被誉为"天下第一奇山"，它的形成离不开大自然的鬼斧神工。亿万年前，地壳运动使黄山地区岩层断裂，岩浆喷发侵入地表附近，冷却凝固后形成了坚硬的花岗岩。随着时间的推移，地壳抬升，黄山逐渐露出地表，成为一座巍峨的山脉。雨水、风力和光照等外力作用，对黄山进行了长期的雕琢和打磨，使其形成了如今我们所见的千姿百态、层峦叠嶂的奇景。

黄山景观的特色可以用"四绝"来概括，即奇松、怪石、云海、温泉。这里的松树针叶短而浓密，形态各异，或悬或卧，或升或降，仿佛是大自然的精灵。怪石嶙峋，形态奇特，让人叹为观止。云海缭绕，如梦如幻，仿佛置身于仙境之中。温泉则因其清澈、甘甜、富含矿物质而著称，让人流连忘返。

除了自然美景，黄山还蕴藏着深厚的人文历史底蕴。早在五千多年前，这里就有先民生活、繁衍。新石器时代，先民们创造了原始土著文化。西周时期，黄山地区属于古越族的势力范围，他们在这里留下了丰富的文化遗产。秦始皇统一六国后，黄山地区隶属于会稽郡，见证了中华民族的沧桑巨变。

让我们携手共进，在黄山的美景中感受大自然的魅力，在人文历史中领略中华民族的智慧与力量。祝大家旅途愉快！

【动笔创作】

假设你即将接待一批上海游客到山东泰山旅游，针对此情境撰写一篇导游词，其中应包含泰山形成的科学原因、泰山景色的主要特点和泰山极为丰厚的人文历史积淀。

任务 4.2　水体类

引言

水体在构景中具有形、影、声、色、光、味、奇等生动形象的特点，因此水体既可独立成景，又可作为自然景观的构成要素。山无水不神，水无山不灵。我国主要的自然水体景观有海洋景观、江河景观、湖泊景观、泉水景观和瀑布景观等。水体是具有普遍吸引力的康乐型自然旅游资源，以水为主体的旅游活动深受旅游者的喜欢，比如海水浴、温泉浴、游泳、潜水、划船、漂流、划水、冲浪、垂钓等。

在线课堂

交互式课件

情境导入

今年秋天的某一天，导游员小王带领广州来的一个30人的中老年旅游团赴黄河壶口瀑布(山西侧)游览。壶口瀑布是世界上最大的黄色瀑布，你该如何从科学、景观和人文三个方面进行导游讲解？

任务描述

本任务要求学生从水体景观的形、影、声、色、光、味、奇等方面分解目标景观的科学、美学和人文历史特征，再结合游客的年龄和地域特点加以综合，把水这种景观的独特性展现出来，并引起游客的审美共鸣。

相关知识

1. 主要的水体景观

1) 海洋景观

海洋约占地球表面的70.9%，海洋的中心部分叫洋，海洋的边缘部分叫海。海岸带由三个基本单元组成：一是海岸；二是潮间带；三是水下岸坡。中国拥有漫长的海岸线，其中陆地海岸线长达1.8万多千米。中国著名的海洋景观有青岛栈桥、普陀山海滨、北戴河海滨等。

2) 江河景观

江河是一种天然的地表水流，由一定区域的地表水(比如雨水、冰雪融水)和地下水补给，经常或者间歇地沿着狭长凹地流动。中国人对河流的称谓很多，较大的河流常称江、河、水，比如长江、黄河、汉水等。浙、闽、台地区的一些河流较短小，水流急，常称为溪，比如福建的沙溪、建溪等。西南地区的河流也有称为川的，比如四川的大金川、小金川、云南的螳螂川等。江河的旅游价值首先在于观光。这种价值由江河水体与两岸流水地貌恰当组合而成。

(1) 不同温度带的江河景色不同。

(2) 同一江河的不同地段景色不同。

(3) 同一河段在不同的历史阶段，其景色也是不同的。

我国主要的山河景观有闽浙山区的富春江、九曲溪、闽江，长江流域的沅江、湘江、赣江、汉水，西南山区的雅鲁藏布江、澜沧江和东北地区的松花江、牡丹江等。

3) 湖泊景观

按成因，湖泊可分为冰川湖、风沙湖、岩溶湖、潟湖、构造湖、断层湖、火口湖、火山堰塞湖、人工湖等。

按所含的成分，湖泊可分为淡水湖、咸水湖、干盐湖三大类。

按所处的地形环境，湖泊可分为平原湖泊和山地丘陵湖泊两大类。

我国主要的著名湖泊景观有云南苍山洱海、新疆天池、江苏洞庭湖、吉林长白山天池、青海省青海湖等。

4) 泉水景观

泉是地下水的天然露头。当潜水面为地面所切断时，地下水即可露出地面，此种渗出的水常称为渗出水。如果渗出水的水源不断地流走，又具有固定的出口，在地质上就叫泉。泉水是造景和育景的重要条件，常给人带来幽、雅、秀丽的景色。泉水还可以转化为溪、涧等，造就更大的风景场地和丰富多彩的风景特色。

泉水根据其水温高低又可分为沸泉、热泉、温泉三种。温泉水中含有各种化学成分，对人类肌体有良好的生理作用，因此受到人们的青睐。

奇奇怪怪的泉水景观，比如鱼泉、药泉、乳泉等，吸引着千千万万的游客。

(资料来源：文海家.地学景观文化[M].北京：科学出版社，2014：152-161.)

5) 瀑布景观

瀑布是河床落差造成的跌水，突出体现了陆上水体的形、声、色等结合的动态美。我国著名的瀑布景观有黄果树瀑布、壶口瀑布、黄山人字瀑等。

2. 导游讲解要领

1) 从水的美学特征进行讲解

水的美学特征包括形态美、倒影美、声音美、色彩美、光泽美、水味美、奇特美、娱乐美和体验美。

2) 突出水文化

水文化是指人们以水和水事活动为载体创造的一切与水有关的文化现象的总称，物质层面的水文化主要包括水形态、水工程、水工具、水环境、水景观等。

3) 全面了解水体的风格和差异

(1) 水体类型不同，美的风格不同。

(2) 同一水体类型因各自的组合条件不同，其美的意境也不同。

4) 从景观类型讲解其特征

(1) 海洋景观——突出海滨的伟岸、辽阔。

(2) 江河景观——突出景色多姿、类型丰富。

(3) 湖泊景观——突出大湖泊的宽阔，小湖泊的清秀，高山之巅湖泊的神秘、奥妙、幽静、清澈。

(4) 泉水景观——突出奇特、多功能。

(5) 瀑布景观——突出三态变化：形态、声态、色态。

■ 突出瀑布的形态美

庐山瀑布在枯水季节成为涓涓细流，形如一线。而到了洪水季节，雨量充沛，水流大增，瀑布水如银河倒悬，从天而降，阳光下熠熠生辉、蔚为壮观。瀑布水跌过程中，泛起了无数水雾，水经过山风的吹拂化为静静烟云，随风飘入云际。

■ 突出瀑布的文化特征

① 结合典故进行介绍。关于黄果树瀑布名字的由来，有很多种传说。其中有一个传说是这样的：很久很久以前这里盛产黄果，每到丰收季节，漫山遍野金黄一片，青年男女就常在黄果树下谈情说爱，海誓山盟，并以黄果和大瀑布作为见证。这就是黄果树瀑布的浪漫由来。

② 结合诗文进行介绍。古往今来，庐山瀑布不知吸引了多少文人墨客抒发情怀。比如李白的《望庐山瀑布》：日照香炉生紫烟，遥看瀑布挂前川。飞流直下三千尺，疑是银河落九天。

③ 情景交融、抒发内心情感。例如：

此时您坐在壶口瀑布的旁边，看着这惊涛拍岸的激流，听着这雷霆万钧的轰鸣，沐浴着这密密的"细雨"，你难道不会热血沸腾，心潮澎湃吗？能体会到炎黄子孙那种气吞山河、欲与天公试比高的气魄吗？能感受到华人华侨到这里来寻根问祖，探索中华民族血脉传承奥秘的心境吗？在这里，我们真正领悟到了它被誉为中华魂的缘由。

总之水体景观既可以独立存在，也可以和其他人文景观相配合，体现了一种综合美，导游员需要把握其综合美，才能做好水体景观的讲解。

操 作 示 例

黄河壶口瀑布 》

"君不见，黄河之水天上来，奔流到海不复回。"

亲爱的游客朋友们，欢迎来到壮观的黄河壶口瀑布景区，我是您今天的导游。

壶口瀑布位于山西省吉县和陕西省宜川县交界处，是世界上最大的黄色瀑布。古人云："源出昆仑衍大流，玉关九转一壶收。"黄河从青藏高原挟势而下，劈山凿岭，当流经晋陕大峡谷时，河床骤然断陷，形成巨大落差，这时，滚滚浊流，凌空腾跃，激荡之声，撼天动地，形成壶口瀑布这一天下奇观。相传，大禹为了治水而凿开龙门时，将黄河的精灵——一条黄龙囚禁在此，黄龙的身躯就化为这十里(即五千米)龙槽，而黄龙所张开的巨口因形似茶壶壶口而得名"壶口瀑布"。

壶口瀑布最佳观赏期分为两段，一是正值农历三月的春季，漫山遍野的山桃花盛开，岸边冰崖消融，称为"三月桃花浪"。二是九至十一月的秋季，这时雨季刚过去，河边众多山泉小溪，汇集大量清流，阵阵秋风吹过，常有彩虹出现，称为

"壶口秋风"。这两个时期，水大而稳，瀑布宽度可达千米左右。主瀑难以接近，但远远望去，烟波浩渺，威武雄壮。滚滚黄河水以翻江倒海之势，自河心跌入深渊，形成落差达五十米的大瀑布，声如雷鸣，数里之外可闻。晴天丽日之时，水雾升空，形成绚丽彩虹，常常高悬于崖壁之上，这刚柔相济的美景令无数中外游客折服。

壶口瀑布的壮丽风光不仅摄人心魄，也是咱们国家民族魂的象征。在八十多年前，诗人光未然和著名音乐家冼星海也跟我们一样站在壶口瀑布前，听着那震耳欲聋的怒涛，感受着黄河的滚滚洪流，想到当时民族危亡，日寇凌虐，不由心潮澎湃，最终作出了脍炙人口的《黄河大合唱》。这首歌曲不仅是中国音乐史上的旷世之作，也是中华民族抗战精神的象征。无数中华儿女在这铿锵有力的歌声里聆听到黄河的怒吼，坚定了抗战到底的决心。正如歌词所唱的那样："风在吼，马在叫，黄河在咆哮。"如今，我们站在这里，透过黄河的怒吼，依然能够感受到那种不屈不挠、勇往直前的民族精神。

游客朋友们，壶口瀑布以其独特的自然风光和深厚的历史文化，成为我们中华民族的骄傲。在这里，我们可以领略到大自然的鬼斧神工，也可以感受到中华民族的坚韧与顽强。希望大家在欣赏美景的同时，能够铭记历史，珍惜和平，共同为中华民族的伟大复兴而努力奋斗！

朋友们，今天的黄河之旅到这里就结束了，希望我们有缘再见，谢谢大家！

【动笔创作】

今年夏天，你带领来自重庆的三十名中老年游客游览黑龙江五大连池。请针对此情境撰写一篇导游词，其中应包含五大连池形态美、倒影美、声音美、色彩美、光泽美、水味美、奇特美、娱乐美和体验美等诸多方面，还需要考虑游客的年龄特点，并且目标景观应与重庆的水景观有联系和对比。

任务 4.3　生物类

引言

当我们带领游客赏览山水美景时，点缀其间的生物类景观也是重要的解说对象。许多生物类景观甚至是山水景观中"画龙点睛"的核心部分，需要我们对其进行专门讲解。

首先来了解一下生物景观的定义。生物景观是自然界中最活跃、最有生机的因素，它以其绚丽多彩的"衣裳"和变幻不定的姿态在春夏秋冬四季更替中，装扮着大千世界，使得自然界生出许许多多的良辰美景和极其动人的美妙景致。

生物旅游景观具有旅游观赏价值和科研价值。能吸引旅游者，能为旅游业所利用，并由此产生经济和社会效益的动植物称为生物旅游景观。生物景观具有净化、美化和活化环境的作用，也具有宝贵的科学研究价值，是人类赏心悦目的审美对象。

在线课堂   交互式课件

情境导入

今年夏天的某一天，作为导游员的你带领北京来的一个30人的亲子旅游团赴四川卧龙自然保护区游览。卧龙保护区是全世界最大的大熊猫原生保护地风景区，你该如何进行导游讲解？

任务描述

本任务要求学生从生物景观的审美功能、医疗健身价值和文化寓意三方面分析以生物景观为核心的景区，需要导游掌握游客的年龄和居住地的特点，使讲解既科学准确又趣味盎然，契合团型的特点。

相关知识

1. 生物景观类型

生物是地球表面有生命物体的总称，按其性质可分为动物、植物和微生物，在漫长的生物进化过程中，地球表面的生物衍生出极其丰富的类群和形态，据统计，现今发现记载并定名的生物体已超200万种，这使得自然界呈现出多姿多彩的生物景象。作为旅游资源的生物景观是由动、植物及其相关生存环境所构成的各种过程和现象。

2. 生物景观导游讲解要领

1) 突出审美功能

生物景观以其形态、色彩、奇异等多种审美因素成为自然旅游资源中最具特色的部分，下面详细分析这些审美因素。

(1) 形色美。形色美指动、植物的形体、色彩等美学特征。种类繁多的植物千姿百态，有的傲然挺立，有的婆娑多姿，如我国的黄山松，以形态美著称，有迎客松、送客松等，多以姿态得名。植物的色彩也极为丰富，如白的玉兰、粉的桃花、紫的丁香等，五彩斑斓，绚丽夺目。在众多色彩中，绿色为生命之色，是植物的基本色彩，也是绝大多数旅游景区的主色调。

(2) 形体美。不同的动物因地理位置、气候带的不同以及生活习性的差异，显示出不同的形体特征。美洲的巨嘴鸟是世界上嘴最大的鸟；古巴蜂鸟中成年公鸟的平均翼展长2.82厘米，体重仅1克，是世界鸟儿中的侏儒；我国的麋鹿缺尾巴，似马非马，似鹿非鹿，似牛非牛，似骆驼非骆驼，称为"四不像"。色彩是产生观赏感的重要因素，也是人们观赏动物的主要方面，如：非洲火烈鸟的羽毛如火一般美艳，我国海南岛坡鹿背部的黑褐色条带，连脊梁一直延伸到臀部，黑褐色条带下点缀着若干平行排列的白斑，色彩极为美观。

(3) 珍稀美。物以稀为贵，动、植物越是珍稀，就越有观赏价值。动植物处于两种情况之下可列为珍稀物种，一种情况是这一物种种群数量有限，另一种情况是物种分布范围狭小，或成为某地的特有品种。一些植物由于某种种群数量或分布范围有限而被列为珍稀植物，如海椰子、百岁兰、王莲、金茶花、珙桐、水杉、望天树、木沙椤等，这些珍稀植物，除具有科研价值外也具有极高的旅游观赏价值，如珙桐又叫鸽子树，是我国特有的被子植物，珙桐每年四、五月开花，其花茎有头状花序，形似鸽子，山风拂过时，苞片摇晃，似鸽子点头，跃跃欲飞，别有情趣。

(4) 奇特美。一些动植物往往以独特、奇异的特征吸引着旅游者。动植物的奇特美包括以下方面。第一，"奇特"是相对于自然生态环境下的旅游者而言的。如澳洲的袋鼠、树袋熊等有袋类动物，因地壳演化，海洋阻隔，古地理环境变化等因素的影响，只分布在澳洲大陆，对世界其他地区的旅游者有极大的吸引力。第二，"奇特"也指地球上绝无仅有的某一特征，如最高、最快、最大等，比如我国云南的独叶草，仅有一片叶子，是世界上最孤单的植物；又如南极洲的企鹅，滑雪速度达每小时30千米，是世界上滑雪最快的鸟。第三，"奇特"也可指动植物的一些奇异的生理、生态现象。索马里的太阳鸟又叫红鸟，它飞到树枝上展翅或抖动羽毛时，即预示着要下雨了；美洲的角蜥在遇险时能迅速远离并喷出鲜血，射程可达1米以上，这些奇特的动植物极为珍贵，是宝贵的生物景观。

(5) 嗅味美。许多植物的茎、叶、花、果能散发独特的香味，使旅游者获得新奇的感受。如非洲坦桑尼亚的木菊花，其花瓣味道香甜，摘一瓣品尝，很快能让人醉倒，所以此花被称为"醉花"；埃塞俄比亚有一种多草植物，叶片可分泌芳香扑鼻的香油，人若长时间闻它，也会被熏醉，所以它是一种"醉草"，此外还有许多植物因香而得名，如七里香、月见草等。这些具有香味的植物在美化环境的同时以其特有的香味给旅游者带来嗅味美的享受。

2) 突出医疗健身功能

生物的医疗功能不容忽视。首先，生物可作为中医的药用材料，其药性、药效丝毫不逊于其他药品。我国目前已知的中草药已达万种以上，其中许多是名贵中草药，如人参、鹿茸、麝香、天麻等，这些药材可以成为重要的旅游商品。其次，特殊的植物环境能起到医疗健身的作用。研究表明，森林能减弱声音强度，有隔音效果，会使旅游者感到特有的宁静，在森林中许多树木(如樟木、杉木等)会散发对人体有益的成分，可促进人的支气管和心脏系统的活动，还可抑制精神症状，调节内脏功能，等等。此外，森林的空气中含有丰富的负氧离子，可促进人体新陈代谢，降低血压，并提高人体免疫力。为此，许多国家都兴起了森林旅游，其中重要的项目是森林浴，包括登山观景、林间野营、林下散步等广泛接触森林环境的活动。森林的环境能调节人的神经，解除人的疲劳，从而起到防病、抗病、强身健体的功效。

3) 突出文化寓意

生物界具有纷繁复杂的形态与现象，具有审美功能，同时，有些生物具有特殊的文化寓意。文化寓意是指生物的一些特征中蕴含着某种备受推崇的精神，能够启迪人们的心灵，同时陶冶人的情操。这也正是生物旅游资源的文化价值所在，松、竹、梅不畏严寒、傲然挺立的形象，成为人们不畏逆境的精神象征，被人们称为"岁寒三友"；孔雀的柔美和大象的威武使它们成为傣族人民心中美丽和威武的象征，孔雀舞和象脚鼓舞成了傣族女青年和男青年表现美丽和雄壮的代表性舞蹈。不少动植物因其精神价值而成了一个国家、一个民族或一个城市的象征，国花、国鸟、市花都寄托着人民的某种精神追求。

操 作 示 例

四川卧龙自然保护区导游词 》》

各位游客朋友，大家好！欢迎来到风景秀美、生态宜居的四川卧龙自然保护区。我是你们此次旅行的导游，非常荣幸能为大家介绍这片充满神奇与魅力的土地。

卧龙自然保护区位于四川省阿坝藏族羌族自治州汶川县西南部，邛崃山脉东南坡，距四川省会成都130千米。这里地势起伏，层峦叠嶂，森林茂密，气候宜人，是大自然赐予我们的宝贵财富。更为珍贵的是，卧龙自然保护区是大熊猫的故乡，被誉为"熊猫之乡"。

一走进卧龙，首先映入眼帘的便是那郁郁葱葱的原始森林，仿佛走进了一幅巨大的绿色画卷。在这片广袤的森林中，生活着众多珍稀的野生动植物。而其中最引人注目的当属我们的国宝——大熊猫。它们或悠闲地啃食竹子，或慵懒地躺在树上晒太阳，每一刻都显得那么惬意和自在。

大熊猫不仅是中国的国宝，也是全人类的共同财富。它们黑白相间的毛色、圆滚滚的身材、憨态可掬的神态，无不让人心生喜爱。大熊猫的审美价值不仅在于它们外在的可爱形象，也在于它们所代表的和平、友善、和谐等意义。

在中国文化中，大熊猫早已成为一种独特的文化符号。从古代的诗词歌赋，到现代的影视作品，大熊猫的形象无处不在。它们不仅是中国的国宝，也是中国文化的使者，承载着中国人民对和平、友谊和美好生活的向往。

此外，大熊猫也是世界人民感情沟通的纽带。无论是哪个国家、哪个民族的人，看到大熊猫时都会不由自主地发出赞叹和喜爱之情。大熊猫的形象已经深入人心，成为跨越国界、跨越文化的友谊使者。

在卧龙自然保护区，我们可以近距离地观赏到大熊猫的生活状态，感受它们带来的快乐和惊喜。此外，这里还开展了一系列的保护和研究工作，为大熊猫的繁衍做出了巨大的贡献。

除了大熊猫之外，卧龙自然保护区还生活着许多其他的珍稀动植物，例如金丝猴、羚牛、雪豹等珍稀野生动物，以及众多的植物种类。这些生物共同构成了卧龙自然保护区独特的生态系统，为我们提供了一个探索自然、了解自然的宝贵机会。

各位游客朋友，在欣赏卧龙自然保护区美景的同时，请大家注意保护环境、爱护动植物。让我们共同努力，为这片美丽的土地留下更多的绿色和生机。

最后，感谢大家选择来到卧龙自然保护区旅游观光。希望这次旅行能给大家留下美好的回忆和深刻的印象。祝大家在接下来的行程中玩得开心、游得愉快！谢谢大家！

【动笔创作】

作为导游员的你带领北京来的一个30人的中老年旅游团赴广州华南国家植物园游览。你注意到北京有国内首屈一指的植物园——北京植物园，你该如何撰写导游词？

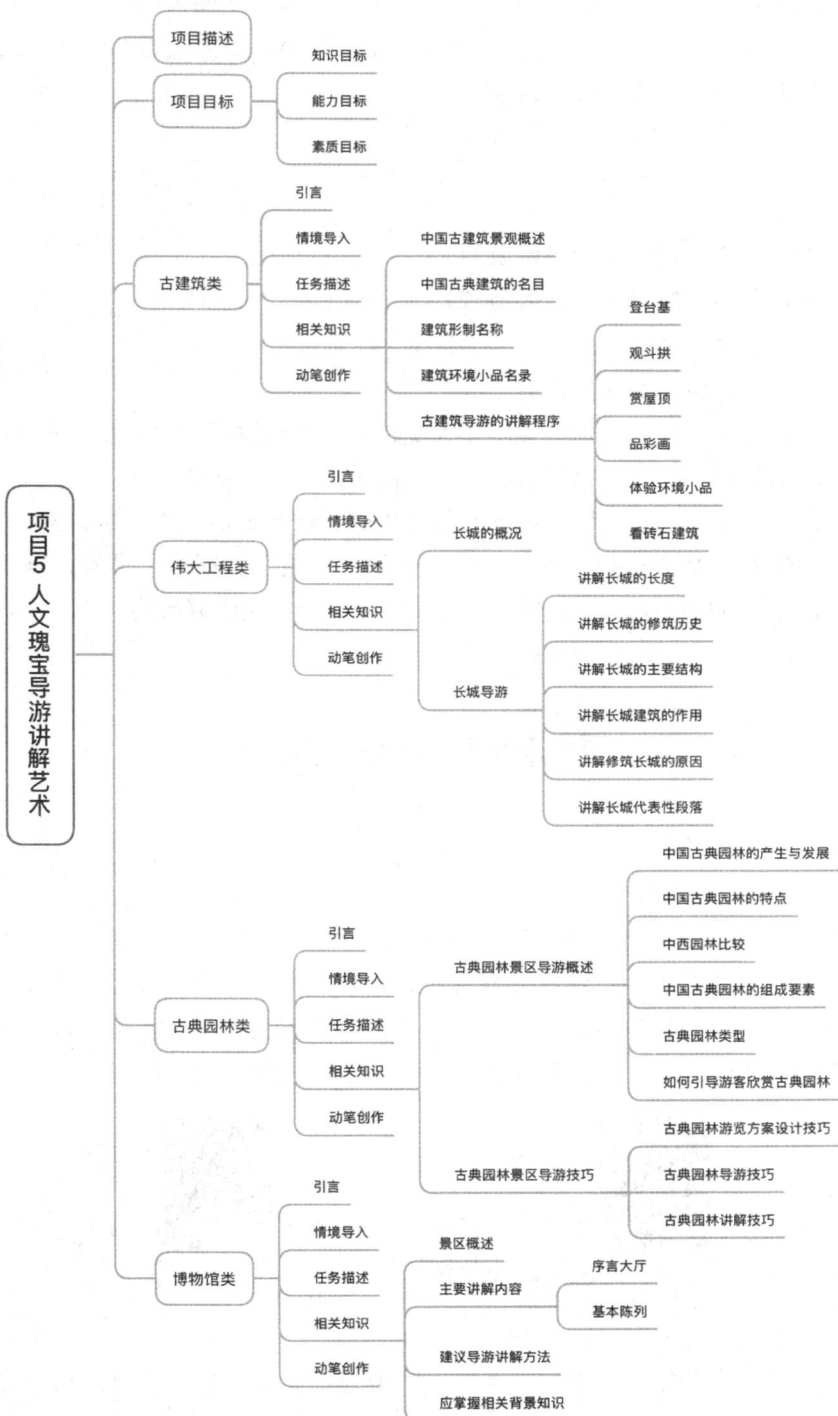

项目5 人文瑰宝导游讲解艺术

项目 结构

- 项目描述
- 项目目标
  - 知识目标
  - 能力目标
  - 素质目标
- 古建筑类
  - 引言
  - 情境导入
  - 任务描述
  - 相关知识
    - 中国古建筑景观概述
    - 中国古典建筑的名目
    - 建筑形制名称
    - 建筑环境小品名录
    - 古建筑导游的讲解程序
      - 登台基
      - 观斗拱
      - 赏屋顶
      - 品彩画
      - 体验环境小品
      - 看砖石建筑
  - 动笔创作
- 伟大工程类
  - 引言
  - 情境导入
  - 任务描述
  - 相关知识
    - 长城的概况
    - 长城导游
      - 讲解长城的长度
      - 讲解长城的修筑历史
      - 讲解长城的主要结构
      - 讲解长城建筑的作用
      - 讲解修筑长城的原因
      - 讲解长城代表性段落
  - 动笔创作
- 古典园林类
  - 引言
  - 情境导入
  - 任务描述
  - 相关知识
    - 古典园林景区导游概述
      - 中国古典园林的产生与发展
      - 中国古典园林的特点
      - 中西园林比较
      - 中国古典园林的组成要素
      - 古典园林类型
      - 如何引导游客欣赏古典园林
    - 古典园林景区导游技巧
      - 古典园林游览方案设计技巧
      - 古典园林导游技巧
      - 古典园林讲解技巧
  - 动笔创作
- 博物馆类
  - 引言
  - 情境导入
  - 任务描述
  - 相关知识
    - 景区概述
    - 主要讲解内容
      - 序言大厅
      - 基本陈列
    - 建议导游讲解方法
    - 应掌握相关背景知识
  - 动笔创作

项目5 人文瑰宝导游讲解艺术

61

项目 描述

　　人文景观导游讲解几乎占据了我国导游讲解的半壁江山。在中国数千年来光辉灿烂又浩大无比的文化传统的滋润下，我国历史人文景观有的与自然景观紧密交织，形成了你中有我、我中有你的复杂样态，有的则成为独立的游览讲解对象。人文景观类导游讲解业务中蕴含巨量的历史民俗类知识，因此导游讲解时需要既精确详细又突出趣味。在教师讲解本项目要点的基础上，学生通过掌握基本要求，揣摩案例，自主搜索知识和信息，撰写出简明扼要又精彩的导游词并进行模拟讲解。

项目 目标

知识目标： 1. 知晓人文景观的导游讲解要领。
　　　　　　2. 掌握各种人文景观的主要特点。
　　　　　　3. 掌握各种人文景观的不同美学特征。
　　　　　　4. 掌握目标景观的人文内涵。

能力目标： 1. 根据人文景观的自然、美学和人文特征提炼出讲解的中心要点和核心脉络。
　　　　　　2. 整体讲解和典型景物讲解相结合，注意点、线、面的结合。
　　　　　　3. 因时、因地、因人而异地选择导游讲解方法，灵活组织导游语言。

素质目标： 1. 通过对人文景观的科学原理进行归纳，对美学特征进行赏析，以及对人文特征进行梳理与总结，形成科学与人文交融的个人讲解风格。
　　　　　　2. 形成对祖国灿烂历史文化的热爱。

任务 5.1　古建筑类

引言

　　我国古建筑是数千年历史文化、哲学精神、科学技术和生产力发展水平的具象载体。在我国已迈入现代化的当下，传统古建筑天然地具有艺术、历史、人文、科技、工程等多方面的审美意涵。与国外建筑相比，中国传统古建筑独树一帜，而相比于自然山水风光，古建筑更能代表中华传统文化，是我们首先要学习的人文类核心讲解对象。

在线课堂

交互式课件

情境导入

　　作为导游员，你将带领上海来的一个30人的中老年旅游团赴山西省忻州市五台县南禅寺游览。这些游客去过欧洲和日本，见过不少具有数百年乃至上千年历史的国外古建筑，而南禅寺是我国现存最早、最完整的木质古建筑。请问你该如何结合这些游客的旅游经历和山西古建筑的特点进行有针对性的讲解？

任务描述

本任务要求学生从中国古建筑的名称来源、历史脉络、整体结构、构件名称、书法匾额、雕梁画栋、民俗传说等方面对中国传统古建筑进行系统性的讲解，力图使讲解既准确清晰又特色鲜明，令人印象深刻，流连忘返。

相关知识

1. 中国古建筑景观概述

中国古建筑在世界建筑发展史上有着极其重要的地位，由于长期受传统文化的影响，千百年来，在土木为材料的基础上，其建筑形式、布局、结构、装饰等都追寻着稳定的规制，因此我国古建筑自成体系，民族特色浓郁，甚至影响了周边的许多国家，我国古建筑被喻为"凝固的音乐""石头的史书"，以其特有的魅力吸引着游客。中国古典建筑的类别、名目很多，且每一类别、每个名目都有自己的特定用途、功能和样式，导游员在讲解中国古代建筑时，必须规范使用不同古建筑的称号。

2. 中国古典建筑的名目

1) 宫

最早围起来的房子就叫宫，供祖宗牌位的庙也叫宫，只是到了秦代，宫才成为天子居所的专称，后来规格很高的寺、观也叫宫。阿房宫是中国秦代的宫殿建筑，在今陕西省西安市西郊约15千米处的阿房村。秦灭六国，统一中国后，秦始皇嬴政嫌咸阳旧宫规模太小，于公元前212年在渭河南岸的上林苑中建造宏大的宫殿——朝宫。秦始皇在位时修建了前殿，名阿房，秦始皇死后，胡亥仍继续修建，工程未完而秦已亡。项羽军入关中时阿房宫被焚毁，据《史记·秦始皇本纪》记载，阿房宫不仅规模异常宏大，从整体规划图上看，把数十千米外的天然地形也组织了进去，气势宏伟。

2) 阙

最早的阙只是宫门前两侧的方土台子，后来人们在台子上盖顶盖，观望四方，所以阙又叫观。

3) 庑

厅堂下两侧的房子叫庑，大屋也叫庑，所以太和殿的四阿(四坡水)屋顶又叫庑殿式屋顶。

4) 宇

屋檐的边有"上栋下宇"的说法。把屋檐反曲上去，叫"反宇"，四方上下也谓宇。

5）间

间是中国古代建筑计量单位，也可以说是构成房子规模的基本单位，通常指两柱之间所夹的面幅。平常讲"面阔几间"或"进深几间"，就是这个意思。

6）寝

寝本是人们卧息的地方。古代王宫前面是殿堂和朝宫，后面是帝王的居室，叫寝，所以古代有"前朝后寝"的说法。导游员在引导游客游览的过程中，必须清楚地分辨出形制，同时讲明其用途。

3. 建筑形制名称

1）楼

古代重屋中二居以上的房子叫楼，它还有一层意思——狭而修曲曰楼，即进深不是很大，有曲折又比较高的房子叫楼。早在春秋战国时期，就有楼这类建筑。

2）阁

阁是重屋——楼房，但阁不"曲"，比较集中地高耸。最早的"阁"只是搁东西的搁板，所以藏书的处所也叫阁。

3）馆

古代的客舍叫馆。后世把藏书的地方叫图书馆。

4）所

所是处所的意思，故有招待所之名。所也是一组建筑的通称计量单位。

5）亭

亭本是休憩的意思，古代有驿亭、邮亭。

6）台

在古代，筑得四四方方的大夯土墩子叫台。

7）轩

古代将有窗的长廊称为轩。

8）榭

古代台上的屋叫榭，榭也是开敞的。

9）院

墙垣围着的空地叫院。

4. 建筑环境小品名录

牌坊、牌楼、华表、影壁、铺首、日晷、嘉量，以及香炉、鼎、石灯、石龛等。

5. 古建筑导游的讲解程序

古建筑导游应从一座精美古建筑的三大基本构成部分开始讲解。对于一座精美的古建筑，底部为承托建筑全体的"台基"部分，"台基"上面是承托建筑主体的"梁柱"部分，"梁柱"以上为"屋顶"部分。下面来看看详细的讲解程序。

1）登台基

台基按等级从低到高可分为普通台基、较高级台基、更高级台基和最高级台基。普通台基通常由素土、灰土或碎砖三合土夯筑而成，高度约为数十厘米，常见于小式建筑。较高级台基由砖或石建成，比普通台基要求更高，通常建有汉白玉栏杆，常见于大式建筑或宫殿中的次要建筑。更高级台基称为须弥座，又名金刚座，采用条石砌成，砖石上有凹凸的线脚和各种纹饰，台上建有汉白玉的栏杆，常用于宫殿或寺院内主要殿堂等建筑。最高级台基由几个须弥座叠加而成，从而使建筑物显得更为雄伟高大。这种台基常用于级别较高的建筑，如北京故宫太和殿和山东曲阜孔庙大成殿等。总之，台基的等级高低主要体现在高度、级数、材料以及有无栏杆上。清代，公侯以下三品以上官员房屋台基高二尺，四品以下至庶民房屋台基高一尺。

2) 观斗拱

斗拱是中国建筑上最具特色的结构，它在某种程度上称为中国古建筑的象征。斗拱是靠榫卯将一组小木叠压组合而形成的，斗拱最基本的组成因素有两个，即横向和纵向的水平构件拱，以及位于拱之间负责承托和连接各层拱的方形构件斗。有些斗拱还加入斜向的构件，如昂。

3) 赏屋顶

中国古建筑不仅雄伟壮观，造型优美，形式多样，而且通过屋顶的式样和屋檐的重数体现等级。主要屋顶类型有：庑殿顶、歇山式、悬山顶、硬山顶、攒山顶、卷棚顶、穹隆顶、盝顶等。其中庑殿顶最高级。

4) 品彩画

欣赏中国古建彩画，可从多方面入手。首先观其色彩，古建彩画色彩绚丽且搭配和谐，例如，和玺彩画以青、绿、红等为主色调，金碧辉煌，彰显皇家威严；旋子彩画色彩相对柔和、雅致。其次赏其图案，不同类型的彩画图案各异：和玺彩画绘龙、凤等，象征皇权；旋子彩画有旋花等图案，灵动精巧；苏式彩画中花鸟、山水、人物皆有，充满生活气息。再者品其工艺，看线条勾勒是否流畅，色彩过渡是否自然，贴金是否均匀，精湛工艺赋予彩画独特魅力，让人领略古人智慧与审美。

5) 体验环境小品

体验中国传统园林的环境小品，可从多维度深入感受。漫步园林，留意形态各异的假山石，触摸其纹理，感受自然鬼斧神工与人工雕琢的融合，体会"片山有致，寸石生情"的意境。观赏造型独特的花窗，透过其框景，领略一步一景的奇妙，每一扇窗都是一幅天然画卷。再细品亭台楼阁，静坐其中，感受古人"寄情山水"的雅趣，想象往昔文人墨客在此吟诗作画。同时，倾听水声潺潺，看鱼儿嬉戏，让身心沉浸在这宁静雅致的氛围里，全方位感受传统园林环境小品的独特魅力与深厚文化底蕴。

6) 看砖石建筑

欣赏中国传统园林的砖石建筑，可从以下几方面着手。先看整体布局，留意其与园林山水、植物等的搭配是否和谐，是否营造出自然灵动的空间感。再观建筑造型，亭台楼阁、轩榭廊舫等，造型丰富多样，各具特色，感受其独特美感。细品砖石雕刻，图案精美，有花鸟鱼虫、神话传说等，工艺精湛，蕴含深厚文化寓意。最后触摸砖石，感受岁月痕迹，想象古人建造时的智慧与匠心，沉浸于园林砖石建筑的艺术魅力中。

总之，中国古建筑导游要针对不同旅游团的特点，采用灵活的讲解方法，选取有代表性的单体古建筑，引导游客欣赏古建筑的三大部分、附属构件及其基本装饰。

操 作 示 例

山西五台县南禅寺导游词 》

尊敬的各位游客，大家好！欢迎来到历史文化名城山西五台县，我是您的导游，接下来将陪同您一起游览这片拥有深厚历史底蕴和丰富文化底蕴的土地上的一颗璀璨明珠——南禅寺。

南禅寺位于五台县西南的阳白乡李家庄附近，坐落在阳白沟小银河的北岸，距东冶镇八千米之遥。这座寺庙的名字源于其创立的历史背景。据史书记载，唐以前，李家庄、郭家寨两村的村民为到五台山宣传南禅宗的僧人修建了这座寺庙，它因此得名"南禅寺"。

让我们先追溯一下南禅寺的历史脉络。它始建于何时，已无确切的文献记载。然而，通过寺内几块明清时期的记事碑文，我们可以得知，南禅寺至少已有上千年的历史。特别值得一提的是，寺内的大殿是中国现存最早的木构建筑之一，比著名的佛光寺还要早75年。这座大殿在唐德宗建中三年(公元782年)重建，距今已有1200多年的历史，堪称国宝。

走进南禅寺，首先映入眼帘的是其古朴典雅的整体结构。寺宇坐北向南，占地面积3078平方米。寺内主要建筑包括山门(观音殿)、东西配殿(菩萨殿和龙王殿)以及大殿，它们共同组成一个四合院式的建筑群落。这种布局不仅体现了中国传统建筑的对称美，也彰显了佛教文化的庄严与和谐。

在南禅寺的建筑中，斗拱是一个值得关注的构件。斗拱是中国古代建筑中的一种独特构件，它位于柱与梁之间，起到承传重量、扩大屋顶和檐部出檐的作用。在五台山的唐代大殿中，我们可以看到一种名为"鸳鸯交首拱"的斗拱形式。这种斗拱在结构上属于转角铺作，形象地展现了古人对建筑力学和美学的深刻理解。

此外，南禅寺的书法匾额也是一大亮点。这些匾额不仅字体端庄秀丽，而且内容寓意深远，充分展现了古代文人的书法才华和佛教文化的精神内涵。例如，大殿正门上方的"南禅寺"三个大字，笔力遒劲，气势恢宏，为南禅寺增添了无尽的庄严与神圣。

当然，南禅寺的雕梁画栋也是不可错过的。这些雕刻和绘画内容丰富、技艺精湛，既有佛教故事和神话传说，也有山水花鸟和人物肖像。它们不仅为南禅寺增添了浓郁的艺术氛围，也反映了古代人民的审美观念和审美情趣。

在民间传说中，南禅寺也留下了许多美丽的故事。这些故事有的讲述了高僧的修行历程，有的描述了寺庙的神奇现象，为南禅寺增添了无尽的神秘色彩和传奇魅力。

各位游客，南禅寺作为一处历史文化遗址和佛教圣地，不仅具有极高的历史价值和文化价值，也是值得我们深入了解和探索的宝贵财富。希望通过今天的游览，您能对南禅寺有更深入的了解和认识，同时对山西五台县的历史文化有更深刻的体验。

【动笔创作】

假设你是山西太原的一名导游，刚接到来自北京的一个30人的中老年旅游团，今天你需要带领他们赴太原晋祠参观。需要指出的是，北京拥有故宫、天坛、雍和宫和恭王府等著名历史古建筑群，你该如何在这一背景下撰写晋祠导游词？

任务 5.2　伟大工程类

引言

古代伟大工程是指历史上为了生产、交通、水利、军事、科技等需要而兴建的，对我国的政治、经济、军事与科学技术曾经或仍在产生重大影响的，与国际名声关系密切的国家级重大建设工程，主要包括古代的重大军事工程、古代的桥梁、古代的水利工程等。这些伟大工程与传统古建筑截然不同，它们可能时至今日仍具有实际使用功能，或具体形态多种多样，或其本身具有的科学技术原理具有一定的门槛，这些因素使得这类景观不能像传统古建筑那样被讲解，需要我们专开一个任务模块进行分析。

在线课堂

交互式课件

情境导入

你是北京的一名导游，刚刚接到来自上海的一个30人的研学旅游团，今天准备赴八达岭长城景区参观，你该如何撰写导游词？

任务描述

八达岭长城是我国保存最好的明代砖石长城代表，迄今已有500多年的历史。八达岭长城为何要在崇山峻岭间修筑？砖石结构长城是如何修筑的？其背后蕴含的历史和工程建设智慧是我们首先要阐释清楚的问题。其次，来自上海的青少年见多识广，思维活跃，须知如何将他们较为丰富的体验认知与中国传统伟大工程相结合，激发他们的好奇心和探索欲。再次，须知长城象征着中华民族自强不息的奋斗精神、众志成城的团结精神和坚强不屈的抗争精神，讲解时要突出长城的精神内核，体现研学旅游重视价值引领的特色。这三个层次都想到位了，就能把导游词写得科学精确、贯穿古今，激发学生的爱国之情，达成研学的目的。

相关知识

1. 长城的概况

长城是中国伟大的军事建筑，它规模浩大、工程艰巨，被誉为古代人类建筑史上的一大奇迹。长城始建于春秋战国时代。公元前三世纪，秦始皇统一中国，派遣蒙恬率领三十万大军北逐匈奴后，把原来分段修筑的长城连接起来，并且继续修建。其后不断维修、扩建，到公元十七世纪中叶(明代末年)，前后修筑了两千多年。长城在文化艺术上的价值足以与其在历史和战略上的重要性相媲美，可以说长城既是我国古代完整、庞大、复杂的军事工程体系，也是我国人文景观第一景，受到国内外游客的青睐。

2. 长城导游

1) 讲解长城的长度

长城总长度约两万千米。秦朝时，长城位于中国北部，东起朝鲜大同江，西到临洮，全长一万余里(1里即500米)，此称万里长城。汉朝时，西起大宛贰师城，东至鸭绿江北岸，长度达到两万余里，汉朝是我国历史上修筑长城最长的朝代。明朝时，西起嘉峪关，东至辽宁虎山，全长一万七千多里。

2) 讲解长城的修筑历史

两千七百多年前的西周时期就出现了以城墙和城堡相连接的军事防御工程。这座长城的历史延续了两千五百多年，贯穿了中国的整个封建社会阶段。秦代开始第一次大规模地修筑长城，秦统一六国后，大局铸成，西起临洮，东至朝鲜大同江，有一万多里，称万里长城。这也是中国修筑长城的第一个高峰。汉武帝主要修筑了河西走廊的长城，汉代长城总长度超过两万里，汉代成为中国历史上修筑长城最强的时代。明朝差不多修筑了一百多年的长城，明代是中国修筑长城的第三个高峰，明长城西起嘉峪关，东到辽宁虎山，长一万七千多里。

3) 讲解长城的主要结构

我们不能把长城看作一条线，而应该把它看作一组有机的防御体系。这一防御体系以城墙为主体，此外，还包括敌台、关隘、烽火台等一系列城防建筑。城墙——长城的建筑主体在重要的防守地段，有三重城墙。关隘设在长城要冲处，往往以城为关，屯驻重兵，是长城防守的重要据点。敌台又称敌楼或哨楼，是跨城墙突兀于城墙之外的建筑。烽燧、烽火台、烟堆、狼烟台是传递军事报警信息的设施。

4) 讲解长城建筑的作用

(1) 防范漠北游牧民族的侵扰，保障我国北方地区人民的生活安宁和生命财产安全。

(2) 反映了我国古代建筑工程技术的伟大成就，表现了古代劳动人民的坚强毅力和聪明才智。

(3) 体现了中国自古以来形成的保家卫国的思想。

(4) 长城是我国古代劳动人民用血汗和智慧铸成的历史丰碑。

5) 讲解修筑长城的原因

(1) 秦代修筑长城的原因。长城以南的中原对于北方各族来说始终有着巨大的诱惑力，北方游牧民族有匈奴，逐水草而居，飘忽不定。中原军队出塞征讨时往往难觅其踪，若沿边处处设防，则力有不逮且耗费极大。在当时使用的还是刀、剑、弓弩等武器，对于这些经常来回骚扰的游骑，高高的城墙确实是一道非常有力的障碍，不仅可以解决兵力不足的问题，还能以逸待劳。

(2) 汉代修筑长城的原因。汉朝国力强盛，汉武帝时匈奴已经基本降服，汉时修筑的长城主要在河西，其目的是确保通往中亚的丝绸之路的畅通，遏制匈奴的骚扰；同时防御匈奴的再次袭击。汉代不仅对秦长城进行了大规模的修缮，而且在阴山以北修筑了两道平行的外城。

(3) 明朝修筑长城的原因。当时，元朝统治者逃之夭夭，有生力量并未被消灭，有可能会卷土重来；与此同时，日益强大的东北女真族兴起，对明王朝虎视眈眈，形成了很大的威胁。所以朱元璋取得全国政权之后便把修筑长城当作头等大事来抓。

(4) 清朝没有修筑长城的原因。清朝时的疆域已经超越长城以北，随着火药的发明和武器的进步，在爆炸力大的铁炮面前，长城的防御作用已大大降低。最重要的是清朝统治者改变了统治的策略——采用怀柔政策。

6) 讲解长城代表性段落

长城的游览胜地主要有北京延庆区的八达岭长城、北京怀柔区的慕田峪长城、河北滦平县的金山岭长城、天津蓟州区黄崖关长城、河北秦皇岛市的山海关、甘肃嘉峪关市的嘉峪关等。游览长城不仅是赏心悦目的事，也是震撼心灵、振奋民族精神的事。

(1) 八达岭长城是我国明长城中保存最完整、最具代表性的段落之一，因地势险要，历代都有重兵把守。

(2) 金山岭长城横亘在河北滦平县的大小金山岭上。明代初年，徐达督修长城。1567年，戚继光镇守北疆时继续修建众多敌楼和站台，使之成为万里长城上构筑最复杂、楼台最密集的地段。

(3) 山海关被称为"天下第一关"，它北据燕山，南抵渤海，位居东北、华北间的咽喉要冲，自古为兵家必争之地。

(4) 居庸关位于北京西北48千米处的关沟峡谷之中，是万里长城上最著名的关隘之一。明代在此处设卫所，安排重兵把守，并统辖附近长城沿线的守军。

(5) 嘉峪关是明代万里长城西段的终点、丝绸之路的交通咽喉，有"河西第一隘口"之誉，始建于明洪武五年(公元1372年)。

操作示例

都江堰研学旅行导游词 》

亲爱的同学们，大家好！欢迎来到四川成都，来到这座古老而神秘的都江堰。我是你们的导游，非常荣幸能在这个炎炎夏日，陪伴大家一同探索都江堰的历史文化和工程科学。

都江堰位于成都平原的西部，岷江之上。这座水利工程自秦昭王时期由蜀郡太守李冰主持修建，至今已有两千多年的历史。它不仅是中国古代水利工程的杰出代表，也是全世界至今为止年代最久、唯一留存、以无坝引水为特征的宏大水利工程。

站在这里，我们可以看到都江堰的主体工程由鱼嘴分水堤、飞沙堰溢洪道、宝瓶口进水口三大部分组成。这三大部分巧妙地利用自然地势，将水引入成都平原，灌溉了数百万亩(1亩约为666.7平方米)的良田，滋养了世世代代的四川人民。都江堰的修建，不仅解决了当时蜀地的水患问题，也使成都平原成了"天府之国"，为四川的经济发展奠定了坚实的基础。

然而，都江堰的伟大并不仅仅在于它的历史和功能。它也是一座科学的殿堂，一个智慧的结晶。都江堰的设计，充分考虑了地理、气候、水文等多种因素，展现了中国古代人民高超的工程技术和卓越的智慧。这里，我们可以看到无坝引水的精妙设计，可以看到分水、泄洪、排沙等多种功能的完美结合。这些设计不仅保证了都江堰的长久运行，也使都江堰成为一个独特的生态系统，为四川乃至整个中国的环境保护做出了巨大贡献。

现在，让我们把视线转向陕西关中的郑国渠。郑国渠也是中国古代的一项伟大水利工程，它位于今天的泾阳县西北，西引泾水东注洛水，灌溉了关中平原的大片土地。然而，与都江堰相比，郑国渠的命运却截然不同。今天，我们已经很难看到郑国渠的完整遗迹，更难以感受到它曾经的辉煌。

那么，为什么两个同样伟大的水利工程，会有如此不同的命运呢？这背后，其实隐藏着深刻的历史和文化原因。都江堰能够历经千年而不衰，得益于其科学的设计和合理的管理。它充分利用了自然地势，将工程与自然融为一体，实现了人与自然的和谐共生。而郑国渠虽然也曾有过辉煌的时期，但由于历史变迁、战争破坏等多种原因，逐渐失去了往日的辉煌。

通过对比都江堰和郑国渠，我们可以深刻地认识到，一个工程的成功，不仅取决于优越的技术和设计，也取决于完善的管理和维护。只有科学合理地管理和维护工程，才能使其长久地发挥作用，为人类社会做出更大的贡献。

同学们，今天的研学旅行即将结束。希望你们在探索都江堰的历史文化和工程科学的同时，能从中汲取宝贵的人生智慧。让我们携手努力，共同为保护和传承人类的文化遗产贡献自己的力量！谢谢大家！

【动笔创作】

假设你是北京的一名导游，刚刚接到一个来自福建泉州的研学旅行团，今天你将带领他们赴卢沟桥进行研学旅行，请你创作一篇导游词。需要指出的是，泉州有我国四大名桥中的洛阳桥，你需要对卢沟桥和洛阳桥进行全方位的穿插式对比讲解，力图把研学团中青少年既有的关于古桥的认知和今天的新知结合起来，达到研学的目的。

任务 5.3　古典园林类

引言

古典园林是我国古代将传统建筑形式、天然物质材料和传统美学哲学思想融合在一起后所形成的一种将中国独有的建筑与自然相融合的综合性艺术。"虽由人作，宛自天开"是其精神内涵，即园林虽是人工创造的艺术，但其呈现的景色必须真实，好像是天然造化生成的一般，强调园林造作应顺应自然，使人为美融入自然，构成大自然的一部分。这种人文和自然高度融合的艺术审美值得我们单独设置一个任务模块进行讲解。

在线课堂　　　　　　　交互式课件

情境导入

你是北京的一名导游，刚刚接到一个来自苏州的中老年旅游团，你即将带领他们赴颐和园参观。你该如何撰写导游词？

任务描述

众所周知，苏州是我国传统园林最发达的地区，拙政园、狮子林等名园蜚声中外，北京的颐和园也深受其影响。但是两地截然不同的政治环境、自然地理条件和审美意趣造就了南北方园林的诸多不同，导游需要在充分掌握二者各方面不同的基础上给予来自苏州的游客关于传统园林的新奇旅游体验。

相关知识

1. 古典园林景区导游概述

1) 中国古典园林的产生与发展

早期，中国园林经历了由育神到育人的功能转变，接着，秦汉时期出现了以宫室建筑为主的宫苑，其中最典型的要数上林苑，魏晋南北朝时期是中国园林发展的又一转折点，唐宋时期，中国古典园林达到了成熟阶段，明清时期是中国古典园林发展的精深阶段，在园林设计和营造等诸方面都达到了高峰。

2) 中国古典园林的特点

中国古典园林将大自然和人工巧妙地结合起来，寻求"虽由人作，宛自天开"的效果，反映了文人超然脱俗的感情、飘逸的风度和无华的气质。

(1) 造园艺术：师法自然。

(2) 分隔空间：融于自然。

(3) 园林建筑：顺应自然。

(4) 树木花卉：表现自然。

3) 中西园林比较

(1) 从理论上看，西方经文艺复兴后强调人文主义的理念，而中国强调"天人合一"的理念。

(2) 从美学角度看，西方园林强调把自然风景纳入建筑的构图设计中，以表现均衡、对称、有序的几何图形美；中国园林则强调绘画，造园崇尚以自然补人工之不足，以人工再现自然美。

(3) 从造型艺术看，西方园林是一种几何规则式园林；中国园林则是一种山水自然式园林。

(4) 从布局方面看，西方园林总体布局有强烈的对称轴线；中国园林则强调自然布局。

中国古典园林是自然山水式园林，讲究"虽由人作，宛自天开"。西方园林是几何图案式园林，把园林看作建筑的附属和延伸，强调轴线和对称，发展出具有几何图案美的园林，是强迫自然接受匀称的法则式园林，如果把西方园林比作一部明朗欢快的交响曲，中国古典园林则是一首委婉细腻的抒情诗，二者各有千秋，但从旅游角度上讲，中国古典园林可能略胜一筹，近现代以来，中国园林艺术与西方园林艺术有日趋融合、日臻完善的趋势。

4) 中国古典园林的组成要素

中国古典园林的主要组成要素包括筑山、理水、植物、建筑、动物、铺地，以及匾额、楹联、刻石等。中国古典园林中常见的建筑有桥、亭、廊、楼等。

园林中的桥一般采用拱桥、平桥、亭桥、廊桥、折桥(曲桥)等几种类型，比如北京颐和园十七孔桥、苏州拙政园"小飞虹"、扬州瘦西湖五亭桥、上海豫园九曲桥。

园林中的亭是供游人停憩的地方，十分讲究与自然的结合，其形态多样。亭是园林中的主要建筑物之一，有园必有亭。常见的亭有方亭、圆亭、角亭、半亭、桥亭、伞亭、重檐亭、楼亭等。中国十大名亭：醉翁亭、陶然亭、爱晚亭、湖心亭、兰亭、沧浪亭、历下亭、放鹤亭、问月亭、流觞亭。

廊是我国园林中的一种独特的带状建筑物，一般称为长廊，形曲而空长。廊具体可分为直廊、曲廊、回廊、波形廊、复廊几种，还有水廊、桥廊、爬山廊(步廊)、叠落廊、花架廊等。廊的特点是贵在曲，妙在长，其建筑应特别注意与地形地貌的结合，力戒僵直呆板，力求生动活泼。我国知名长廊有：广东东莞可园环碧廊、江苏同里退思园曲廊、北京香山玉华岫爬山廊、南浔小莲庄游廊。

园林造楼必空透。楼多用于观景，供游人登高俯景，同时使自然景色更具诗情画意。另外，园林中的建筑还有榭、厅、堂、轩、斋、阁、舫与园墙等。

5) 古典园林类型

(1) 按占有者身份，古典园林可分为皇家园林与私家园林两类。皇家园林的特点是规模宏大，真山真水较多，园中建筑富丽堂皇，体型高大，现存著名的皇家园林有北京的颐和园和北海公园、河北承德的避暑山庄等。私家园林的特点是规模较小，所以常用假山假水。建筑小巧玲珑，表现其淡雅素净的色彩，现存的私家园林有北京的恭王府、苏州的拙政园、留园、沧浪亭、网狮园和上海的豫园等。

(2) 按园林所处的地理位置，古典园林可分为北方园林和江南园林。北方园林的代表大多集中于北京、西安、洛阳、开封，其中尤以北京园林为典型，江南园林的代表大多集中于南京、上海、无锡、苏州、杭州、扬州等地。其中尤以苏州园林为典型，现存岭南园林以岭南四大园林为代表，即著名的广东顺德清晖园、佛山市禅城区梁园、东莞可园、番禺余荫山房。

6) 如何引导游客欣赏古典园林

(1) 引导游客领会园林的风格和特色。

(2) 引导游客领会诗情画意的境界。

(3) 引导游客领会古典园林的地方特色。

(4) 引导游客领会古典园林景观的不同美。

2. 古典园林景区导游技巧

1) 古典园林游览方案设计技巧

(1) 线路安排：要顺应园林的自然布局，注意不要走回头路；应考虑不同游览对象的需求和天气条件等因素，有差别地进行安排。

(2) 内容选择：古典园林游览一般以观赏性活动为主，但也有允许参与的项目；古典园林的讲解内容应根据具体的接待对象而定，既要有广度，又要有深度。

2) 古典园林导游技巧

■ 古典园林游览节奏的把握

根据不同服务对象把握游览节奏。

根据不同的时间和季节把握游览节奏。

根据古典园林的景观状况把握游览节奏。

■ 古典园林游览中观赏角度的把握

中国古典园林的构景手法多样，有抑景、添景、夹景、对景、框景和漏景等，其中，抑景是中国古典园林常见的构景手段，比如园林入口处常迎门挡以假山，称为山抑。添景：当某风景点在远方时，如自然的山或人文的塔，若没有其他景点在中间，于近处进行过渡，就显得虚空而没有层次，中间如有乔木，近处有花卉，便称为添景。夹景：当某风景区在远方时，即使它们本身都很有审美价值，但如果视线的两侧大而无当，也会显得单调无味；如果两侧用建筑物或树木花卉增设屏障，使得风景点更有诗情画意，这就叫夹景。对景：在园林中，登上亭、台、楼、阁、榭，可观赏堂、山、桥、树木，这种从"此"景点观赏"彼"景点的方法叫对景。框景：如果园林中建筑的门、窗、洞把远处的山水美景或人文景观包含其中，就是框景。漏景：常使用漏窗，或雕以带有民族特色的各种几何图形，透过漏窗的窗隙，可见园外或者院外的美景，这叫漏景。借景：通常，园林会远借青山，近借瀑布，邻借树木，抑借飞鸟，俯借游鱼，应时而借，借四季的花卉或其他自然景象，成就理想境界。

只要导游员在游览园林的过程中善于引导游客运用这些构景手法，从不同角度去观赏园林的景致并细细品味。游客在园林审美方面一定会获得意外的美的享受。此外，还可从远眺、平视、俯视、仰视等角度对古典园林进行观赏。

■ 古典园林游览中导和游关系的处理

根据园林游览线路上景观的主次处理好导和游的关系。

根据游客的游兴处理好导和游的关系。

根据园林景观的拥挤程度处理好导和游的关系。

3) 古典园林讲解技巧

(1) 要注意突出园林的特色。

(2) 要注意突出园林的重点。

(3) 要注意突出园林的文化内涵。

(4) 要区别不同的游览对象。

(5) 要运用好讲解语言技巧。

操 作 示 例

颐和园导游词 》

尊敬的各位游客，大家好！欢迎各位从美丽的苏州远道而来，我是你们在北京的导游，非常荣幸能陪伴大家一同走进这座拥有深厚历史文化底蕴的皇家园林——颐和园。

首先，让我们来谈谈苏州园林和北京园林的异同。苏州园林作为中国古典园林的杰出代表，以其精巧的设计、淡雅的风格和诗画般的意境而闻名于世。苏州园林强调的是"山、水、村落"的自然景观，追求的是有山有水的自然环境，在布局上强调的是曲径通幽、错落有致的效果。而北京园林，特别是皇家园林，如颐和园，则有其独特的魅力和风格。北京园林注重的是宫殿建筑的布局和规模，强调以建筑为中心，通过建筑的设置来展示皇家的威严和尊贵。接下来，让我们一起走进颐和园，感受这种不同的园林风情。

颐和园，原名清漪园，位于北京西北郊，是清朝皇家园林的代表之一。它占地面积约300公顷(即3平方千米)，其中水面约占四分之三，是中国现存最大的皇家园林。颐和园集中国传统园林艺术之大成，从周围的山水环境借景，饱含中国皇家园林的恢宏富丽气势，又充满自然之趣，高度体现了"虽由人作，宛自天开"的造园准则。

进入颐和园，首先映入眼帘的是万寿山。万寿山属燕山余脉，高58.59米。建筑群依山而筑，万寿山前山，以八面三层四重檐的佛香阁为中心，组成巨大的主体建筑群。从山脚的"云辉玉宇"牌楼，经排云门、二宫门、排云殿、德和园、佛香阁，直至山顶的智慧海，形成了一条层层上升的中轴线。东侧有"转轮藏"和"万寿山昆明湖"石碑。西侧有五方阁和宝云阁。后山有宏丽的西藏佛教建筑和屹立于绿树丛中的五彩琉璃多宝塔。山上还有景福阁、重翠亭、写秋轩、画中游等楼台亭阁，登临可俯瞰昆明湖上的景色。万寿山的南坡(即前山)濒临昆明湖，湖山相连，构成一个极其开朗的自然环境。这里的湖、山、岛、堤及其上的建筑，配合着园外的借景，形成一幅幅连续展开、如锦似绣的风景画卷。前山接近园的正门和帝、后的寝宫，游览往返比较方便，又可面南俯瞰昆明湖区，所以是园内主要的游览点。

接下来，我们沿着长廊向昆明湖走去。颐和园长廊是世界上最长的廊，它东起邀月门，西至石丈亭，全长728米，共273间。长廊以其精美的建筑、曲折的布局和丰富的彩画而著称。在长廊上漫步，您可以欣赏到四季不同的景色，感受到中国传统园林的韵味。

走过长廊，我们来到了昆明湖。昆明湖是颐和园的主要湖泊，占全园面积的四分之三。湖面宽阔，碧波荡漾，周围绿树成荫，景色宜人。在湖边，您可以看到远处的万寿山和近处的十七孔桥。十七孔桥是一座连接南湖岛和东岸的拱桥，桥上的石狮子形态各异，栩栩如生。

在昆明湖的东岸有一组精美的建筑群——万寿山建筑群。这组建筑以佛香阁为中心，周围环绕着排云殿、宝云阁、清晏舫等建筑。佛香阁是颐和园的主体建筑之一，它高达41米，是一座八面三层四重檐的楼阁。站在佛香阁上，您可以俯瞰整个颐和园的美景。

在游览颐和园的过程中，我们还可以看到许多具有苏州园林特色的元素。比如，在长廊的两侧和昆明湖的岸边，都种植着各种花卉和树木，形成了优美的园林景观。此外，颐和园中的建筑也融入了苏州园林的淡雅风格，如清晏舫等建筑就采用了简洁明快的线条和淡雅的色调。

当然，颐和园和苏州园林在风格和特点上还是有所不同的。苏州园林追求的是曲径通幽、错落有致的效果，而颐和园则更注重宫殿建筑的布局和规模。这种不同的风格特点也反映了中国南北文化的差异和各自独特的魅力。

最后，我想说的是，颐和园和苏州园林都是中国古典园林的杰出代表，它们各自具有独特的风格和特点。通过今天的游览，我相信大家已经深刻感受到了这种不同和魅力。希望大家在欣赏这些美丽园林的同时，能更加深入地了解中国的传统文化和历史。

感谢大家今天的陪伴和支持！祝愿大家在接下来的旅行中度过愉快的时光！再见！

【动笔创作】

假设你是广东的一名导游，今天接到一个来自苏州的中老年旅游团，你即将带领他们赴广东佛山市顺德区清晖园参观，请结合岭南园林和江南园林的特点撰写一篇有针对性的导游词。

任务 5.4　博物馆类

📖 引言 ▶

前三个任务所涉及的都是不可移动的文物，本任务所指向的则是可移动的文物或不可移动的非建筑类文物。这些文物一般只能通过各类博物馆接触到。鉴于古建筑、不可移动的非古建筑类文物和可移动文物之间在体量、参观形式和信息密度上的巨大差距，我们专设本任务模块以归纳博物馆类人文景观导游讲解的特点。

在线课堂

交互式课件

👥 情境导入 ▶

你是敦煌当地的一名导游，刚接到一个来自山西的中老年旅游团，你即将带领他们赴莫高窟参观，请你撰写一篇有针对性的导游词。

🧑 任务描述 ▶

莫高窟以壁画、雕塑和经卷而蜚声海内外，堪称中国中古时期最伟大的艺术博物馆，"敦煌学"也因此得名。与之相比，山西省不仅有"中国古建筑博物馆"，附属于古建筑的古代壁画现存面积也是中国第一，古代雕塑数量也名列前茅。这两者在文化遗产特点上的相似性对导游员的工作构成了挑战，为了撰写对山西游客有吸引力的导游词，导游需要深入比较两地壁画、雕塑等历史脉络、艺术特点，并在此基础上进行对比式讲解，力图在突出敦煌艺术特点的同时帮助山西游客建立关于中国古代艺术更丰富、系统的认知。

📝 相关知识 ▶

国内各类博物馆数以千计，门类更是五花八门。此处以陕西历史博物馆为例进行分析讲解，并尝试总结历史类博物馆的讲解要领。

1. 景区概述

陕西历史博物馆是中国第一座大型现代化国家级博物馆，首批中国4A级旅游景点，被誉为"古都明珠，华夏宝库"。位于陕西省西安市雁塔区小寨东路91号，大雁塔西北侧。馆藏文物171.795万件(组)，其中，一级文物762件(组)，国宝级文物18件(组)，其中2件为首批禁止出国(境)展览文物，居中国博物馆前列。

2. 主要讲解内容

博物馆分为序言大厅和基本陈列两个部分。

1) 序言大厅

序言大厅由奔腾咆哮的黄河和顺陵走狮组成，黄河是中华民族的母亲河，是陕西文化孕育、生长的摇篮，高大雄伟的走狮原是武则天母亲陵墓的镇墓石狮，这头走狮不但代表了陕西历史文化，而且是中西方文化交流的产物。

2) 基本陈列

博物馆的基本陈列由七个部分组成。

(1) 黄河文明的摇篮——史前时期(约200万年前—公元前21世纪)。这里展出的蓝田猿人头骨化石是目前为止中国古人类考古中发现的最古老、最完整的头骨化石；展出的尖底瓶、人面鱼纹盆代表仰韶文化。

(2) 礼仪之邦的形成——西周时期(约公元前11世纪—公元前771年)。这里展示了中国最早的成形文字——甲骨文，也展出了周的兽骨以及刻于其上的文字，西周早期青铜器显示出商晚期特有的凝重和夸张的神秘色彩，表明了商文化对商人的强烈影响，同时展出了主要分布在陕北和晋北的北方文化的代表性器具，其中，分布在汉水流域的巴文化代表作四足鬲已是全国孤品。

(3) 东方帝国的诞生——秦。公元前221年，秦王嬴政统一天下，建立了秦王朝。博物馆展出的秦国文物金钉是用于连接房屋物质构架的建筑构件，此前未发现过。发现于绥德的鸟盖瓠壶有明显的地域民族特色。展出的两条形体巨大、盘曲缠绕的青铜龙可能是秦始皇统一六国后收天下兵器，铸成的大型乐器架的底座。秦始皇将货币统一为外圆内方的"半两"钱，圆者为天，方者为地，方孔圆钱一直沿用到清朝末年。

(4) 强盛与开放的时代——汉。汉族在汉朝正式形成，此时只有汉室之名，今天世界上仍有很多国家把"汉"作为中国人和中国文化的代称。与"汉"相关的名词有汉语、汉学、汉字、汉官威仪等。篆书皇后之玺为国家级文物，由新疆和田羊脂玉制成，可能是吕后生前所用的印章，皇后之玺是迄今发现的唯一的皇后玉玺。鎏金银竹节熏炉为国家级文物，整件熏炉被九条龙装饰。据炉盖外侧铭文，熏炉原在未央宫，建元五年，汉武帝将其赏赐给姐姐平阳长公主及其丈夫卫青。雁鱼铜灯造型别致，整个灯为一只鸿雁回首衔鱼的形状，灯由雁头、雁体、灯盘和灯罩四部分组成，灯盘和灯罩能够转动开合，不仅可以挡风，还可以调节光线的明暗度和照射角度，点亮后产生的油烟会顺着大雁颈部导入大雁的腹内，雁腹盛有清水，烟会融于水中，起到净化空气的作用。

(5) 冲突融合——魏晋南北朝。魏晋南北朝时期战争频繁，政权不断更迭，是我国历史上最为动荡的阶段，因此，这一时期的文物具有浓郁的地域特色和军事色彩，铁蒺藜又称马刺，是用来扎马蹄的一种暗器，是对付骑兵的一种非常有效的武器。

(6) 开放与辉煌——隋唐。隋唐是中国封建社会的鼎盛时期，也是陕西历史上的黄金时代，这一时期的政治、经济和文化都达到了空前的繁荣，对后世的影响非常深远，"唐人""唐人街"等称呼就可以证明这一点。展出的鸳鸯莲瓣纹金碗为国宝级文物，碗内壁有墨书"九两半"三个字，为唐人所标碗的重量。鎏金鹦鹉纹提梁银罐也是国家级文物，盖内有墨书两行——"紫英五十两""白英十二两"，由此推测这件银罐应为盛放炼丹药物的器具。兽首玛瑙杯为国家级文物，玛瑙杯选用蚕丝玛瑙制成，纹理细致，层次感分明，兽角弯曲着伸向杯口两侧，兽嘴部镶金，起到了画龙点睛的作用。无论是材质、设计，还是制作工艺，这件兽首玛瑙杯都是当之无愧的唐代艺术精品，此杯还可能是外国使者带到中国来的，也可能出自外国工匠之手，抑或是唐代工匠学习外来工艺后的杰作。

(7) 由尊贵走向世俗——唐以后的陕西(公元960—1840年)。唐朝以后中国的政治中心东移，陕西失去了政治中心地位，但仍是控制中国西北和西南的军事重地，周、秦、汉、唐的灿烂文化所形成的巨大惯性使得这一时期陕西的经济文化仍然保持了一定的水准和发展势头。展品中明彩绘仪仗俑群共300多件，物主是明代朱元璋的次子秦王朱樉，这组俑群表现的是一个出行的仪仗队伍，展品中北宋的青釉提梁倒灌壶为国家级文物，水由壶底部灌进，而后由壶嘴倒出，它巧妙地运用了"连通容器内液面等高"的物理原理。黑釉油滴碗为国家级文物，保存这样完好、体量又这样大的黑釉碗实属罕见。

(资料来源：王彬.陕西历史博物馆[M].北京：文物出版社，2007.)

3. 建议导游讲解方法

(1) 简单概述法。在进入景区后，景区导游员首先要对博物馆地位及馆内展陈内容进行概况性的介绍。建议景区导游员采用简单概述法，例如：陕西历史博物馆被誉为华夏珍宝库和中华文明的瑰丽殿堂，馆内展陈内容主要分为序言大厅和基本陈列两个部分。通过简单介绍，让游客对陕西博物馆有整体认识。

(2) 突出重点法。在讲解到每个展厅时，对于一些极具代表性的、有重要文物价值的展品，宜采用突出重点法。例如，讲到序言大厅时，重点讲解顺陵走狮。

(3) 类比法(史前、西周、秦、汉、魏晋南北朝、隋唐和唐以后)。随着历史的演进，陕西省历史博物馆的馆藏文物不断丰富与变化，因此，博物馆导游应采取类比法介绍，使游客们更能体会到陕西独特的历史文化风貌。

4. 应掌握相关背景知识

每一个博物馆都有自己的展示主题，要讲好此类旅游资源，不仅要熟悉博物馆的展陈内容，还应掌握展品的相关背景知识。总之，博物馆导游员必须注意导游艺术，在有声语言上应做到吐字清晰流畅，节奏适宜；发音圆润洪亮，声情交融；掌握逻辑重音，逻辑顿歇；语言简练，通俗易懂。在无声语言上，要借助表情表达源于内容的真实情感，以增强吸引力和感染力。导游员姿态要自然、大方，恰当地运用手势，在观众眼里造成视觉幻象，激发观众的想象力，加深其对内容的理解。

操 作 示 例

敦煌莫高窟导游词 》》

尊敬的山西游客朋友们，大家好！我是你们的敦煌导游，很荣幸能够陪同各位来自山西的游客朋友们，一同揭开这座千年古城的神秘面纱，领略莫高窟这一艺术瑰宝的无穷魅力。

敦煌，这座坐落在河西走廊西端的古城，自古以来就是丝绸之路上的一颗璀璨明珠。它不仅是东西方文化交流的重要节点，也是中华民族多元一体文化的生动体现。而莫高窟，作为敦煌文化的杰出代表，以其精美的壁画、雕塑和经卷，吸引了无数中外游客前来朝圣。

莫高窟，又名千佛洞，始建于公元366年，至今已有1600多年的历史。它坐落于鸣沙山东麓，与三危山隔河相望，共同构成了敦煌的两大文化景观。莫高窟拥有735个洞窟，壁画面积达4.5万平方米，泥质彩塑2400余尊，是世界上现存规模最大、内容最丰富的佛教艺术圣地。

现在，让我们一同走进莫高窟，感受它的独特魅力。首先，我们来欣赏一下这里的壁画艺术。莫高窟的壁画内容丰富，题材广泛，涵盖了佛教、道教、儒教等多种宗教内容，以及历史、社会、生活等多个方面的描绘。这些壁画不仅具有极高的艺术价值，还为我们研究古代中国的历史、文化、宗教等方面提供了珍贵的资料。

与山西的壁画相比，莫高窟的壁画在风格上更加多元。山西壁画虽然数量众多，艺术价值极高，但主要集中在墓室壁画和寺观壁画两个方面，风格相对单一。而莫高窟的壁画则融合了中西方的艺术风格，既有中国传统绘画的细腻和婉约，又有西方绘画的立体和生动。例如，在莫高窟的唐代壁画中，我们可以看到人物形象丰满圆润，线条流畅自然，色彩鲜艳明快，这些都是中国传统绘画的精髓所在。此外，这些壁画还融入了印度的佛教艺术元素，如佛陀的形象、服饰、姿势等，都体现了中印文化的交流和融合。

接下来，我们再来欣赏一下莫高窟的雕塑艺术。莫高窟的雕塑以泥质彩塑为主，数量众多，形态各异。这些雕塑不仅造型生动、线条流畅，而且色彩鲜艳、富有装饰性。与山西的雕塑相比，莫高窟的雕塑更加注重对人物形象的刻画和表现。在莫高窟的雕塑中，我们可以看到各种生动的人物形象，如菩萨、罗汉、天王等，他们的形象栩栩如生，仿佛就在我们眼前。此外，这些雕塑还融入了丰富的文化内涵和象征意义，如菩萨的慈悲、罗汉的智慧、天王的威武等，都体现了古代艺术家们对佛教文化的深刻理解和热爱。

除了壁画和雕塑之外，莫高窟还保存了大量的经卷和文献。这些经卷和文献记录了古代中国的佛教文化和历史变迁，为我们研究古代中国的宗教、文化、历史等方面提供了重要的资料。与山西的文献相比，莫高窟的经卷和文献更加丰富和珍贵。这些经卷和文献不仅数量众多、内容丰富，而且保存状态良好，字迹清晰可辨。这些珍贵的文献资料为我们了解古代中国的佛教文化和历史变迁提供了重要的参考和依据。

在欣赏莫高窟的艺术魅力的同时，我们要思考如何更好地保护和传承这些珍贵的文化遗产。作为游客，我们应该尊重和保护这些文化遗产，不随意触摸、刻画或破坏文物。此外，我们还应该积极了解这些文化遗产中所蕴含的历史、文化和艺术价值，让它们得以更好地传承和发扬。

最后，我想用一句话来总结莫高窟的艺术魅力："莫高窟的壁画、雕塑和经卷是中国古代艺术的瑰宝，也是人类文明的宝贵财富。"希望通过今天的参观，大家能够更加深入地了解莫高窟的艺术魅力和历史价值，也希望大家能够将这些珍贵的文化遗产传承下去，让它们得以永久保存和发扬光大。

感谢大家的聆听和支持！祝愿大家在接下来的旅行中度过愉快的时光！

【动笔创作】

你是陕西宝鸡的一名导游，刚刚接到一个来自上海的青少年研学旅行团，你即将带领他们赴宝鸡青铜器博物院进行研学旅行。已知该研学旅行团的出发地——上海拥有全国一流的、以青铜器展陈为特色的博物馆——上海博物馆，而且这些青少年全都参观过上海博物馆的青铜器展陈，请你结合他们的参观经历和宝鸡青铜器博物院的特色创作一篇有针对性的导游词。

【在线答题】

期末考试题库2

项目6 导游沿途讲解

项目 结构

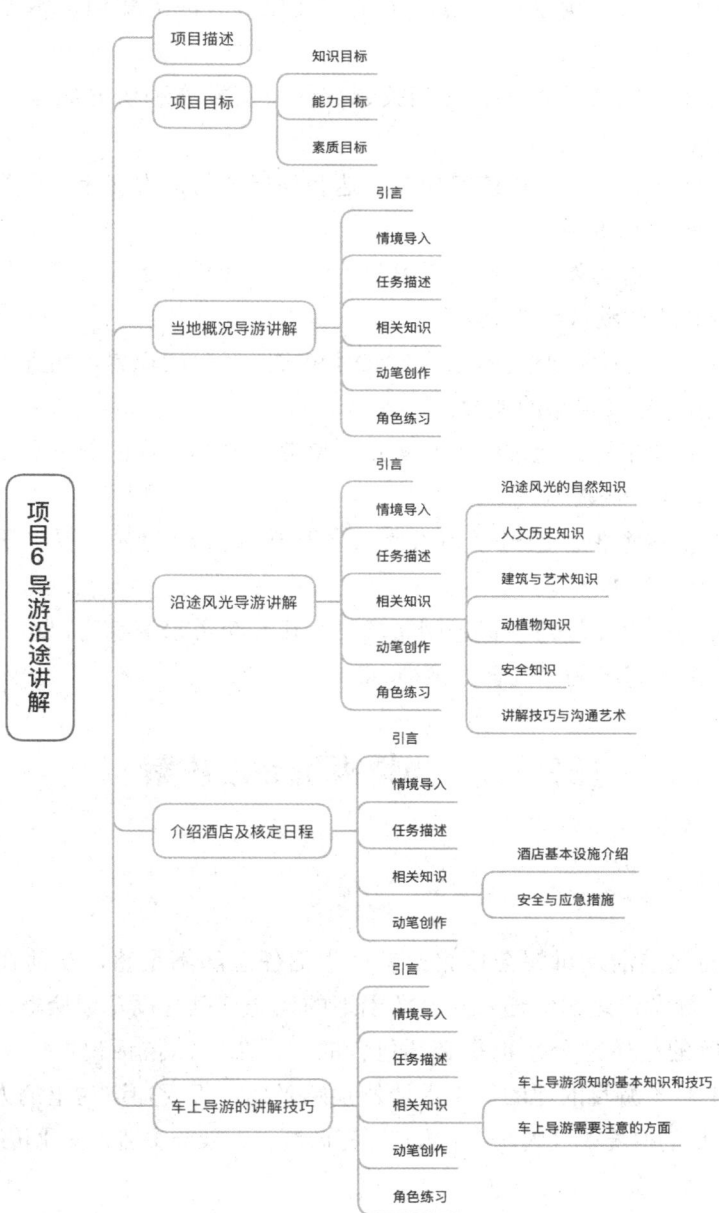

项目 描述

　　沿途讲解是导游讲解工作的重要组成部分，一般在行车途中进行，导游应做好沿途讲解服务，以满足旅游者的好奇心理和求知欲。沿途讲解是展示导游知识、导游技能和工作能力的好机会。

项目 目标

知识目标： 1. 通过学习历史、文化、地理、艺术等相关学科知识，了解不同地区或景点的背景和特点。

　　　　　　2. 深入学习目标地区或景点的历史、文化等方面的知识，掌握相关内容的细节和内涵。

　　　　　　3. 保持学习的持续性，关注相关领域的最新发展和研究成果，及时更新知识储备。

能力目标： 1. 提升沟通能力。通过练习口头表达和积极地与他人交流，提升表达能力，培养与游客互动的技巧。

　　　　　　2. 增强故事讲述能力。通过学习故事结构、情感表达等技巧，提升将历史和文化转化为生动故事的能力。

　　　　　　3. 培养适应能力。通过模拟情景练习和实践经验的积累，培养根据不同情况调整讲解内容和风格的能力。

素质目标： 1. 培养专业精神。通过学习和实践，培养对导游工作的热爱和敬意，树立责任心，提升专业素养。

　　　　　　2. 增强服务意识。通过学习顾客服务技巧和进行案例分析，学会关注游客需求，注重游客体验。

　　　　　　3. 发展团队合作能力。通过团队项目合作和角色扮演练习，培养与他人协作、共同完成任务的团队合作精神。

任务 6.1　当地概况导游讲解

引言

　　精彩、成功的导游沿途讲解会使旅游者产生信任感和满足感，从而在他们心中留下良好的第一印象。导游沿途讲解通常从介绍当地的风光、风情以及饭店概况开始。当地概况介绍是沿途讲解的起始部分，也是必须包含的一个部分。俗话说："一方水土养一方人。"旅游者通常对旅游目的地的风土人情特别感兴趣，想要知道这里的人们是怎样生活的。导游应介绍当地的概况、气候条件、人口、行政区划、社会生活、文化传统、土特产品、历史沿革等，并在适当的时间向旅游者分发导游图。

在线课堂

交互式课件

情境导入

你作为导游，站在一座古老的城堡前，身边是一群来自世界各地的游客。他们兴致勃勃地等待着你的讲解，希望通过你深入了解这座城堡的历史和传奇。你的讲解不仅是景点介绍，也是一场穿越时空的历史之旅。需要用生动的语言、饱满的情感，将这座城堡的故事讲述给游客听，让他们仿佛置身于历史的长河之中。

任务描述

本任务要求学生熟练掌握当地概况导游讲解技能，能根据现实场景进行创新性讲解。主要通过讲授法、比较法、角色扮演法等方法，进行导游词创作与模拟展示。

相关知识

在引领游客到达特色旅游景点之前，导游必须对沿途的市容市貌进行讲解。市容市貌讲解是指导游员根据旅游车的行进路线，介绍旅游地的市容市貌，使游客对旅游目的地的城市建设情况有一定的了解。

市容市貌讲解应结合旅游地的市容特色、历史沿革、文化经济来进行，例如，可以介绍一些标志性的建筑物，如大型商场、高星级酒店、本地著名大学、具有纪念意义的广场等；也可以介绍沿途经过的旅游景点，比如公园、博物馆、历史纪念馆等；此外，还可介绍特色商户、道路两旁具有观赏价值的花草树木、市树、市花等。

操作示例

各位游客朋友大家好，白居易说："江南忆，最忆是杭州。"一千多年后，人们仍然这么认为。如果让世界各地的朋友选择定居中国某个城市，那么一半以上会选择杭州。西湖的长椅上，苏堤白堤断桥边，每天都在上演一个又一个爱情故事，也许梁山伯与祝英台、许仙和白娘子的爱情传说，使这个城市简直成了爱情和浪漫的代名词。

杭州建县于2200多年前的秦代，时称"钱唐"，至隋开皇年间改称"杭州"。杭州自古繁华，素有"人间天堂"之誉。唐代中期，杭州发展成"珍异所聚，商贾并辏"的商业大都市。五代吴越和南宋两个朝代均建都杭州，历时200多年，是杭州发展史上的鼎盛时期，号称"东南第一州"。元朝的意大利旅行家马可·波罗把杭州赞为"世界上最美丽华贵的天城"。

杭州市下辖的县(市)，同样山水秀美，民风淳朴，史迹悠远。辖区西南的新安江，支流众多，水流湍急，峡谷、河滩幽宁俊秀，晨雾、晚霞轻盈绚丽。千岛湖于新安江水电站建造后形成，1078个大小岛屿，宛若天女散花般洒落湖中，倩影秀姿，楚楚动人。富春江，水流平稳，夹岸连山妩媚，江上沙洲葱茏；两江风景如画，千岛满湖诗情，素有"新安之水天上来"和"天下佳山水，古今推富春"的赞誉。此外，钱塘江的浩荡大潮，天目山的苍茫林海，良渚文化中遗存的璀璨奇谲，京杭大运河的古韵悠扬……无不令人心驰神往，流连忘返。

作为隋唐名郡、吴越首府、南宋都城和元、明、清以来的浙江省省会，杭州积淀了深厚凝重的历史文化，经久弥新。代表着中华传统文明硕果的陶瓷文化、印刷文化、丝绸文化、茶文化、饮食文化、中医药文化、宗教文化、书画篆刻艺术等，在杭州的一大批博物馆、纪念馆和乡野水滨、名山古刹、老街古镇、文献典籍里，都能一一寻访和欣赏。改革开放以来，杭州城市的物质文明和精神文明建设蒸蒸日上，国民经济综合实力跻身全国城市十强之列，工农业生产和科技创新成果累累，名、特、优产品魅力更胜往昔，现代化交通、商务、生活、文化、娱乐新设施层出不穷。吃在杭州，住在杭州，游在杭州，玩在杭州，学在杭州，创业在杭州……

【动笔创作】

以舟山为例，撰写一篇介绍当地概况的导游词，并分组进行讲解练习。

【角色练习】

[练习名称]

当地概况讲解模拟演练

[练习要求]

获取旅游目的地的信息，对信息加以分析并撰写个性化导游词。

[角色设置]

(1) 教师作为计调人员或业务员，分派导游任务。

(2) 对学生进行分组，各组独立完成旅游地信息分析并在组内完成个性化导游词的创作。

[练习步骤]

1) 模拟导游讲解

学生进行模拟讲解，介绍指定的小镇或景点。每位学生有10~15分钟的讲解时间。示例如下。

大家好，欢迎来到我们这个迷人的小镇！我是你们的导游，今天我将带领大家一起探索这个充满魅力和历史底蕴的地方。

首先，让我们沿着这条幽雅的小镇街道漫步。你们会发现古老的建筑和各种小商店，每一家店铺背后都有着独特的故事和特色商品。这些古老的建筑是我们小镇的骄傲，它们见证了历史的变迁，也承载着居民们的记忆和生活。

这里的中心地带是一个古老的广场，是我们居民们聚集、交流的地方。在节日和庆典时，这里总是热闹非凡，装饰华丽，充满了欢声笑语和喜庆氛围。

沿着小镇的边缘，流淌着一条清澈见底的小溪。它为这片土地注入了生机和活力，也让我们的小镇更加宁静和美丽。在溪边散步，您可以感受大自然的美妙，聆听鸟儿的歌声，仿佛置身于一片世外桃源般的景象。

对于喜欢冒险的游客来说，我们的小镇周围还有许多未知的秘境等待着您的探索。您可以选择徒步穿越森林，探寻神秘的山洞，或者进行一场刺激的峡谷探险，体验大自然的震撼和奇妙。

总的来说，我们的小镇虽然不大，却拥有着丰富多彩的景观和活动，无论您是喜欢历史文化，还是热爱大自然探险，这里都能满足您的各种需求。欢迎您来到这个充满魅力和活力的地方，让我们一起探索、发现，留下属于自己的美好回忆。

2) 评估与反馈

(1) 评估小组根据表6-1所示评价表对每位学生的表现进行打分。

(2) 评估小组成员包括课程导师和其他学生，大家共同参与评分并提出建议。

(3) 导师汇总评分并给予详细反馈，指出优点和需要改进的地方。

3) 讨论与改进

(1) 学生根据反馈讨论改进措施。

(2) 导师提供进一步的建议和指导，帮助学生提升讲解技巧。

4) 再练习与再评估

(1) 学生根据改进建议再次进行模拟讲解。

(2) 再次进行评估，观察改进效果，并给予最终的评分和评语。

表6-1 当地概况导游讲解评价表

组名： 组员名字： 得分：

评分项目	评分标准	分数范围	小组自评	老师评分	自我评分
内容准确性	信息是否准确、无误，是否能够正确传达当地的历史和文化	1~10分			
描述生动性	语言是否生动有趣，能否吸引听众的兴趣	1~10分			
逻辑结构	讲解的结构是否清晰，是否有良好的逻辑顺序	1~10分			

续表

评分项目	评分标准	分数范围	小组自评	老师评分	自我评分
互动性	是否有与听众互动，是否能激发听众的参与感	1~10分			
情感表达	是否能通过语音语调、肢体语言表达情感，使讲解更具感染力	1~10分			
时间控制	是否能在规定时间内完成讲解，是否有良好的时间管理能力	1~10分			
回答问题的能力	是否能够准确、耐心地回答游客提出的问题	1~10分			
整体表现	综合评价学生的整体表现，包括自信心、专业度等	1~10分			
特殊加分项	由于出色表现或特别创新的部分，额外给予的加分	0~5分			

【评分细则】

1~3分：需要显著改进，该项表现不佳。

4~6分：基本合格，但仍有较大改进空间。

7~8分：表现良好，达到了预期要求。

9~10分：表现非常优异，远超预期。

任务 6.2　沿途风光导游讲解

引言

　　本任务旨在探讨如何通过生动、有趣和富有吸引力的讲解，让游客在旅途中获得最佳的体验。无论你是一名新手导游，还是希望提升自己讲解技巧的资深导游，本节内容都将为你提供实用的建议和技巧，帮助你在职业生涯中更上一层楼。

在线课堂

交互式课件

情境导入

现在是一个阳光明媚的早晨，微风轻拂，空气中弥漫着花草的芬芳。你正站在一辆观光巴士的前排，笑盈盈地面对着一群充满期待的游客。巴士缓缓启动，离开喧嚣的城市，驶向美丽的乡村风光。

沿途的景色渐渐展开，窗外是一片片金黄的稻田，远处连绵的青山仿佛披上了绿色的绒毯。你开始为游客讲解，告诉他们这里的稻田在一年中的不同季节会呈现出怎样的色彩变换，分享这里的农民如何辛勤劳作，才能有如此丰收的景象。你说道："这片土地上还有一个古老的传说，讲的是一位勤劳勇敢的农夫和他心爱的姑娘。"

我们每一位导游都希望在实际工作中为游客创造难忘的体验。在本任务中，我们将探讨如何通过生动、有趣的讲解，让每一位游客都能在沿途风光中找到快乐与感动。

无论讲解的是美丽的自然景观，还是深厚的人文历史，导游都可以成为连接游客与风景的桥梁。希望通过本任务模块的学习，大家能够掌握这些技巧，成为优秀的导游，为游客们带来更多美好的回忆。让我们一起开始这段充满知识与乐趣的学习旅程吧！

任务描述

本任务旨在帮助学生掌握沿途风光导游讲解技能并提升讲解的水平。通过完成这些任务，学生将能更好地理解并运用所学的知识和技巧，为游客提供更加丰富、生动和难忘的旅行体验。

通过这些任务的实践与反思，学生将更加熟练地运用导游讲解技巧，提升自己的表达能力和专业素养，为未来的导游工作做好准备。

相关知识

1) 沿途风光的自然知识

地理知识：了解沿途的地理特征，包括山川河流、湖泊湿地、动植物分布等。这些知识能帮助你解释自然景观的形成及其独特之处。

气候知识：掌握不同季节的气候变化，了解天气对景观的影响。例如，某些景点在春季和秋季的风貌可能大不相同，讲解时可以结合季节特点。

2) 人文历史知识

历史背景：深入了解景点或沿途地区的历史背景和重大历史事件。这可以为你的讲解增添厚重感和文化底蕴。

文化传承：熟悉当地的传统习俗、节日庆典、民俗文化等，能够使讲解更加生动有趣，增强游客对当地文化的认同感。

3) 建筑与艺术知识

建筑风格：了解沿途建筑物的风格、历史和特色。这些知识不仅能丰富讲解内容，还能满足游客对美学和历史的好奇心。

艺术品与雕塑：如果沿途有重要的艺术作品或雕塑，应掌握其背景和艺术价值，让游客在欣赏美景的同时获得更多文化知识。

4) 动植物知识

动植物识别：熟悉沿途常见的动植物种类及其特性，可以在讲解中为游客提供有趣的科普知识，提升他们对自然的兴趣。

生态保护：了解当地的生态保护措施和环保知识，呼吁游客爱护环境，共同保护自然资源。

5) 安全知识

旅游安全常识：掌握基本的旅游安全知识，包括交通安全、急救常识等，确保游客能够安全出行。

紧急应对措施：了解在突发情况下应采取哪些有效的应对措施，如应对突发天气变化或意外事件的措施，确保游客安全和行程顺利。

6) 讲解技巧与沟通艺术

导游不仅要学会用清晰、有感染力的语言生动地描述景点和故事，还要懂得如何与不同类型的游客进行有效沟通，提升互动性和参与感，确保每位游客都能感受到讲解的乐趣。

在前往景点的途中，导游应该向旅游者介绍当地的风土人情、自然景观等，并针对客人提出的疑问进行解答。进行沿途风光导游讲解时，所讲内容要简明扼要，语言节奏明快、清晰，景物取舍得当。导游员要懂得随机应变，见人说人，见物说物，与旅游者的观赏同步。总之，沿途导游贵在灵活，导游员要反应敏锐，掌握时机。沿途风光讲解的具体内容一般取决于两个方面——旅游者和沿途的景物，即旅游者对什么感兴趣，以及沿途能看到什么。

沿途导游主要分为两种类型：长途旅程导游和短途旅程导游。第一是长途旅程导游。沿途讲解的内容应涵盖长途陆路旅行主要经过哪些重要城市、城区，以及各城区的风景名胜、文化古迹和民俗风情。当游客不能下车游览时，导游的沿途讲解服务就显得尤为重要了。通过导游精彩的沿途讲解，可以满足游客的求知欲和好奇心。第二是短途旅程导游。即便是几十分钟的短途旅行，导游员也应该看到什么讲什么，哪怕是一花、一树、一幢建筑物、一个街心花园、一个自由市场，也应该加以简短介绍，使初来乍到的游客兴趣倍增。游客就怕导游员一言不发，因为有些时候哪怕是一件小事，游客也想知道。导游员不要认为那些司空见惯的事不值得一谈，而是应该站在游客的角度思考问题，以满足游客的好奇心和求知欲为前提。

沿途讲解服务的最高境界就是即兴演讲、随机应变。根据实际情况适时调整讲解内容和方法，取舍得当，做到随旅游者的欣赏欲望而转移。只要车不停，嘴就尽量不停。导游员不同于定点讲解员，其讲解内容要涉及这座城市的很多方面。看似简单的环节，在整个行程中地位举足轻重，不容忽视。一个好的导游不会局限于掌握景区的讲解内容，而最能显示出导游水平的，恰恰是沿途讲解的能力。

沿途讲解的主要内容有：向游客重申当日活动安排，包括午、晚餐的时间、地点；告知游客到达景点所需的时间，并视情况介绍当日国内外重要新闻和当地的重要新闻事件；此外，还要在前往景点的途中，向游客介绍当地的风土人情、自然景观，并回答游客提出的问题。

一般情况下，导游不仅要做到见什么说什么，而且要关注游客的反应，说得不能过多，也不能过少，既要满足游客的好奇心，又不能给游客以啰嗦的感觉。例如，当车经过市区某一条道路时，导游会针对沿街的某个景点进行讲解，原来准备的导游词可能是5分钟的，可是2分钟后，行进途中又出现了一个景点。于是导游只能下意识地加快语速，但即使如此，也不能完整地将该景点介绍完，这样就会出现恶性循环，导致沿途的每一个景点都介绍得不完整。

对于这种情况，我们需要掌握沿途风光讲解的原则。

第一个原则是同步性。在沿途讲解过程中，车辆是按照一定的速度行驶的，导游员讲解时要注意同步性，不要等车辆通过了景点才来讲解该景点，此时游客的注意力会被新的景物所吸引。城市道路有明显的拥堵点，在交通顺畅时讲解内容和交通拥堵时讲解内容要有所区别，导游员要视拥堵时间合理调整讲解的深度。

第二个原则是情境性。旅游者除了想要了解当地旅游知识和风土人情外，还希望陶冶情操，所以在沿途风光讲解过程中，导游员要注意情景交融，让旅游者获得更多的精神体验。比如对外地游客来讲，西湖是必去的景点，但是雷峰塔并不一定会在行程当中，在车辆经过市内景点雷峰塔的时候，我们可以向客人介绍雷峰塔的相关知识，尤其是雷峰塔的修建过程和历史，从而达到情景交融的境界。

第三个原则是趣味性，即选择游客感兴趣的内容进行介绍。游客到达一个城市时，往往对这个城市的文化与风土人情有着浓厚的兴趣，希望更多地了解当地的生活，而观光景点往往是外地游客云集的地方，在这些地方很难了解到当地的风土人情。而在沿途，游客会被车外的景物所吸引，沿途人们的出行方式、餐饮、住房、热闹的街区都是游客感兴趣的景物。导游员应当有选择地将这些方面介绍给游客。导游员如果只按照自己的脚本进行讲解，就会扫游客的兴，这也是沿途风光讲解的难点所在，此时导游员要注意观察游客，积极与游客互动，注意随时调整自己的讲解内容，比如车辆经过湖州著名的餐饮街道时，游客会对湖州小吃产生浓厚的兴趣，这时导游员要及时给予介绍。

第四个原则是适宜性，即选择合适的话题进行沿途讲解。在沿途风光中，如果是在高速公路上，很多时候，窗外的景物没有什么明显的变化，或者景物的重要性不足，这个时候就需要我们根据游客的特点，选择合适的专题进行介绍。导游此时更像一个主持人，需要事先充分准备，比如，如果导游在道路上看到了迎亲队伍，就可以选取当地少数民族婚俗这一贴近生活的话题，此外，也可以选取游客感兴趣的房价，工资等社会话题。这就需要导游员平时多多积累讲解技巧，选择合适的话题，不仅能够提高讲解质量，还能够增进游客和导游之间的了解和友谊。

【动笔创作】

1) 收集景点背景资料

[目标]

掌握景点的历史、文化、自然风光等方面的资料。

[步骤]

(1) 选择景点：每位学生选择一个景点或沿途风光。

(2) 收集资料：通过图书馆、网络、实地考察等方式收集相关资料。

(3) 整理归纳：将收集到的资料进行分类整理，形成系统的背景资料。

2) 撰写讲解词

[目标]

提升文字表达能力，编写生动有趣的讲解词。

[步骤]

(1) 结构设计：按照引言、主体、结尾的结构设计讲解词的框架。

(2) 引人入胜：引言部分以有吸引力的开场白引起游客兴趣。

(3) 详细描述：主体部分详细描述景点的历史、文化、自然风光等内容，注意语言的生动性和趣味性。

(4) 总结升华：结尾部分进行总结，升华主题，引发游客的思考或共鸣。

(5) 多次修改：撰写初稿后进行多次修改，确保讲解词的准确性和吸引力。

3) 制作多媒体辅助资料

[目标]

掌握多媒体资料制作技能，提升讲解的视听效果。

[步骤]

(1) 收集资料：收集相关的图片、视频和音频资料。

(2) 制作多媒体展示材料：利用PowerPoint或其他软件制作多媒体展示材料，内容包括图片、视频、音频、文字等。

(3) 多次演练：在制作过程中多次演练，确保多媒体资料与讲解词的一致性。

【角色练习】

本部分旨在通过实战模拟，提升学生的实际讲解能力和应对突发情况的能力，让学生在实际讲解中更加从容、自信地应对各种情况，提高讲解的专业性和吸引力，为游客带来难忘的旅程体验。

1) 模拟讲解演练

[目标]

模拟实际讲解情境，提升导游讲解能力和互动能力。

[步骤]

(1) 组建小组：每组成员轮流扮演导游和游客。

(2) 分配角色：导游负责讲解，游客提出问题并互动。

(3) 讲解过程：导游用生动的语言描述景点的自然风光和人文历史，注意互动和问答环节。

(4) 反馈总结：讲解结束后，小组成员互相评价，指出优点和需要改进的地方。

2) 录制讲解视频

[目标]

通过录制视频和观看反馈，提升导游讲解技巧。

[步骤]

(1) 准备讲解内容：选择一个景点，撰写讲解词稿，准备相关的多媒体资料。

(2) 录制视频：在景点或模拟环境中进行讲解录制，注意口语和肢体语言的表达。

(3) 观看反馈：将视频播放给同学、朋友或导师看，收集他们的反馈意见。

(4) 改进优化：根据反馈意见进行改进，再次录制和优化。

3) 现场模拟突发情况

[目标]

提升学生应对突发情况的能力。

[步骤]

(1) 设计突发情况：根据实际旅游经验，设计常见的突发情况，如游客走散、天气突变、紧急救护等。

(2) 角色扮演：轮流扮演导游和游客，导游需要在模拟情况下及时采取措施并安抚游客。

(3) 情景演练：在模拟的突发情况下，导游采取措施进行处理，确保游客安全和行程顺利。

(4) 总结反思：演练结束后，大家讨论导游的应对措施，总结经验教训。

4) 多媒体辅助讲解

[目标]

提升学生使用多媒体设备辅助讲解的能力，增强讲解的感染力。

[步骤]

(1) 准备多媒体资料：收集相关的图片、视频和音频资料，制作演示文件或其他展示材料。

(2) 掌握设备的使用：熟练掌握多媒体设备的使用，如投影仪、平板电脑等。

(3) 模拟讲解：在讲解过程中使用多媒体设备展示资料，增强讲解的感染力。

(4) 互动反馈：邀请小组成员观看讲解并给予反馈，提升多媒体使用技巧。

任务 6.3　介绍酒店及核定日程

引言

　　导游通常有责任向游客介绍酒店设施，提供服务指南以及解答相关问题。导游在酒店入住过程中的表现不仅直接影响游客的体验，也是旅游服务质量的重要体现之一。

　　本任务模块将深入探讨导游在酒店入住过程中的讲解技巧，让学生通过学习和实践，学会准确、清晰地向游客介绍酒店的各项设施和服务，并能够灵活处理各种突发情况。

在线课堂

交互式课件

情境导入

　　你是一名经验丰富的导游，带领一支来自不同国家的旅游团来到一座风景秀丽的城市。经过一天的旅程，游客们显得有些疲惫，期待着在酒店得到充分的休息和放松。你需要在游客办理入住手续前，向他们详细介绍酒店的各项设施、服务和注意事项。

　　场景一：抵达酒店

　　"女士们、先生们，欢迎来到我们下榻的这家酒店。请大家下车后将行李交给酒店门童，他们会帮我们把行李送到各自的房间。大家可以带上贵重物品和随身物品，跟我一起去大厅办理入住手续。"

　　场景二：酒店大堂介绍

　　"现在我们来到酒店大堂，这里是我们办理入住、退房以及获取各项信息的地方。前台24小时提供服务，若有任何问题或需求，可以随时联系我们的前台工作人员。此外，大堂内还有一个旅游咨询台，可以为您提供周边旅游景点的信息和建议。"

　　场景三：房间分配和钥匙领取

　　"接下来，我们将分发房间钥匙。请大家依次到前台领取自己的房间钥匙，并核对好房间号。拿到钥匙后，我们将在大堂等候片刻，待所有人都拿到钥匙后，我们一起前往客房楼层。"

　　场景四：房间设施和使用说明

　　"各位，现在我们已经进入客房楼层。请跟我到一间样板房，我来为大家介绍一下房间的基本设施和使用方法。房间内配有空调、电视、保险箱和迷你吧。空调的使用方法是这样的……保险箱的密码设置方法是……如果您有任何问题或需要额外的用品，可以拨打房间电话，联系客房服务。"

　　场景五：酒店餐厅和服务设施

　　"酒店内有多个餐厅和咖啡厅，分别提供中餐、西餐和自助餐服务。早餐时间是早上

6点至10点，地点在一楼的自助餐厅。酒店还有健身房、游泳池和SPA中心，营业时间为早上6点至晚上10点。想要预订SPA服务的游客可以提前拨打前台电话进行预约。"

场景六：安全注意事项和周边环境

"为了确保大家的安全和舒适，请大家注意以下几点：请随时保管好自己的贵重物品，外出时记得锁好房间门窗；在酒店内请保持安静，不打扰其他住客；酒店周边有许多餐厅和商店，步行5分钟即可到达。"

任务描述

本任务旨在帮助学生掌握导游在酒店入住过程中的相关知识和讲解技巧。通过完成这些任务，学生将能更好地理解并运用所学的知识和技巧，为游客提供更加舒适和难忘的旅行体验。

相关知识

1) 酒店基本设施介绍

(1) 大堂设施。前台服务：向游客介绍前台的服务内容，如办理入住和退房、提供信息咨询、兑换外币等。礼宾服务：向游客介绍礼宾部，帮助游客预订餐厅、安排交通、提供旅游信息等服务。休息区：指引游客到休息区放松，对于长途旅行的游客，这一点尤其重要。

(2) 客房设施。基本设施：介绍房间内的基本设施，如床、衣柜、电视、空调、电话、迷你吧、保险箱等。卫浴设施：说明卫生间的配置，如淋浴、浴缸、洗漱用品、毛巾等。使用方法：详细讲解空调、保险箱、电视和电话的使用方法，确保游客能方便使用。

(3) 餐饮设施。餐厅：介绍酒店内的餐厅类型(中餐、西餐、自助餐等)、营业时间和位置。早餐服务：告知早餐时间和地点，并介绍是否有送餐服务。其他饮食服务：如酒吧、咖啡厅、客房送餐服务的营业时间和预订方法。

(4) 娱乐和健身设施。健身房：介绍健身房的位置、开放时间和使用注意事项。游泳池：说明游泳池的开放时间和安全规定。SPA和休闲中心：提供SPA中心的服务项目、营业时间和预订方法。

2) 安全与应急措施

(1) 紧急出口和疏散路线。向游客说明紧急出口和疏散路线的位置，并强调注意安全标志。

(2) 紧急联系方式。提供酒店内紧急联系电话，如前台、客房服务、保安等的联系电话。

(3) 安全须知。提醒游客保管好个人贵重物品，出门时锁好房间门窗；说明房间内保险箱的使用方法，并建议将贵重物品存放在保险箱内。

操作示例

在沿途讲解服务中，由于游客对旅游目的地非常陌生，因此导游必须详细、清晰地介绍下榻酒店(包括酒店的名称、地理位置、周边环境、特色建筑、注意事项等)，并告知游客，若在自由活动时找不到下榻酒店，应拨打导游的电话或酒店前台电话。导游一定要在本环节中，将自己的电话及酒店前台电话告知游客，地陪服务人员应在旅游者抵达酒店后，尽快协助办理入店手续，入住房间，取到行李，让旅游者及时了解酒店的基本情况和住店的注意事项。

知道当天或第二天的活动安排，具体流程如下。

一、协助办理住店手续。旅游者抵达酒店后，地陪要协助领队和全陪办理住店登记手续，请领队分发住房卡。地陪要掌握领队、全陪和团员的房间号，并将联系自己的办法，比如房间号、电话号码等告知全陪和领队，以便有事时尽快联系。

二、介绍酒店设施。进入酒店后，地陪应向全团介绍此酒店的外币兑换处、中西餐厅、娱乐场所、商品部、公共洗手间等设施的位置，并讲清住店的注意事项。

三、带领旅游团用好第一餐。旅游者进入房间之前，地陪要向客人介绍酒店内的就餐形式、地点、时间及餐饮的有关规定，客人到餐厅用第一餐时，地陪应该主动引入，要将领队介绍给餐厅的经理或者主管服务员。告知旅游团的特殊要求。

四、宣布当日或次日的活动安排。地陪应向全团宣布当天或第二天的活动安排、集合时间、地点等。

五、安排行李进房。地陪应等待本团行李送达酒店，负责核对行李，督促酒店行李员及时将行李送至旅游者的房间。

六、确定叫早时间。地陪在活动结束后离开酒店之前，应该与领队商定第二天的叫早时间，并请领队通知全团，地陪应通知酒店总服务台或者楼层服务台。

在介绍了下榻酒店之后，导游一定要重点讲明下榻酒店后的活动安排，以免游客进入房间后很难重新集合，造成被动的局面。在首站沿途讲解中，要告诉游客集合地点和时间，以及旅游车的车牌号及上车地点，并提醒游客一定要有时间观念，为了整个行程的顺利进行，需要大家共同努力。沿途讲解服务必须说明接下来的活动安排，以便游客做好相应的准备。另外，导游在旅游团开始游览之前，应与领队、全陪商定日程安排，并及时通知每一位旅游者。

核对、商定日程是旅游团抵达后的一项重要工作，可视为两国、两地间的导游员合作的开始。旅游团在一地的游览内容一般都已经明确规定，并在旅游协议书上表明，而且在旅游团到达前，旅行社有关部门通常已经安排好该团在当地的活动日程，即便如此，地陪导游员也必须核对商定的日程，因为旅游者有权审核活动计划，也有权提出修改意见。导游员与旅游者商定日程，既是对旅游者的尊重，也是一种礼遇。领队也希望得到导游员的尊重和协助，商定日程并宣布活动日程是领队的职权。

特种旅游团除了游览活动外，还有其他特定的任务，因此，商定日程显得尤为重要。在核对、商定日程时，对于出现的不同情况，地陪要采取相应的措施。第一，当领队提出小的修改意见或要求增加游览项目时，地陪应及时向旅行社反映，对于合理又可能满足的项目，应尽力给予安排；对于需要加收费用的项目，地陪应事先向领队或旅游者讲明，并按有关规定收取费用。对于无法满足的要求，要详细解释，耐心说服。第二，如果领队提出的要求与原行程不符且涉及接待规格，在一般情况下地陪应该婉言拒绝，如确有特殊理由，必须先请示旅行社再做答复。第三，当地陪的接待计划与领队(或全陪)手中的旅行计划有出入时，要及时报告旅行社并查明原因，分清责任；若是接待社的责任，地陪应实事求是地说明情况，并向领队和旅游者赔礼道歉。

【动笔创作】

撰写一篇介绍酒店及核定日程的导游词，并分组进行讲解练习。

操作示例

各位游客，在前往酒店的路上，我给大家简单介绍一下在湖州参观、游览的行程安排。我们在湖州总共游览三天，今天入住酒店后，大家要好好休息，明天正式开始游览。今天我们下榻的酒店为浙北大酒店，它是浙江省久负盛名的四星级大酒店，并且在全省范围内享有深厚的市场知名度与美誉度，品牌深入民心，家喻户晓。浙北大酒店坐落在浙江湖州市繁华区，为湖州市商业、金融中心所环抱。酒店设施先进，服务功能齐全，酒店宽敞舒适，有中、西餐，高档宴会厅，以及设施一流的高级会议厅、多功能厅等，能供上千人同时用餐、开会。各位朋友，我们现在已经到达浙北大酒店，请各位拿好自己的行李物品下车，今天的讲解到此结束。

任务 6.4　车上导游的讲解技巧

引言

本任务旨在探讨如何成为一名出色的车上导游，让讲解充满魅力、生动有趣，给游客留下深刻的印象。车上导游是游客旅程中的重要一环，导游讲解将直接影响到游客对目的地的认知和体验。学生将学习如何利用语言、声音、表情和故事讲解技巧，以及如何应对各种挑战和意外情况。

在线课堂

交互式课件

情境导入

　　作为导游员，你正站在一辆巴士或游览车的前部，周围是一群期待着你为他们呈现目的地之美的旅客。你感受到了他们的好奇心和期待，他们渴望听到你的讲解，以深入了解这个地方的历史、文化和风土人情。你的声音将是他们旅程中最亲切的伴侣，你的讲解将是他们心中最深刻的回忆。在这个情景中，你将成为连接游客与目的地的桥梁，让他们的旅程更加丰富、有趣，同时让自己的导游生涯更加充实和有意义。

任务描述

　　(1) 准备阶段：学习如何做详细的背景调查，了解目的地的历史、文化、主要景点和有趣故事。制定一个详细的讲解大纲和时间安排。

　　(2) 声音和表达技巧：练习如何控制音量、语速和语调，让讲解更具吸引力。学习通过肢体语言和表情来增强讲解效果。

　　(3) 故事讲述技巧：掌握讲故事的技巧，将枯燥的历史和文化知识转化为生动有趣的故事。通过情景再现和互动环节，让游客更好地理解你的讲解。

　　(4) 应对突发情况：学习如何处理突发状况和回答游客的即时问题，确保你的讲解顺利进行。

　　(5) 使用多媒体和道具：了解如何有效利用图片、视频和实物道具，增强游客的感官体验，使讲解更具生动性和互动性。

相关知识

1) 车上导游须知的基本知识和技巧

　　(1) 目的地知识：深入了解你讲解的每一个目的地，包括历史背景、文化特色、主要景点和有趣的故事。了解当地的风土人情和习俗，以便在讲解中融入这些信息，拓展讲解的深度和广度。

　　(2) 沟通技巧：学习如何清晰、简洁地传达信息，确保每一位游客都能听到并理解你的讲解。掌握与不同类型游客的沟通方式，了解如何通过提问和互动来激发游客的兴趣。

　　(3) 公共演讲技巧：了解如何在公共场合自信地表达自己，包括克服紧张情绪，与观众建立联系和保持目光接触。学习通过讲解的节奏和结构来吸引和保持观众的注意力。

　　(4) 心理学知识：掌握基本的心理学原理，了解游客的需求和期望。学习如何通过情感共鸣和幽默感来增强游客的参与感并提升其满意度。

(5) 多媒体运用方法：熟悉各种多媒体工具和设备的使用方法，包括音响系统、投影仪、平板电脑等。了解如何制作和展示高质量的多媒体内容，以辅助你的讲解。

2) 车上导游需要注意的方面

车上导游讲解的重要性不言而喻。如果车程较长，地陪可以在车上组织一些娱乐活动，比如做一些小游戏，教游客说方言，或者教老外说汉语，带领游客唱歌、讲笑话、猜谜语等。导游也可以与游客展开一些交流活动，比如介绍当日国内外重要新闻、探讨热门话题、聊天寒暄等，那么在车上讲解时，应该注意哪些方面呢？

(1) 车上空间有限，游客坐车时比较无聊，车上是介绍景点、提醒注意事项的绝佳场所。衡量一个导游是否优秀，关键看车上导游讲解的水平。导游在旅游车上一般会介绍当地的风土人情、商品、经济、文化、景点等相关知识。导游如果把一些著名的景点与当地特色的旅游项目等结合起来进行讲解，可以产生润物细无声的功效。让游客在接受旅游知识的同时，了解到一些当地特色的旅游项目、文娱演出和商品的信息。尽管旅游车上空间有限，但如果导游讲解生动有趣，游客还是很容易接受众多的信息。导游一定要宣传真善美，杜绝假恶丑。游客可以感受到导游是为游客着想，为了丰富旅游活动而努力，故而，车上是介绍景点、提醒注意事项的绝佳场所。

(2) 车上导游讲解与娱乐活动可拉近导游与游客的距离，让游客放松地享受旅游的乐趣。通常一个团队旅行过程中，都有乘车两三个小时的情况，那在这两三个小时期间讲什么呢？游客与导游起初是相互不熟悉的，你要做的是通过你的讲解打消他们的顾虑，让他们信任你。解说时，导游一定要考虑到团队的整体行动速度、游客的年龄、接受能力等，并及时调整解说的速度和音量。

(3) 车上导游讲解与娱乐活动可活跃气氛。有些游客出来旅游，就是希望玩玩闹闹，开开心心，听听笑话，唱唱歌，放松心情，开心一下。导游除了沿途讲解之外，还可以适时地组织一些活动，活跃一下气氛，比如唱歌、讲故事、猜谜语等。主要的目的有三个：一是活跃车上的气氛；二是充分显示导游的才华；三是加深大家对导游的印象。

(4) 车上导游可事先和游客交流，了解游客，为针对性服务做准备。在车上，可以和游客进行双向的聚谈或者问答，要充分发挥游客的主观能动性，导游与游客聚谈时要遵循一些原则。一是少说多听，以倾听游客的观点为主，并从中揣测游客的心理。二是活跃气氛，要留意聚谈者的情绪变化，必要时岔开话题或者打圆场，说些笑话，让游客放松，千万不要让聚谈演变成争吵。三是控制进程，视情况选择合适的话题，及时制止涉及个人隐私和违反有关规定的不当言论。四是广泛对话，要发动更多的游客参与到聚谈中来。

(5) 车上导游讲解要遵循的原则。①要把握好讲解的节奏和传递的信息量。讲解一定要生动有内涵、有感情，要充分调动游客的情绪，不能是催眠曲。②指示应该明确、及时。很多注意事项必须明确地告知旅游者，且要及时，不得含糊其词。③导游所讲应与游客所见有机结合。车上导游讲解的内容应与周边的景点一致，具有即时性。导游的讲解要和游客所看到的一致。④调动游客参与，实时互动。导游不能唱独角戏，相反，必须充分调动游客的积极性，让他们参与其中，实现双向互动，使得车上娱乐活动有意义。

车上的娱乐活动主要有猜谜语、脑筋急转弯、互动游戏、讲笑话、唱歌、看电影等。导游平时应多积累一些素材，并且具备高超的表演技巧，这样做起来才会达到更理想的效果，让客人度过一段轻松愉悦的车上旅程。

【动笔创作】

1) 猜地名或人名

客人来自五湖四海，游过大江南北，很多是爱旅游的人。那就让他们来猜：

金银铜铁——无锡

四季温暖——长春

重男轻女——贵阳

风平浪静——宁波

降落伞——张飞

什么都卖了，就是不卖被子——刘备

如果客人觉得难度太大，导游可以适当给点提示。当然，适当的小礼品是必须准备的。

2) 脑筋急转弯

(1) 芳芳在学校门口把学生证掉了，怎么办？

(答案：捡起来)

(2) 一只饿猫看到老鼠，为什么拔腿就跑？

(答案：去追老鼠)

(3) 太平洋的中间是什么？

(答案：平)

(4) 有油灯、暖炉、壁炉，应先点哪样呢？

(答案：火柴)

3) 明七暗七

所谓"明七"，就是7、17、27之类的数字，"暗七"就是7的倍数，这些都是大家不能说的数字，轮到了就说"过"，下一个游客得跳到下一个数字。如果谁说错了或反应太慢，或不是明七暗七也说"过"，就要受罚表演节目。当然这个游戏必须有裁判，最好找个懂事的小孩来做裁判。

【角色练习】

1) 收集背景资料

掌握目的地和沿途的历史、文化、自然风光等方面的资料。

2) 运用车上导游讲解技巧

引人入胜：引言部分设计有吸引力的开场白，引起游客的兴趣。

详细描述：主体部分详细描述景点的历史、文化、自然风光等，注意语言的生动性和趣味性。

总结升华：结尾部分进行总结，升华主题，引发游客的思考或共鸣。

多次修改：撰写初稿后进行多次修改，确保讲解词的准确性和吸引力。

[评分说明]

每个评分项目的权重是10% ~ 15%，总计100%。各评分项目的权重根据其重要性进行分配，以确保对导游讲解技巧的全面评估，详细评分标准见表6-2。

表6-2　车上导游讲解评分表

评分项目	评分标准	评分权重(%)	得分	意见和建议
准备工作 (20分)	背景调查和资料收集的详细程度、讲解大纲的完整性和逻辑性、时间安排的合理性	15		
声音和表达技巧 (20分)	音量适中，语速恰当，语调富有变化，能引起听众兴趣；肢体语言和表情丰富，增强讲解效果	15		
故事讲述技巧 (20分)	能将知识转化为生动的故事；故事情节吸引人，有起伏；情景再现和互动环节设计合理	15		
应对突发情况 (20分)	处理突发状况的能力，即时、准确回答游客问题的能力，讲解的连贯性	15		
使用多媒体和道具 (20分)	使用多媒体工具的能力，图片、视频和实物道具的准备和展示，多媒体内容的质量和相关性	10		
沟通技巧 (20分)	信息传达的清晰度和简洁性，与游客的互动能否激发游客的兴趣	10		
公共演讲技巧 (20分)	自信表达，克服紧张；与观众建立联系，保持目光接触；讲解节奏和结构的合理性	10		
心理学知识的应用 (20分)	理解游客需求和期望，情感共鸣的有效性，幽默感的适当运用	10		

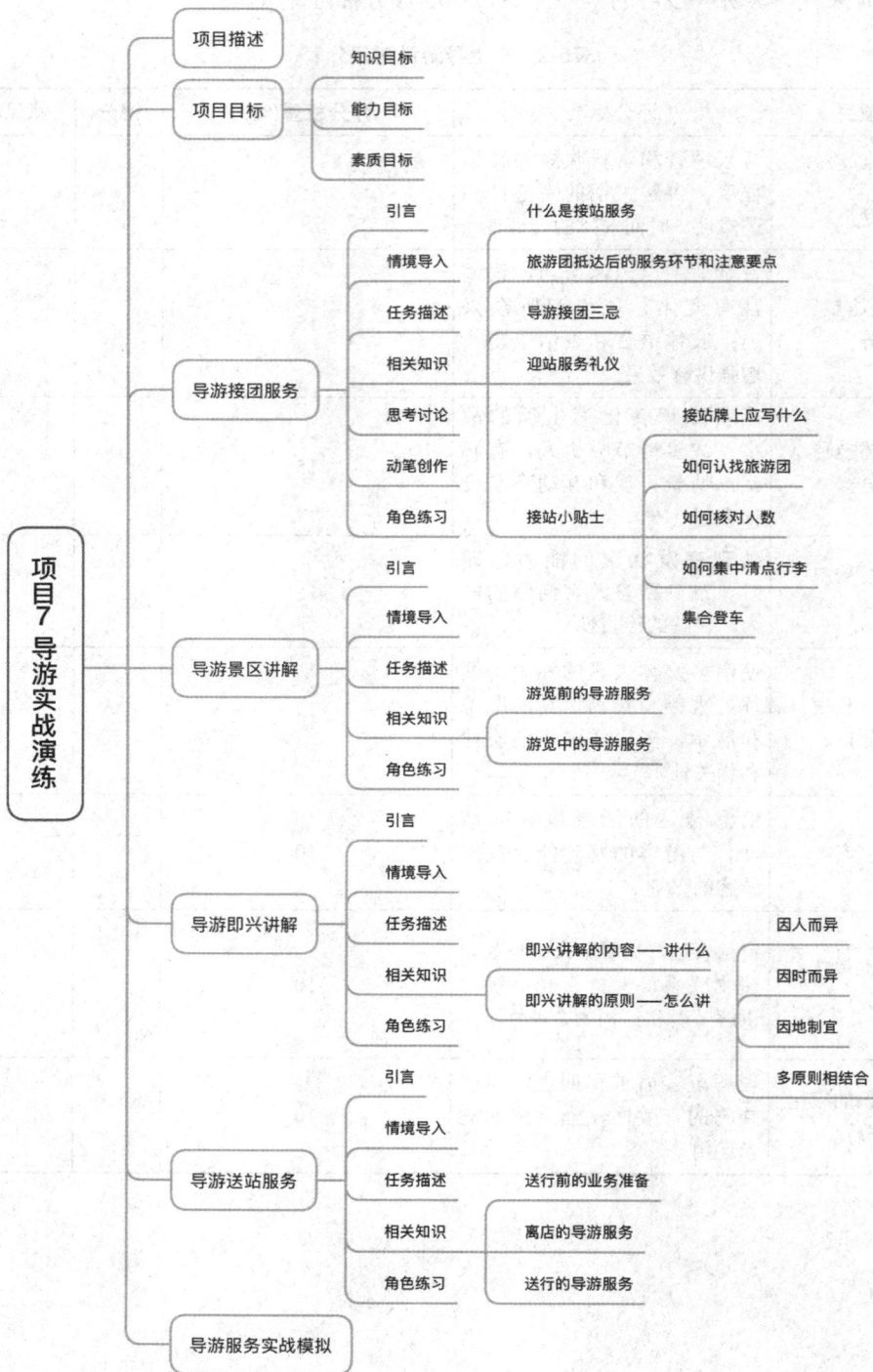

项目7　导游实战演练

项目结构

```
                          ┌── 项目描述
                          │                  ┌── 知识目标
                          ├── 项目目标 ──────┼── 能力目标
                          │                  └── 素质目标
                          │
                          │              ┌── 引言 ────────── 什么是接站服务
                          │              ├── 情境导入 ────── 旅游团抵达后的服务环节和注意要点
                          │              ├── 任务描述 ────── 导游接团三忌
                          │              ├── 相关知识 ────── 迎站服务礼仪
                          ├── 导游接团服务┤  思考讨论
                          │              ├── 动笔创作                      ┌── 接站牌上应写什么
                          │              │                                ├── 如何认找旅游团
                          │              └── 角色练习 ── 接站小贴士 ───────┼── 如何核对人数
                          │                                                ├── 如何集中清点行李
项目7                     │                                                └── 集合登车
导游实战演练 ────────────┤              ┌── 引言
                          │              ├── 情境导入
                          ├── 导游景区讲解┤  任务描述
                          │              ├── 相关知识 ── 游览前的导游服务
                          │              │              游览中的导游服务
                          │              └── 角色练习
                          │
                          │              ┌── 引言
                          │              ├── 情境导入
                          │              ├── 任务描述                      ┌── 因人而异
                          ├── 导游即兴讲解┤  相关知识 ── 即兴讲解的内容——讲什么 ├── 因时而异
                          │              │              即兴讲解的原则——怎么讲 ├── 因地制宜
                          │              └── 角色练习                      └── 多原则相结合
                          │
                          │              ┌── 引言
                          │              ├── 情境导入
                          ├── 导游送站服务┤  任务描述 ── 送行前的业务准备
                          │              ├── 相关知识 ── 离店的导游服务
                          │              └── 角色练习 ── 送行的导游服务
                          │
                          └── 导游服务实战模拟
```

项目 描述

导游模拟带团教学对于提高学生的职业素养和实际操作能力具有重要意义。通过模拟带团教学，学生可以更好地了解导游工作的实际情况，提高综合素质，为未来的职业发展打下坚实的基础。在教师分发工作任务书的基础上，学生通过自主收集资料、角色扮演、讲解训练、小组讨论、互相纠错等方法，掌握导游接团服务、景区讲解服务、导游送站服务和即兴讲解服务技能。

项目 目标

知识目标： 1. 掌握接团服务的环节及注意要点。

2. 掌握景区讲解服务的要点。

3. 掌握导游送站服务的内容。

4. 掌握即兴讲解的内容和讲解原则。

5. 掌握地接导游模拟带团的流程和要点。

能力目标： 1. 能准确开展接团服务、景区讲解服务、导游送站服务、即兴讲解服务。

2. 能处理在接团服务、景区讲解服务、导游送站服务、即兴讲解服务中的实际问题。

3. 通过小组协作，提高模拟带团能力和沟通、协作能力。

素质目标： 1. 培养学生提供针对性服务的意识。

2. 培养学生独立思考、创新解决问题的意识和能力。

3. 在模拟导游过程中培养职业责任感，积极主动地践行旅游高质量发展理念，致力于提升人民精神福祉。

4. 培养学生强烈的爱国意识、集体主义思想和乐意为人服务的品质，让学生热爱旅游事业，培养尽职尽责精神和正派作风。

任务 7.1 导游接团服务

引言

导游接团服务在旅游业中扮演着至关重要的角色。首先，它为游客提供了一种宾至如归的体验，使他们对旅游目的地产生好感，并愿意再次到访。其次，导游接团服务是旅游业务发展的关键因素，能够吸引更多的游客，促进当地经济的发展。再次，高质量的导游接团服务能够提升旅游目的地的知名度和美誉度。同时，导游接团服务是展示当地文化和历史的重要机会，能够帮助游客更好地了解和欣赏旅游目的地的文化内涵。最后，导游接团服务能够解决游客在旅途中遇到的问题和困难，保证他们能够顺利地完成旅行。因此，我们必须重视导游接团服务，为其提供充足的资源和支持，以确保旅游业的持续发展和繁荣。

在线课堂　　　　　　　　　　交互式课件

情境导入

4月的一天，导游员小汪按照旅行社的安排去机场迎接一个20人的旅游团。班机准时到达。人数、团号、国籍一一对上号后，小汪就带领游客上车。当车到达饭店门口时，领队突然提出疑问说他们要住的饭店不是这一家。当领队拿出计划表和小汪对照时，小汪才知道自己接错团了。

[思考讨论]

(1) 地接导游小汪为什么会接错团？

(2) 旅游团抵达后，准确、漂亮的接站服务包括哪些环节？有哪些注意事项？

任务描述

本任务要求学生熟练掌握接站服务的五个基本环节、五个小贴士，能规避接团三大忌讳。主要通过讲授法、情景模拟法等方法，进行导游模拟接团。

相关知识

1. 什么是接站服务

接站服务是指地陪前往机场迎接旅游者，并将旅游者转移到下榻饭店过程中所要做的工作。

2. 旅游团抵达后的服务环节和注意要点

环节一：等候团队

注意要点：导游员要手执导游旗和接站牌，站在醒目的位置。

环节二：认找旅游团

注意要点：一方面要保证自己的突出位置，让对方找到自己；另一方面可以通过旅游团的装束与徽志等标志主动查找。

环节三：核实相关事项

注意要点：客源地、组团社、全陪姓名、团队人数等。

环节四：清点人数与行李

注意要点：默数；集中所有行李，提醒游客进行清点与检查。

环节五：引导登车

注意要点：①打开导游旗引领；②导游站在车头一侧的车门旁；③协助游客上车；④照看行李，礼貌地清点人数；⑤全陪、领队无异议后，再请司机开车。

3. 导游接团三忌

一是扛着导游旗；二是翘着兰花指；三是点数1、2、3。

4. 迎站服务礼仪

迎站服务礼仪是服务行业的基本规范，包括热情握手、主动寒暄、有问必答和服务周到。握手要适中、坚定，展现诚挚态度；寒暄能拉近与客户距离，建立良好关系；对于客户的问题，应给予专业且及时的回答；同时，全方位关注客户需求，提供优质服务体验。

5. 接站小贴士

1) 接站牌上应写什么

(1) 团名、团号、领队或全陪姓名。

(2) 接小型旅游团或无领队、无全陪的旅游团时，要写上游客的姓名、单位或客源地。

2) 如何认找旅游团

(1) 根据组团社的社旗认找。

(2) 根据游客的人数认找。

(3) 查找其他标志，如所戴的旅游帽、所携带的旅行包等。

(4) 上前委婉询问，主动认找旅游团。

3) 如何核对人数

(1) 核实该团的客源地、组团社的名称、领队及全陪姓名、旅游团人数等。

(2) 如该团无领队和全陪，应与该团成员逐一核对团员、客源地及团员姓名等，只有当无任何出入时才能确定该团是自己应接的旅游团。

4) 如何集中清点行李

(1) 提醒游客检查行李。

(2) 与领队、全陪核对行李件数并确认无误后，将行李移交给行李员。

(3) 若有行李未到或破损，导游员应协助当事人到机场登记处或其他有关部门办理行李丢失手续或赔偿申报手续。

5) 集合登车

(1) 地陪应提醒游客带齐行李和随身物品，引导游客前往登车处。

(2) 站在车门的靠车头一侧引导登车。

(3) 协助游客放置行李。

(4) 礼貌地清点游客人数。(车尾倒数法、默数游客人数、空位法)

操作示例

案例1：

失控旅游团 》

（背景：火车站）

清晨，一群来自上海的游客正在高铁站焦急地等待导游的出现。

游客：怎么还不来啊？导游去哪里啦？这导游……

全陪：大家稍微等一下，导游马上就来了，应该有事情耽误了。

地接匆匆忙忙跑过来。（手举白纸黑字牌子）

地接：请问你们是上海的客人吗？

全陪：是的是的，你是导游吗？

地接：是的，我是导游。

全陪：你的导游旗呢？

地接：不好意思，忘记带了。

游客：你怎么来得这么迟啊？害得我们等你那么久。能不能早一点？怎么回事？

地接：不好意思，谅解一下，家里刚刚出了点急事，大家谅解一下好吗？大家先跟我上车吧。

（背景：旅游车门口）

所有游客都来到了旅游车门口，司机不在车内，车门也没有开。

地接拿起电话联系司机：这司机怎么回事啊？不知道团到了吗？

所有游客焦急地等待着。

全陪：现在怎么办啊？

地接：我也不知道啊。等着吧。来了来了。

（司机来到，打开车门，车内到处都是垃圾）

地接：大家先上车吧。（自己走到车内，坐定）

等所有游客坐好之后，地接跟司机说：司机，人齐了，我们开车吧。结果还有两个人没有上车。

游客跟导游起了争执，直至失控。最后游客决定退出旅游团，不参加旅游活动。

[思考讨论]

通过以上模拟，你发现地接导游有哪些失当的行为？

操作示例

案例2：

（背景：火车站）

地接小池已经提前30分钟到达火车站，查看站台信息，确认高铁的到站信息，并跟司机确定停车的位置、车内卫生和空调设施。

佩戴导游证、小麦克风，高举接站牌，在高铁出站口等待游客的到来。

（游客已经慢慢从出站口走出）

地接：请问您是来自上海的中青旅的客人吗？全陪小刘，团队一共20人，对吗？

全陪：是的，我们是。我是小刘。

地接：你好，我是地接小池，欢迎你们的到来，今天旅程辛苦了，大家一路还顺利吧？

全陪：都挺好的。

地接：请问大家的行李都清点好了吗？

全陪：都清点好了。

地接：那我们集合等车吧。

地接：各位朋友们，大家好，我是地接小池，欢迎大家的到来，大家一路辛苦了，请大家带好行李物品，跟着我到我们的旅游车。

（背景：旅游车门口）

地接：各位游客，请把行李放在行李处，带上您的贵重物品和随身携带物品跟我们上车。

地接站在车头的位置引导游客上车。跟每一位游客打招呼问好，并默默数人数。

所有游客都上车后，

地接上车，再次清点人数，询问全陪：我们一共20人，已经全部到齐，请问是否可以开车？

游客表示都很开心。

【动笔创作】

根据"失控旅游团"的任务背景，利用所学接团知识和注意事项，重新完善脚本，并分组进行模拟练习。

【角色练习】

[练习名称]

情景模拟导游变形记

[练习要求]

根据企业专家提供的真实导游带团任务，分组模拟导游接团服务。

[角色设置]

(1) 小组成员分别饰演地接小李、全陪和游客。

(2) 对学生进行分组，各组独立撰写脚本并模拟导游接团服务。

[练习材料]

导游旗帜、接站牌、接待计划书、游客名单表。

[练习步骤]

1) 修改"失控旅游团"情景模拟的脚本

(1) 各组领任务后，修改"失控旅游团"情景模拟的脚本。

(2) 确定组内各角色的分配。

2) 模拟演练

(1) 等候团队。

(2) 认找旅游团。

(3) 核实相关事项。

(4) 清点人数与行李。

(5) 引导登车。

3) 评价总结(详见表7-1)

(1) 仪容仪表规范，礼貌用语规范。(10分)

(2) 语言表达准确、流畅，有问必答，身体语言运用自如。(20分)

(3) 导游接团规范。环节符合规范程序，物品准备规范、合理，服务周到。(50分)

(4) 应变能力。能应对接团过程中的突发问题及回答提问。(20分)

(5) 反向扣分。出现导游接团服务中的忌讳行为。(－20分)

表7-1 模拟导游接团服务评价表

组名： 组员名字： 得分：

评价项目	评价细则	小组自评 (15%)	小组互评 (15%)	教师评价 (30%)	企业评价 (40%)	意见和建议
仪表礼仪 (10分)	仪容					
	礼貌用语、主动寒暄					
	举止(站、坐、行、手势、面部表情等)					
	热情握手					
语言表达 (20分)	准确、流畅、语速合理					
	有问必答					
	身体语言运用自如					
导游接团规范(50分)	环节符合规范程序					
	物品准备规范、合理					
	服务周到					
应变能力 (20分)	能应付接团过程中的突发问题及回答提问					
反向扣分 (－20分)	出现忌讳行为，如：扛着导游旗，点着兰花指，数着1、2、3等					
合计分数						

任务 7.2 导游景区讲解

引言

　　导游员在景区讲解服务中扮演着关键角色。他们负责传递景区的历史、文化和自然信息，增强游客体验，促进文化交流，并提升景区吸引力。优秀的导游讲解还能提升景区美誉度，吸引更多游客。导游员的景区讲解对于旅游活动的成功至关重要。

在线课堂　　　　　　　　　　　　　　交互式课件

情境导入

　　情境1：旅游车里(地接小池即将带领游客进入南湖景区游览)

　　地接：各位游客，现在我们马上就要到达南湖旅游景区了，大家来到嘉兴南湖，肯定非常想带一些南湖的特产回去，我这里就有非常好的南湖特产——桐乡皇菊，大家看一下，我卖得特别便宜，一朵花2元钱，一盒20元钱。你要是到景区里面买，肯定特别贵，就像矿泉水，景区都是10元钱一瓶。大家来看一下。品质好，喝完降火还美容。来来来，大家看一下吧。美女，帅哥，买一个吧。你看这菊花，又好又便宜。

　　游客：好的好的，那买一个吧。

　　情境2：南湖旅游景区门口

　　地接：各位游客大家好，欢迎来到南湖旅游景区。南湖景区是一个集旅游观光、休闲娱乐、历史教育于一体的综合性历史文化景区。南湖在历史上与杭州西湖、绍兴东湖合称浙江三大明湖。来，各位游客，现在在我们面前的就是非常著名的南湖红船，中国共产党第一次全国代表大会在这里召开，宣告中国共产党成立，从此南湖成为重要的革命纪念地。

　　地接：各位游客请跟我继续往前走，我们现在看到的是乾隆的御碑亭，湖心岛上有两座乾隆的御碑亭，这里是西御碑亭。大家请看，在这块碑的顶端有"御笔"两个字，可见它是当年乾隆皇帝游南湖时的手迹。乾隆在朝时仿效康熙之习六次"南巡"，其中屡次到嘉兴南湖。第一次是在乾隆十六年，最后一次在乾隆四十九年。大家请看碑上的这首诗："不蓬莱岛即方壶，弱柳新夷清且都。"这首诗是乾隆第二次南巡游南湖时，留下的诗句。他把南湖比作神仙居住的地方，将南湖与杭州西湖相比，觉得天然美景足以畅怀。

情境3：南湖烟雨楼前

地接：来，各位游客，请跟我走，我们马上就要到达烟雨楼了，现在我们看到的就是江南名楼——烟雨楼。相传此楼因唐朝著名诗人杜牧"南朝四百八十寺，多少楼台烟雨中"的诗句而得名。对南湖情有独钟的乾隆在南湖烟雨楼游玩后，始终不能忘怀，便在第五次"南巡"的时候叫工匠描绘了南湖烟雨楼并将图纸带回京都，他还在河北的承德避暑山庄按原样仿造了一个嘉兴南湖烟雨楼，不知各位有没有去过河北承德的避暑山庄？

游客1：这怎么仿造的啊？

地接：按原样啊。

游客：一砖一瓦都一样吗？

地接：应该是吧。

游客：那不得把南湖的烟雨楼拆了才知道一砖一瓦是什么样子？

地接：烦死了，怎么这么多问题？

情境4：两个游客自行跑到前面的景区去参观。一名游客不小心把脚崴伤了。

游客1：哎呀我的脚。

游客2：怎么办？怎么办？还能动吗？导游导游，快过来，有人受伤了。

地接跑过来直接扒开游客的腿。

地接：怎么了？痛吗？我有止痛药，来来来，快吃下。

地接直接把药塞给游客。

地接：还痛吗？

游客1：还是痛。

全陪：那么，小池，现在游客脚受伤了，我和他的家人带他去医院，你带领游客继续游玩吧。

地接：还是我去吧。我对嘉兴比较熟悉，还是我去吧。各位游客，我带这个受伤的去医院了，你们自己参观吧。

[思考讨论]

地接导游在景区讲解中出现了哪些问题？

任务描述

本任务要求学生熟练掌握导游景区讲解技巧，并熟悉相关的注意事项。主要通过讲授法、角色扮演法等方法，进行导游景区讲解模拟展示。

相关知识

抵达景点后的导游服务包括游览前的导游服务和游览中的导游服务。

1) 游览前的导游服务

(1) 讲清楚景点停留时间和集合时间、地点。

(2) 提醒游客旅行车的型号、颜色、标志、车牌号。

(3) 讲清楚游览线路和注意事项；补充说明景点概况。

2) 游览中的导游服务

(1) 在计划时间和费用内，让游客充分游览。

(2) 防止游客走失，与领队和全陪密切配合。

【角色练习】

[练习名称]

情景模拟导游变形记

[练习要求]

根据企业专家提供的真实导游带团任务，分组模拟导游景区讲解服务。

[角色设置]

(1) 小组成员分别饰演地接小池和游客。

(2) 对学生进行分组，各组独立撰写脚本并模拟导游景区讲解服务。

[练习材料]

导游旗帜、目标景区的相关资料。

[练习步骤]

1) 修改南湖景区讲解情境1~4的模拟脚本

(1) 各组领任务后，修改模拟脚本。

(2) 确定组内各角色的分配。

2) 模拟演练

3) 评价总结(详见表7-2)

(1) 仪容仪表规范，礼貌用语规范。(10分)

(2) 语言表达准确、流畅，有问必答，身体语言运用自如。(20分)

(3) 景区讲解词内容正确、全面、条理性好，详略得当、重点突出，运用一定的讲解技巧。(50分)

(4) 应变能力。能应对景区讲解服务中的突发问题及回答提问。(20分)

表7-2 模拟景区讲解服务评价表

组名：　　　　　　组员名字：　　　　　　得分：

评价项目	评价细则	小组自评(15%)	小组互评(15%)	教师评价(30%)	企业评价(40%)	意见和建议
仪表礼仪(10分)	仪容					
	礼貌用语					
	举止(站、坐、行、手势、面部表情等)					

续表

评价项目	评价细则	小组自评 (15%)	小组互评 (15%)	教师评价 (30%)	企业评价 (40%)	意见和 建议
语言表达 (20分)	准确、流畅、语速合理					
	生动、有感染力					
	有较强的说服力					
	身体语言运用自如					
景区 讲解词 (50分)	内容正确、全面、条理性好					
	详略得当、重点突出					
	运用一定的讲解技巧					
应变能力 (20分)	对临场提问的反应能力					
合计分数						

任务 7.3　导游即兴讲解

引言

在旅游服务中，导游的即兴讲解具有举足轻重的地位。其严谨、稳重、理性的特质，为游客带来了卓越的旅游体验。导游通过即兴讲解，能够精准而深入地解读文化，满足游客的兴趣和需求，使他们对景点有更全面、深入的了解。此外，即兴讲解还促进了导游与游客之间的互动，提升了游客的参与度和满意度。这不仅是导游专业素养的体现，也展示了导游丰富的知识储备和灵活应变的能力。更重要的是，即兴讲解有效地弥补了正式讲解的不足，为游客提供了更加全面、深入的讲解服务。

在线课堂

交互式课件

情境导入

在一个阴雨绵绵的日子里，作为导游员，你带领一群中年旅游者，泛舟湖上，此时，你应该如何讲解？

景点讲解和沿途景观讲解的着眼点是"景"，而即兴讲解的着眼点是"兴"，即旅游者的兴趣。如何把握旅游者的兴趣：导游即兴讲解的"兴"讲什么？怎么讲？

任务描述

本任务要求学生掌握导游即兴讲解技能，知道即兴讲解的着眼点是旅游者的兴趣，明白即兴讲解的内容无定式，领悟即兴讲解的各原则。主要通过讲授法、比较法、案例教学法、情景模拟法等方法，让学生掌握导游即兴讲解的相关知识和技能。

相关知识

1. 即兴讲解的内容——讲什么

内容无定式。风土人情、历史沿革、世界风云、俚语笑话等，只要旅游者感兴趣，什么都可以讲。需要导游员注意知识积累，提高文化修养，厚积才能薄发。

思考：如何把握游客的兴趣点呢？

2. 即兴讲解的原则——怎么讲

1) 因人而异

讲解内容需要根据旅游者的性别、年龄、客源地、教育水平等灵活调节。比如女性喜欢美容、购物等轻松话题。男性则对体育、军事、经济等方面感兴趣。北方游客爱听历史典故，南方游客爱听幽默故事。

> **操作示例**
>
> 运用动画展示反面案例，结合图片分析正确的讲解内容。
>
> 面对老年旅游者，导游员讲道："大家昨天晚上看'跑男'没？××太帅了，××太漂亮了。哈哈哈哈。"老年游客面面相觑。
>
> 解析：综艺节目是年轻人喜欢的节目，老年人一般不感兴趣。老年人对什么感兴趣呢？老年人追求身体健康，所以应针对老年人介绍养生、保健等方面的知识。

2) 因时而异

随着时间、季节的转换，准确把握旅游者兴趣点的变化。春讲鲜花、秋讲落叶。遇到节日，可介绍节日的来历、意义、纪念方式等。重点介绍目的地特有的纪念方式。

> **操作示例**
>
> 运用动画介绍"老南京端午节特殊的纪念方式"。
>
> 端午节到了，许多地方都有吃粽子的习俗，但老南京人单吃粽子可不行，还得吃粽子煮鸡蛋，煮粽子的锅里一定要有鸡蛋。吃过蘸糖的甜粽后，要再吃蘸盐的鸡蛋来"压顶"，据说"压顶"后可以保证整个5月的身体健康。

3) 因地制宜

游览地点不同，旅游者关注的兴趣点也会改变。即兴讲解需要选择对应的内容。

操作示例

运用实景视频展示南京的讲解内容。

南京被称为"六朝古都"。"六朝金粉地，十里秦淮河"说的就是南京秦淮河畔的风景。南京著名旅游景点众多，比如中山陵、侵华日军南京大屠杀遇难同胞纪念馆等。

---

4) 多原则相结合

为了使即兴讲解更具针对性，须注意将各原则结合起来。考虑将"因时而异"和"因人而异"结合起来，或将"因时而异"和"因地制宜"结合起来，当然，也可将"因时而异""因人而异""因地制宜"三个原则全部结合起来。

【角色练习】

[练习名称]

多原则相结合的即兴讲解

[练习要求]

给定情景：下雨。

"因时而异""因人而异""因地制宜"三原则相结合。

情景一：下雨+嘉兴南湖+青年旅游者。

情景二：下雨+自己家乡+中年旅游者。

情景三：下雨+余村+老年旅游者。

分别怎么讲？

[角色设置]

对学生进行分组，各组独立撰写不同情景的即兴讲解词并模拟讲解。

[练习步骤]

1) 掌握有关信息

认真阅读不同情景，收集不同旅游资源的材料，分析不同客群的特征。

2) 创作即兴讲解词并模拟讲解

(1) 各组领任务后，组内成员创作一份针对给定情景的即兴讲解词。

(2) 各组推选一名组员进行即兴讲解。

(3) 其他组听后提问并点评优缺点。

3) 换位演示

各组交换游客对象，但讲解词内容不变，体会"兴"对于即兴讲解词的重要性。

4) 评价总结(详见表7-3)

(1) 仪容仪表规范，礼貌用语规范。(10分)

(2) 语言表达准确、流畅、生动、有说服力，身体语言运用自如。(20分)

(3) 即兴讲解词符合客群特征，内容有针对性、条理性好，详略得当，重点突出，运用一定的技巧。(50分)

(4) 创新能力。即兴讲解词的撰写或者表述有创新。(20分)

表7-3　即兴讲解词评价表

组名：　　　　　　　组员名字：　　　　　　　得分：

评价项目	评价细则	小组自评 (15%)	小组互评 (15%)	教师评价 (30%)	企业评价 (40%)	意见和 建议
仪表礼仪 (10分)	仪容					
	礼貌用语					
	举止(站、坐、行、手势、面部表情等)					
语言表达 (20分)	准确、流畅、语速合理					
	生动、有感染力					
	有较强的说服力					
	身体语言运用自如					
即兴 讲解词 (50分)	符合客群特征					
	内容有针对性、条理性好					
	详略得当、重点突出					
	运用一定的讲解技巧					
创新能力 (20分)	即兴讲解词的撰写或者表述有创新					
合计分数						

任务 7.4　导游送站服务

引言

我们常说做事情要善始善终，在导游服务过程中，从最初的接站到沿途讲解、景区讲解，每一步都要给游客留下很好的印象，而送站服务就好比百米冲刺的最后一步或者足球的临门一脚，因此至关重要。

在线课堂

交互式课件

情境导入

送行前的业务准备情景模拟

[基本情况]

地点：杭州。

场景：酒店、旅游车、机场。

人物：地陪、全陪、旅游团。

- 酒店到机场需要1小时。
- 乘坐杭州到三亚的航班，当天12：00起飞。

[模拟方式]

邀请6位同学，1人扮演地陪，1人扮演全陪，1人扮演酒店前台工作人员，3人扮演游客，模拟送站服务过程。

[思考讨论]

(1) 导游送站服务包括哪些环节的工作？

(2) 在各环节中有哪些注意事项？

任务描述

本任务要求学生熟练掌握导游送站服务技能，熟悉送行前的业务准备、离店的导游服务和送行的导游服务三项工作中的具体内容。主要通过讲授法、角色扮演法等方法，让学生掌握导游送站服务相关知识与技能。

相关知识

送站服务主要包括送行前的业务准备、离店的导游服务和送行的导游服务三项工作。

1) 送行前的业务准备

(1) 核实交通票据。

(2) 确认行李出房的时间和方法。

(3) 商定第二天叫早、早餐、集合及出发时间。

(4) 协助饭店结算与旅游者有关的账目。提醒并督促旅游者与酒店结算好自费项目(如洗衣费、电话费、小酒吧的饮料费等)，如有损坏设施，及时协助赔偿；通知酒店退房时间，确定结算账目。

(5) 提醒有关注意事项。

(6) 及时归还证件。

2) 离店的导游服务

(1) 集中交运行李：检查行李，共同清点、确认行李件数，并搬运。

(2) 办理退房手续。旅游团离开饭店前，若无特殊原因，地陪应在中午12：00以前办理退房手续(或通知有关人员办理)。

(3) 集合登车。清点人数，与领队确认人数，提醒携带有效证件，检查有无遗漏物品等，一切妥当后开车。

3) 送行的导游服务

(1) 致欢送词：在送行的途中或者在机场。

操 作 示 例

致欢送词 》

　　我们的旅程到这就基本结束了，小钱也要跟大家说再见了。临别之际没什么礼物送给大家，就送大家"四元钱"吧。第一是缘分的缘，相识就是缘，人们常说"百年修得同船渡"，可以说我们是百年修得同车行。这次旅程也是百年修来的缘分啊，现在我们就要分开了，缘分却未尽。第二是财源的源，希望各位朋友在以后的日子里，财源如滔滔江水连绵不绝！第三是原谅的原，在这段几天的旅程中，小刘有什么做得不到位的地方，还请大家多多包涵，多多原谅，多提宝贵意见，让我以后能做得更好。最后是圆满的圆，朋友们，我们的旅程到这就圆满地结束了。预祝大家在以后的工作、生活中，身体健康，万事如意！谢谢大家！

　　最后用张学友的歌来表达我的祝福："说再见，再见不会太遥远，若有缘，有缘就能期待明天，你和我重逢在灿烂的季节。"

---

(2) 提前到达离开地点，照顾旅游者下车。

(3) 移交交通票据和行李托运单。

(4) 协助办理离境手续。

(5) 告别。进入安检或隔离区时，地陪应与旅游者告别，如果他们乘坐火车或汽车离开，地陪应在交通工具启动后离开；如果他乘飞机离开，地陪应在他们进入安检后离开。

(6) 结算事宜。

【角色练习】

[练习名称]

情景模拟导游送站服务

[练习要求]

根据企业专家提供的真实导游带团任务，分组模拟导游送站服务。

[角色设置]

(1) 小组成员分别饰演地接和游客。

(2) 对学生进行分组，各组独立撰写脚本并模拟导游送站服务。

[练习材料]

相关票据、证件。

[练习步骤]

1) 撰写导游送站服务的脚本

(1) 各组领任务后，撰写模拟情景的脚本。

(2) 确定组内各角色的分配。

2) 模拟演练

3) 评价总结(详见表7-4)

(1) 仪容仪表规范，礼貌用语规范。(10分)

(2) 语言表达准确、流畅，有问必答，身体语言运用自如。(20分)

(3) 导游送站服务规范。环节符合规范程序，物品准备规范、合理，服务周到。(50分)

(4) 应变能力。能应对送站服务中的突发问题及回答提问。(20分)

表7-4　导游送站服务评价表

评价项目	评价细则	小组自评 (15%)	小组互评 (15%)	教师评价 (30%)	企业评价 (40%)	意见和建议
仪表礼仪 (10分)	仪容					
	礼貌用语、声情并茂					
	举止(站、坐、行、手势、面部表情等)					
语言表达 (20分)	准确、流畅、语速合理					
	有问必答					
	身体语言运用自如					
导游送站服务规范 (50分)	环节符合规范程序					
	物品准备规范、合理					
	服务周到					
应变能力 (20分)	能应对送站服务中的突发问题及回答提问					
合计分数						

任务 7.5　导游服务实战模拟

引言

导游服务实战模拟不只是一场模拟，更像是一场刺激的冒险游戏！在这个游戏中，你可以扮演导游，体验各种突发状况，学习如何应对各种挑战。

在线课堂

交互式课件

情境导入

作为导游，你正带领一群游客游览美丽的景点，此时突然下起了大雨，游客们开始慌乱。你迅速拿出雨伞，安抚游客，并引导他们到附近的避雨处。在这个过程中，你不仅展示了你的应变能力，还展现了你的责任心和爱心。

任务描述

本任务要求学生熟练掌握地接导游服务过程。主要通过角色扮演法、讲授法等方法让学生掌握地接导游服务相关知识和技能。

相关知识

导游实战模拟不仅可以提升你的导游技能，还可以增强你对工作流程的理解。从接团到送团，每一个环节都需要你精心安排，以确保游客能够度过一个愉快、难忘的旅程。导游实战模拟不仅可以让你在学中玩、玩中学，还能让你在轻松愉快的氛围中提升服务水平，成为一名更优秀的导游！

操作示例

案例1：

山好，水好，上车一聚无烦恼。大家早上好！下面呢，我就给大家正式介绍一下自己，哎呀，激动的心，颤抖的手，拿起话筒我就要献丑，谁要不鼓掌，谁就说我丑，哎……很好，谢谢大家的掌声，后面还有一句呢，谁要说我丑，我下车就走(笑声)。从大家的掌声中可以看出大家的审美眼光还是相当不错的！我呢，是国际旅行社的一名专职导游员，我姓方，大家可以叫我小方或者方导。我代表旅行社和司机师傅欢迎大家的到来。啰嗦完自己之后呢，接下来隆重给大家介绍一位重要人物，一般呀，重要人物出场时都会有一种声音……好，谢谢大家的掌声，他就是我们风流倜傥、英俊潇洒、人见人爱、车见车载、男人见了喝醋、女人见了喝蜜的王师傅，从后脑勺看就很像梁朝伟嘛，大家想不想看看师傅正面呀？想呀？那让师傅站起来跟大家打声招呼好不好呀？(笑声)好呀，那可不行，他要是站起来，谁给我们开车呀？好了，我替王师傅谢谢大家的掌声。大家别看这师傅长得帅，他开起车来呀，那可是相当有技巧，用东北话说那是"杠杠的"。他可是有十几年驾龄的老司机了。大家尽管放心。各位的旅行生活一定有说有笑，有情有意，有声有色，有滋有味。

案例2：

今天我们来到了浙江省省会杭州。当我们用幸福、繁荣、浪漫、休闲、爱情之都来形容一座城市的时候，自然会想到杭州。杭州位于中国东南沿海，浙江省北部，钱塘江下游，京杭大运河的最南端。杭州是浙江政治、经济、文化和金融中心。作为中国七大古都之一，杭州市面积约一万七千平方千米，杭州市面积不大，人口也不多，但是名气却非常大。杭州已有2200多年的历史。杭州是华夏文明的发祥地之一，早在5000多年前，这里就诞生了被称为文明曙光的良渚文化。

我国有十大旅游城市，杭州名列第一，此外还是中国最具幸福感的城市。杭州属于亚热带季风气候，四季分明，温暖湿润。大家在道路两旁看到的香樟树是杭州的市树，桂花是杭州的市花。杭州素有"上有天堂，下有苏杭"的美誉。杭州是吴越文化的发源地之一，五代十国时期，吴越国偏安东南，建都杭州。吴越三世五王都笃信佛教，所以现在西湖周围的寺庙、宝塔、石窟差不多都是在那个时代建造的。南宋成为杭州的鼎盛时期，元代京杭大运河的开通，促进了南北的交流，意大利旅行家马可·波罗称杭州为"天城"，从明清开始到现在，杭州一直是浙江省省会。

各位游客朋友们，如果说"人间天堂"是前人对杭州的盛赞，"东方休闲之都"则是渗透进杭州灵魂的现代特质。杭州是西湖龙井茶的故乡，西湖龙井被列为中国十大名茶之首，它以"色翠、香郁、味甘、形美"四绝而闻名天下。说到丝绸，自古就有"杭城所出，天下为冠"的赞誉。喜得宝、万事利都是本地知名品牌。最令杭州人骄傲的是，2016年，G20峰会在杭州召开，使杭州成了世界阅读中国的窗口。作为中国最具幸福感的国际旅游名城，杭州以精致、和谐、开放、大气的新面貌欢迎世界各地的游客到来。

各位游客朋友们，俗话说："天下西湖三十六，就中最好是杭州。"杭州之美，美在西湖。千百年来，西湖风景有着经久不衰的魅力，难怪唐朝大诗人白居易离开杭州时发出这样的感叹："未能抛得杭州去，一半勾留是此湖。"那么现在的西湖这么美，它一直以来都是如此吗？其实西湖经历了丑小鸭变天鹅的过程。西湖原来是个海湾，由潟湖变成普通湖泊。

西湖位于杭州城西，三面环山，一面临城。南宋形成了著名的"西湖十景"，有苏堤春晓、花港观鱼、柳浪闻莺、三潭印月等。2007年西湖入选首批国家5A级旅游景区，2011年被列为世界文化景观遗产。随着游船的慢慢行驶，请大家看我们右前方的这座岛屿，这就是杭州"西湖十景"的精华之处——三潭印月。按照中国古代传说中"蓬莱三岛"的说法，我们也可以把这座岛称为小瀛洲，它与湖心亭、阮公墩合称为"湖中三岛"。从空中俯瞰，大家瞧，"堤横一线，岛隐三点"，因为分割了湖面，借着天光、云影，造就了"大珠小珠落玉盘"的意境。清代康熙皇帝题写西湖十景时，把原来南宋西湖十景之一"三潭映月"中日字旁的"映"，改成了现在"心心相印"的"印"，虽然只改了一字，却立意深远，清新脱俗，给人"此景只应天上有"的感受，为三潭印月定下了清新雅致的格调。

那么，为什么说三潭印月是西湖十景的精华呢？我想啊，主要有三个原因，也是三潭印月的三大看点。

首先是小瀛洲岛的营造之妙。小瀛洲是西湖三岛中面积最大的一个人工岛，从吴越时期的水心保宁寺，历经明清两代，苦心营建而成。现在我们已经漫步于岛上，大家看，小瀛洲它东西连柳堤，南北建曲桥，呈田字形布局，岛上的水域面积占了三分之二，是西湖十景中唯一一处"湖中有岛，岛中有湖"的独特景观，更是我国江南水上园林的经典之作。

其次就在于这座岛南面亭亭玉立的三个石塔，也就是"三潭"。我敢说啊，各位游客都曾无数次见到它。在哪里呢？对了，就在第五套人民币一元纸币的背面，大家可以看一看，是不是有三座石塔？如果说西湖是杭州的象征，那么三潭印月可以说是西湖的标志，而三座石塔就是三潭印月的代表。更重要的是，这里还是赏月的绝佳之处，也是自古以来杭州三大赏月胜地之一。

再次，说到三潭印月是西湖十景的精华，还在于月光下意境满满的西湖，这是它的第三大看点。每逢月夜，特别是到了中秋佳节，皓月当空，人们在塔内点上蜡烛，洞口蒙上薄纸，随着水波荡漾，仿佛有无数个月亮在水中晃动，所谓"片月生沧海，三潭处处明。夜船歌舞处，人在镜中行"，这时"塔影、月影、云影"融成一片，"湖光、月光、烛光"交相辉映，呈现出"天上月一轮，湖中影成三"的绮丽景色，有说不尽的诗情画意。当夜阑人静，月出天幕，小舟停泊在三潭印月，而您用心静静地欣赏西湖、品味西湖的时候，您才能真正感受到西湖的内在美和意境美。这也就告诉我们，欣赏三潭印月，最好是在宁静的月夜，才能领略到其中的意蕴！

我们的旅程到这就基本上结束了，我也要跟大家说再见了。预祝大家在以后的日子里工作好、家庭好、身体好、心情好、今天好、明天好，不好也好，好上加好，来点掌声好不好？谢谢大家！

[思考讨论]
针对以上案例，如何优化模拟地接导游服务过程？
[角色练习]
[练习名称]
模拟地接导游服务全过程

[练习要求]

根据所学的地接导游服务相关知识和注意事项，模拟地接导游服务全过程。

[角色设置]

(1) 小组成员分别饰演地接和游客。

(2) 对学生进行分组，各组独立完成地接导游服务过程中各环节的脚本设计并模拟地接导游服务全过程。

[练习材料]

接待计划书、导游旗、PPT背景设计。

[练习步骤]

1) 分小组模拟地接导游服务

2) 学生总结

(1) 写实训体会和感受。

(2) 用PPT再现活动过程或场景。

3) 教师和企业专家点评总结

4) 完善和再创地接导游服务讲解词

5) 评价总结(详见表7-5)

(1) 仪容仪表规范，礼貌用语规范。(10分)

(2) 语言表达准确、流畅、生动、有说服力，身体语言运用自如。(20分)

(3) 地接导游服务与讲解符合地接导游规范程序，内容正确、全面、条理性好，详略得当、重点突出，运用一定的讲解技巧，讲解词有一定的创新。(50分)

(4) 应变能力。对临场提问的反应能力。(20分)

表7-5　导游讲解词评价表

组名：　　　　　　　　组员名字：　　　　　　　　得分：

评价项目	评价细则	小组自评 (15%)	小组互评 (15%)	教师评价 (30%)	企业评价 (40%)	意见和建议
仪表礼仪 (10分)	仪容					
	礼貌用语					
	举止(站、坐、行、手势、面部表情等)					
语言表达 (20分)	准确、流畅、语速合理					
	生动、有感染力					
	有较强的说服力					
	身体语言运用自如					

续表

评价项目	评价细则	小组自评(15%)	小组互评(15%)	教师评价(30%)	企业评价(40%)	意见和建议
地接导游服务与讲解(50分)	符合地接导游规范程序					
	内容正确、全面、条理性好					
	详略得当、重点突出					
	运用一定的讲解技巧					
	讲解词有一定的创新					
应变能力(20分)	对临场提问的反应能力					
合计分数						

项目8　特殊团队导游专享服务

项目 结构

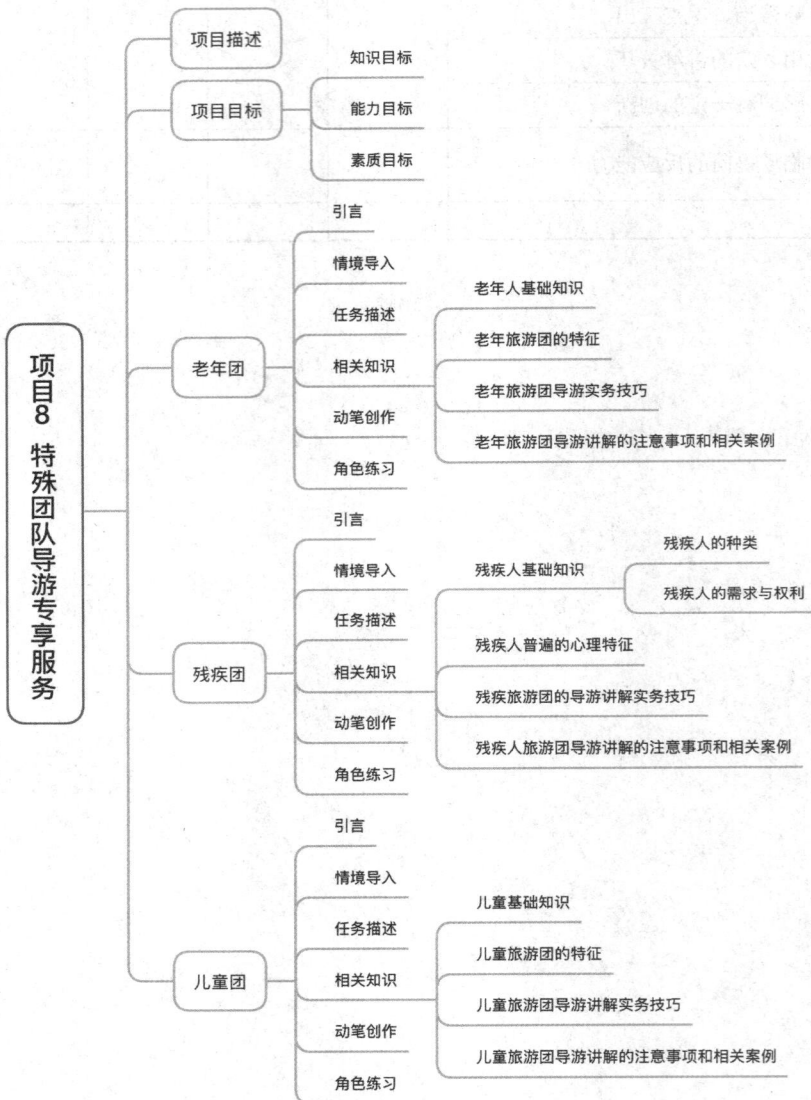

项目 描述

　　本项目专为服务于老年团、残疾团及儿童团等特殊团队的导游设计，旨在通过系统的学习和实践，提升导游在应对这些特殊团队时的专业能力、沟通技巧及应急处理能力，确保每位游客都能获得安全、舒适且难忘的旅游体验。老年团是指由老年人组成的旅游团体，旨在满足老年人旅游、休闲、社交等多方面的需求。这些团体通常由旅行社或相关组织策划，提供适合老年人的旅游线路和服务。残疾团是特殊群体旅游团中需要格外关注的一个类型，目前正提倡创建和谐社会，关注残疾人已成为当务之急。残疾团的目的是让残疾人能够享受旅游的乐趣，同时促进社会对残疾人的包容和理解。儿童团是专为儿童设计的旅游服务形式，旨在通过旅行活动丰富儿童的生活体验，增长其见识，同时培养他们的社交能力和团队合作意识。

项目 目标

知识目标： 1. 使学生了解并熟悉特殊旅游团的导游服务流程，知道如何针对老年旅游团的特点和要求调整流程。

2. 学生应深入了解残疾人的特殊需求和旅游中的无障碍设施，包括不同类型的残疾(如肢体残疾、视力残疾、听力残疾等)及其对应的辅助设备和服务。

3. 帮助学生全面了解不同年龄段儿童(如 6~9 岁、10~12 岁)的兴趣爱好、知识储备和接受能力，以便在导游服务中提供更为贴心和专业的服务。

4. 让学生了解并掌握特殊旅游团游客的生理、心理特点和健康需求，以便在导游服务中提供更为贴心和专业的服务。

能力目标： 1. 提高学生的导游讲解能力，特别是针对老年游客的讲解方法，如声音响亮、语速适中、内容重点突出等。

2. 提升学生为残疾人提供个性化服务的能力，如协助残疾人使用无障碍设施、提供必要的辅助设备等；培养学生的耐心和细心，确保在旅游过程中给予残疾人充分的关注和照顾。

3. 让学生能有效地运用提问、抢答、小组讨论等互动方式，引导儿童积极参与讲解过程，提高他们的参与感和体验感。

素质目标： 1. 强化学生的服务意识，特别是"客人至上"的服务理念，确保在导游服务中能够为老年游客提供优质的服务。

2. 培养学生对残疾人的尊重和关爱之情，认识到残疾人同样是社会的重要成员，享有平等的旅游权利，在服务过程中，始终保持积极的态度和热情，让残疾人感受到温暖和关怀。

3. 增强学生的社会责任感，认识到自己作为旅游服务提供者的角色和使命，积极为残疾人旅游事业的发展贡献力量。

4. 使学生具备良好的职业道德，尊重儿童的权益和需求，以儿童为中心开展服务工作，做到诚实守信、礼貌待人、热情服务。

任务 8.1　老年团

引言

在世界上很多国家进入人口老龄化高峰的今天，出外旅游的老年人越来越多，其中不乏七十岁以上的高龄游客。导游员在接待老年旅游团或者旅游团中的老年游客的时候，既要发扬中华民族尊敬老人的优良传统和美德，在饮食起居上体贴入微地关怀他们，又要根据老年人的生理特点，在日程安排、导游讲解、回答问题等方面耐心细致地照顾他们。

老年团导游讲解是指在旅行社组织的针对老年旅游团的服务中，导游员根据老年游客的生理、心理及旅游需求，以友好、尊重、耐心的态度，为老年游客提供全程的旅游服务，并在此过程中进行景点介绍、文化解释、安全提示等讲解工作，从而为老年游客提供一次愉快、充实且安全的旅游体验。

在线课堂

交互式课件

情境导入

董大妈是一名65岁的退休老人，自从她和老刘退休之后，他们一直计划去一些地方游玩。一天，他们在市场上看到了一张宣传单，上面写着"399元七日游港澳"，这对他们来说是个极大的诱惑。他们从来没有去过香港和澳门，于是决定参加这个低价旅游团。

第一天早上，他们按照约定的时间到达集合地点。但发现旅游车早已等在那里，只给他们预留了最后两个座位，而且位置也不好。旅游车匆匆启程，前往深圳，车上的导游并没有过多讲解，只是告诉大家目的地和行程安排。

接下来几天的行程安排十分紧凑，大部分时间都在购物店停留，每次都会花费很长时间。董大妈和老刘感到不满，但又不好意思抱怨。有一天，在一个商店里，董大妈向导游询问是否有时间去看景点，但遭到拒绝，导游的态度让她十分生气。

在澳门的第二天早晨，老刘突然晕倒了。董大妈马上通知导游，导游立刻拨打了急救电话。由于病情严重，当地医院安排直升机将其送往内地一家大医院，但不幸的是，老刘在送往医院的路上去世。

董大妈非常痛苦，决定将旅行社告上法庭。她在法庭上讲述了这次旅行中的遭遇，控诉旅行社的不负责任。法官根据她的证词以及证据材料，判决旅行社赔偿一定金额的损失，但并未完全支持董大妈的要求。董大妈感到无比失落，只能接受现实。

在这个案例中，导游哪些地方做得不妥当？在接待老年游客的时候，需要了解老年团的哪些特征？此外，需要注意哪些方面的问题呢？

任务描述

本任务要求学生熟练掌握老年团的特征及服务老年游客时的注意事项。主要通过讲授法、比较法、角色扮演法等方法，让学生掌握老年团导游服务相关知识和技巧。

相关知识

1. 老年人基础知识

老年人通常指的是年龄较大的成年人，不同的国际组织和国家有不同的年龄界定标准。根据《中华人民共和国老年人权益保障法》，我国把60周岁以上的公民统称为老年人。此外，世界卫生组织(WHO)及不同国家和地区对老年人的划分标准略有不同，但普遍将60岁或65岁视为老年人的起始年龄。具体来说：我国习惯上将60~69岁的人称为低龄老人，70~79岁的称为中龄老人，80岁以上的称为高龄老人，100岁以上的称为百岁老人。世界卫生组织将60~74岁的人称为年轻的老年人，75~89岁的称为老年人，90岁以上的称为长寿老年人。下面从四个方面介绍老年人的特征。

(1) 生理方面。随着年龄的增长，老年人的身体会发生一系列变化。

身体机能下降：肌肉力量减弱，关节灵活性降低，活动能力受限。比如行走速度变慢，爬楼梯变得困难。感官功能衰退：视力逐渐下降，可能出现老花眼、白内障等问题；听力也会减弱，对高频声音的敏感度降低；味觉和嗅觉的敏感度降低，食欲可能受到影响。心血管系统变化：心脏泵血功能下降，血管弹性降低，容易引发高血压、冠心病等心血管疾病。呼吸系统减弱：肺功能下降，呼吸肌力量减弱，导致呼吸频率增大，活动后容易气喘。

(2) 心理方面。记忆力减退：短期记忆能力可能不如从前，容易忘记近期发生的事情，但长期记忆相对保持较好。情绪变化：可能会因为身体机能下降、社交圈子缩小、亲友离世等原因，产生孤独、抑郁、焦虑等负面情绪。认知能力改变：思维速度变慢，学习新知识和适应新环境的能力下降，但经验和智慧使他们在某些领域仍具有判断力和洞察力。

(3) 社会方面。退休与社会角色转变：退休后，老年人离开了原来的工作岗位，社会角色和生活方式发生重大转变，可能会产生失落感。社交圈子变化：朋友、同事因各种原因联系减少，社交活动范围缩小。经济状况：收入可能主要来源于退休金、养老金或依靠子女的赡养。

(4) 保健方面。定期体检：有助于早期发现疾病，及时治疗。合理饮食：多吃蔬果、粗粮，减少高脂肪、高糖、高盐食物的摄入。适当运动：如散步、太极拳、广场舞等，有助于保持身体的灵活性和心肺功能。睡眠管理：保持规律的作息时间，保证充足的睡眠。

2. 老年旅游团的特征

(1) 出游目的以游览观光为主。老年旅游团多以游览观光、健身疗养和探亲访友为主，具有传统旅游的特征。老年游客一般喜欢到风景优美的地方去观光游览，同时对当地的风土人情比较感兴趣。他们往往偏爱历史文物类景观以及有特色的小景点，而不太喜欢商业气息浓厚或过于嘈杂的场所。老年人更加注重养生之道，喜欢选择风光秀丽、基本没有艰难险道的旅游景点，如温泉景区、湿地公园、森林公园等。例如，一些老年游客会选择前往历史悠久的古城，如丽江、平遥，去感受那里古老的建筑和传统文化；也有的会选择去黄山、张家界等地，欣赏壮丽的自然风光。

(2) 以"经济"旅游为主。老年旅游团的价格通常相对较低，这是吸引老年人报名的主要因素之一。从经济层面来看，老年人大多经历过较为艰苦的年代，养成了勤俭节约的习惯，在旅游消费上倾向于选择性价比高的产品和服务。他们会精心比较不同旅游产品的价格，注重费用的合理性，力求在有限的预算内获得较好的旅游体验。例如，一些老年游客会选择在旅游淡季出行，因为此时机票、酒店价格相对较低；他们也可能参加一些购物优惠力度较大的旅游团，但同时需要警惕可能存在的强制购物等不良现象。

(3) 对安全要求高。从身体状况来说，老年人身体机能逐渐下降，可能患有慢性疾病或行动不便。因此，他们对旅游过程中的交通安全、住宿环境的安全性、景区设施的稳固性等方面都有较高的期望。比如，在乘坐交通工具时，他们希望车辆平稳、舒适，驾驶员技术娴熟；在住宿方面，房间内不能有过多的台阶和锐角，以防摔倒受伤。心理层面上，老年人相对更缺乏应对突发状况的能力和信心，所以对旅游行程的安排是否合理、导游是否能提供及时有效的帮助、目的地的治安状况是否良好等因素十分关注。例如，如果旅游行程过于紧凑，他们会感到焦虑和不安；而一个经验丰富、能够随时提供支持的导游则会让他们感到安心。

(4) 对讲解要求高。老年游客在旅游过程中更注重体验和感受。他们希望听到的讲解能够与他们的实际生活经历和兴趣相结合，为他们带来更加丰富的旅游体验。因此，他们希望讲解员能够充分了解他们的需求和兴趣，以提供个性化的讲解服务。老年游客通常更加细心和关注细节。他们希望听到的讲解能够涵盖景点的每一个角落和细节，包括建筑的特点、雕塑的寓意、植物的种类等。他们希望通过这些细节，更深入地了解景点的内涵和价值。例如，在参观故宫时，老年游客可能希望讲解员不仅能介绍建筑的风格和特点，还能讲述明清时期宫廷里的人物故事、政治制度以及文化传统。如果讲解员能够以生动的语言将这些内容娓娓道来，并适当放慢语速，重复重点内容，老年游客会更容易理解和接受，从而获得更满意的旅游体验。

3. 老年旅游团导游实务技巧

第一，在旅游当中应该适当放慢行进速度，老年游客腿脚不够灵活，反应比较慢，因此导游员在带领他们游览的时候要放慢行进速度，照顾走得慢而落在后面的高龄游客，行进中尽量选择在台阶少且比较平缓的道路上走，上下坡的时候给予适当搀扶，以防摔倒受伤，在游览中可以适当休息，以帮助恢复体力。须在安全上挂心。了解老年人心理和生理上的特点，具备老年保健知识和初步的医护知识。

第二，在讲解的时候适当放慢语速，老年人听力一般都较差，反应一般都比较慢，因此导游员在讲解的时候要吐字清楚，加大音量，适当放慢语速，必要时可多次重复。

第三，耐心解答老年人提出的问题。我们都知道老年人阅历比较广，对人对事都有他们自己的看法，不过，他们对新鲜的事物和旅游目的地的风俗民情也很感兴趣，常常询问导游员，加上其记性不好，听力又比较差，有时一个问题可能会询问很多次，对此，导游员要有耐心，需要不厌其烦地给予解答。

第四，预防老年人走失。在游览过程中老年人走失的情况是经常发生的，原因有以下几点。一是老年人行动迟缓，掉队后盲目寻找，结果走失。二是老年人掉队以后，为了不给人添麻烦或怕耽误别人的行程，就想着循着原路到旅游车上休息，却忘记了导游员进入景点的时候告知的内容。导游员要反复讲清停车地点，提前叮嘱他们，一旦掉队或找不到团队，一定不要着急，要留在原地等，不要乱走，导游员会循原路来寻找。

第五，多做提醒工作。由于老年游客记忆力差，视力欠佳，导游员须多做提醒工作，比如出发时间、集合地点、活动日程、游览路线、有关注意事项等，要反复地讲，当进入人多的旅游景点时要多次提醒他们，提高警惕，保管好自己的随身物品，晚间睡觉前要关好窗户，锁好门。

第六，适当增加休息时间，关心其身体健康。在上午、下午参观游览的时候，尽量安排在中间休息一次，如果在晚餐后与晚上看节目之前有充足的时间，应该安排老年人回酒店休息一会儿，另外，晚间活动不要排到太晚，这样有利于老年游客减轻疲劳，恢复体力，以便第二天旅游活动顺利进行。导游员应该根据老年旅客的生理特点和身体情况，在旅游日程的计划上遵循劳逸结合、灵活安排的原则，使其旅游活动项目的安排不要太过紧密，活动节奏不要太快，活动量不要过大，在不减少项目的前提下，尽量选择便捷的游览路线和代表景点。导游员每天出发前都应该向老年人报告天气情况，天气变化的时候，要提醒其增减衣服或者带上雨具。在游览中应适当增加上厕所的次数并提醒其准备好零钱，在晚上活动的时候提醒司机将旅游车停放在有灯光、没台阶或者其他障碍物的地方，以防他们上下车的时候摔伤。对于外国的老年游客，由于他们对人民币票面的情况不是很熟悉，因此要提醒他们，不要同他人兑换人民币，以防受骗。

操作示例

北京故宫导游词 »

亲爱的叔叔阿姨们，大家好！欢迎各位参加这次的旅行团，我是你们的导游小李。看到大家脸上洋溢的笑容，我知道你们已经迫不及待地想要开始这次旅程了。在这里，我代表整个旅行团对大家的到来表示最热烈的欢迎！

我知道，你们都是经历过风风雨雨、看过世间百态的智者。所以，在接下来的几天里，我希望能够与大家一起，用我们的脚步去感受这片土地的历史与文化，用我们的心灵去体验这里的风土人情。

今天咱们来到的是故宫——一个有着深厚历史底蕴的地方。故宫也叫紫禁城，建于明朝，到现在已经有六百多年的历史了。这可是明清两代皇帝居住和处理朝政的地方，面积达到了 72 万平方米，房屋有 8700 多间。

咱们从午门进来，这午门在古代可是皇帝颁发诏书、处罚大臣的地方。叔叔阿姨们，你们看这高大的城墙、坚固的城门，就知道当年这皇宫的威严了。

沿着中轴线往前走，咱们就到了太和殿。这太和殿是故宫里最大、最豪华的宫殿，是皇帝举行重大典礼的地方。想象一下，当年皇帝就在这里接受群臣朝拜，那场面得多壮观！

再往前走就是中和殿和保和殿，这两个殿也都有各自的用途。

咱们现在来到了乾清宫，这里是皇帝处理日常政务和居住的地方。旁边的坤宁宫呢，就是皇后住的地方。

故宫里的这些宫殿啊，每一处都有独特的故事和意义。叔叔阿姨们，你们可以慢慢欣赏，感受这古老建筑的魅力。

咱们走了这么久，大家累不累？要是累了，咱们就找个地方休息一会儿。我还要提醒大家，这故宫里的路不太好走，大家小心脚下，别摔倒了。

在参观的过程中，如果大家有什么问题，可以随时问我，我一定给大家解答。希望大家今天在故宫能有一个美好的回忆！

亲爱的叔叔阿姨们，我们的旅程即将结束。在这几天的时间里，我们一起领略了这座城市的历史文化、自然风光和传统市场。我相信，这段旅程一定给大家留下了深刻的印象和美好的回忆。在此，我再次感谢大家的支持和信任。希望我们下次还能再相聚，共同探索更多的美丽风景。祝愿大家身体健康、万事如意！再见！

【案例评价】

上面的导游词充分考虑到了老年游客的特点和需求。导游以亲切的语气开场，使得老年游客感到宾至如归，有利于与游客建立良好的关系。对故宫的基本信息(如名称、建造年代、面积、房屋数量等)做了介绍，还讲解了午门、太和殿、中和殿、保和殿、乾清宫、坤宁宫等重要景点的用途和意义，使老年游客能对故宫有较全面的了解。导游在行程中特别提到了安全注意事项，并承诺会提供必要的帮助和服务，这显示了导游对老年游客的关心和责任心。在结束语部分，导游以真诚的语气表达了感谢和祝福，使老年游客感到温暖和不舍，为整个旅程画上了圆满的句号。

4. 老年旅游团导游讲解的注意事项和相关案例

在指导老年旅游团时，导游应该如何考虑和处理各种情况，以确保旅行的顺利进行和游客的安全与满意度呢？以下是老年旅游团导游讲解的注意事项和相关案例。

案例一：确保行程安排合理

某老年旅游团原计划参观五个景点，但由于行程安排过于紧凑，许多老年游客在游览过程中感到疲惫不堪，甚至有游客出现身体不适的情况。

案例二：注重讲解方式和内容

某导游在带老年团游览景点时，讲解语速过快，内容过于复杂，导致许多老年游客无法理解讲解内容，甚至对游览失去兴趣。

案例三：关注老年游客的特殊需求

某老年旅游团中有几位游客患有高血压、心脏病等疾病，但在游览过程中，导游并未给予特别关注和照顾，导致这些游客出现身体不适的情况。

案例四：保持耐心和热情

某导游在带老年团游览过程中，因老年游客行动缓慢、反应迟钝等原因，表现出不耐烦的情绪，甚至对游客发脾气。

通过以上案例和注意事项的总结，我们可以看到，在带老年旅游团时，导游需要更加关注老年游客的身体状况、特殊需求和心理感受，确保他们在游览过程中得到充分的照顾和关心。此外，导游还需要保持耐心和热情，用通俗易懂的语言和方式介绍景点，让老年游客在轻松愉快的氛围中度过美好的旅行时光。

【动笔创作】

假设你将接待当年上海的知青游客回到湖州旅游，见证湖州50年的变化。针对这个老年团撰写导游词，并分组进行讲解练习。

【角色练习】

[练习名称]

致有针对性的老年团导游词

[练习要求]

从接待计划书和游客名单中获取信息加以分析并致个性化老年团导游词。

[角色设置]

(1) 教师作为计调人员或业务员，分派团队接待任务。

(2) 对学生进行分组，各组独立完成游客分析并撰写个性化老年团导游词。

[练习材料]

接待计划书、游客名单表。

[练习步骤]

1) 掌握有关信息

认真阅读接待计划书的有关资料，详细了解该旅游团的重要信息，并做记录。

(1) 客源地：国家、省、市。

(2) 组团人员的情况：人数、性别、职业、宗教信仰、年龄构成等。

(3) 旅游线路。

(4) 一次电话询问机会，教师扮演全陪进行回答。

2) 创作老年团导游词并讲解

(1) 各组领任务后，组内成员创作一份针对自己旅游团的导游词。

(2) 各组推选一名组员致导游词，另选一名组员结合任务阐释创作思路。

(3) 其他组听后提问并点评优缺点。

3) 换位演示

各组交换游客对象，但导游词内容不变，体会导游词个性化的重要性。

4) 评价总结(详见表8-1)

(1) 仪容仪表规范，礼貌用语规范。(10分)

(2) 语言表达准确、流畅、生动、有说服力，身体语言运用自如。(20分)

(3) 导游词讲解符合规范，内容正确、全面、条理性好，详略得当，重点突出，运用一定的技巧。(50分)

(4) 应变能力。对临场提问的反应能力。(20分)

表8-1　导游词讲解评价表

组名：　　　　　　　组员名字：　　　　　　　得分：

评价项目	评价细则	小组自评(15%)	小组互评(15%)	教师评价(30%)	企业评价(40%)	意见和建议
仪表礼仪(10分)	仪容					
	礼貌用语					
	举止(站、坐、行、手势、面部表情等)					
语言表达(20分)	准确、流畅、语速合理					
	生动、有感染力					
	有较强的说服力					
	身体语言运用自如					
导游词讲解(50分)	符合规范程序					
	内容正确、全面、条理性好					
	详略得当、重点突出					
	运用一定的讲解技巧					
应变能力(20分)	对临场提问的反应能力					
合计分数						

任务 8.2　残疾团

引言

随着社会的进步，人们对残疾人的认知逐渐改变，不再将残疾人视为需要被怜悯和照顾的对象，而是认可他们拥有享受生活、追求快乐和探索世界的权利。这种观念的转变促使社会为残疾人提供更多参与旅游活动的机会，同时残疾人的收入水平提高，消费能力增强，他们对旅游等精神文化方面的需求也日益增长。

残疾团导游讲解是指导游针对由残疾人士组成的旅游团队，根据残疾游客的不同类型和特殊需求，采用特定的方式、方法和语言，对旅游景点、行程安排、文化背景等内容进行清晰、准确、富有感染力且易于理解的介绍和说明的活动，确保残疾游客能够充分理解导游讲解、享受旅游过程，并感受到尊重和关怀。

在线课堂

交互式课件

情境导入

有一位残疾人在家人的陪同下来到旅行社门市，要求参加旅行社组织的出境旅游活动。在办理相关手续时，门市业务员得知，由于残疾人的家人工作忙，没有办法陪同残疾人参团，因此该残疾人准备单独参加旅行活动。业务员了解该情况后，考虑到残疾人行动不便，领队可能照顾不过来，就委婉谢绝了该残疾人参团的愿望。该残疾人坚持要单独参团，交涉未果后，就以旅行社歧视残疾人为由，向旅行主管部门投诉，要求旅行社无条件接受其报名参团。

在这个案例中，残疾人游客的要求合理吗？旅行社是否可以拒绝残疾人独立参团？旅行社应该如何处理这种情况，以避免歧视的指控？

[案例分析]

根据《中华人民共和国残疾人保障法》的规定，残疾人在享受社会服务方面享有平等权利。然而，这并不意味着所有的社会服务都必须无条件地接纳残疾人。旅行社作为服务提供者，有权根据自己的服务能力和条件来决定是否接纳残疾人参团。在这个案例中，业务员考虑到残疾人行动不便，领队可能照顾不过来，选择拒绝残疾人参团，这是出于对残疾人安全和旅行体验的考虑，而非出于对残疾人的歧视。然而，旅行社在处理这种情况时，应该更加细致和周到，既要尊重残疾人的权利，也要保证他们的安全和旅行体验。只有这样，才能真正平等对待残疾人，避免歧视的指控。双方应当协商一致，依法享有自愿订立旅游合同的权利，任何一方不得非法干预。综上所述，虽然残疾人有权参加旅游活动，但旅行社在面对残疾人独立参团的要求时，有权根据实际情况和服务能力做出决定，尤其是在无法确保充分照顾和服务的情况下。

[政府扶持政策]

2018年3月15日，天津市为持证的残疾人及其佚名家属免费发放旅游年卡，引导和鼓励残疾人朋友走出家门，开阔眼界。在此之前，虽然说持证残疾人在旅游的时候，一些景区是免门票的，但是还有一些需要缴纳费用，特别是对于陪护的家属，没有优惠政策。这次发放的旅游年卡覆盖全国500多个景区，持卡游览景区时全免门票，免费总价值高达三万余元，年卡包含名胜古迹、自然风光、休闲娱乐、博物馆、主题公园等多种类型的景区。截至3月15日，天津市戏曲博物馆、小站练兵园等五个优秀的景区，已经成为签约单位。如今北京的49个景点和河北省的44个景点都已经向持卡的游客敞开大门，领卡残疾人的佚名家属也能领到一张陪护卡，享受同样的优惠政策。

那么，在接待残疾人游客的时候，需要了解残疾人普遍的心理特征并掌握具体的带团技巧。

任务描述

本任务要求学生熟练掌握残疾人普遍的心理特征及接待特殊旅游团的技巧。主要通过讲授法、比较法、角色扮演法等方法，让学生掌握残疾团导游服务相关知识和技巧。

相关知识

1. 残疾人基础知识

根据《中华人民共和国残疾人保障法》及联合国、世界卫生组织等相关机构的定义，残疾人是指在心理、生理、人体结构上，某种组织、功能丧失或者不正常，全部或者部分丧失以正常方式从事某种活动能力的人。这一定义涵盖视力残疾、听力残疾、言语残疾、肢体残疾、智力残疾、精神残疾、多重残疾等多种类型。

1) 残疾人的种类

残疾主要分为以下几类。

视力残疾：包括盲和低视力两类。

听力残疾：根据听力损失程度分为不同等级。

言语残疾：影响语言理解和表达能力的残疾。

肢体残疾：影响身体部分或全部活动能力的残疾。

智力残疾：在智力发育期间(18岁之前)，由于各种有害因素，智力明显低于一般人的水平，并伴有适应行为的障碍。

精神残疾：持续存在精神类疾病，导致社交、职业和生活能力明显受损。

多重残疾：指同时存在两种或两种以上残疾的情况。

2) 残疾人的需求与权利

国家保障残疾人享有平等参与社会生活的权利，禁止任何形式的歧视。残疾人享有平等权利，包括教育、就业、文化娱乐、社会福利等方面的权益。国家制定了一系列法律法规，如《中华人民共和国残疾人保障法》，以保障残疾人的合法权益，并提供相应的社会福利和救助。残疾人的需求及权利主要包括以下几个方面。

康复权：良好生活质量的前提条件，涵盖医疗、教育、职业等多方面的康复。

教育权：实现就业和社会参与的重要保障，包括特殊教育学校的设置、普通学校的无障碍环境建设等。

劳动权："自我生命意义"和"奉献社会"的体现，政府和社会应努力为残疾人提供就业机会。

文化生活权：平等参与文化、体育、娱乐活动的权利。

社会福利权：包括社会保险、社会救助、社会供养和公共服务等方面的权利。

环境友好权：社会生活无障碍，包括物理环境、信息交流、公共服务、政治参与等方面的无障碍。

2. 残疾人普遍的心理特征

(1) 孤独感。孤独感是残疾人普遍存在的一种情感体验。由于身体上的不便或社会交往的受限，残疾人能够活动的场所往往较少，交流的对象也有限。这种长期的社交隔离会导致他们产生强烈的孤独感，并且随着年龄的增长，这种孤独感可能会日益增强。例如，某些残疾可能导致行动不便，使得残疾人难以完全参与到某些团队活动中，如徒步、水上运动等。这种身体上的限制可能会让他们感觉与团队其他成员之间产生了无形的距离，从而引发孤独感。

(2) 自卑感。自卑感是残疾人普遍的心理特征之一。与普通人相比，残疾人在学习、生活和就业方面可能会遇到更多的困难，这些困难加上可能来自社会、家庭甚至亲友的歧视和忽视，会使他们产生强烈的自卑心理。特别是当他们的自尊心受到伤害时，这种自卑感可能会更加严重。例如，面对旅途中的各种挑战，如陡峭的山路、拥挤的人群或复杂的交通工具等，残疾人旅游团的成员可能会对自己的能力产生怀疑。他们可能担心自己无法胜任某些任务，或者担心自己的存在会给团队带来麻烦。这种自我怀疑会进一步加剧自卑感。

(3) 过于敏感。残疾人往往对自己的身体状况和外界的评价格外敏感。他们容易注意到别人对自己的态度和评论，尤其是那些带有贬义或不恰当的称呼，这会引起他们的强烈反感。同时，他们的自尊心很强，一旦自尊心受到损害，他们可能会立即表现出愤怒或采取自卫手段。例如，残疾人可能会对他人无意的言语或行为产生过度的反应，认为这些是对自己残疾的嘲讽、忽视或轻视。一句简单的询问(比如"你需要帮助吗？")可能被误解为对自己能力的质疑。

(4) 富有同情心。尽管残疾人自身面临着诸多困难，但他们对自己的同类却具有特别深厚的同情心。他们能够理解彼此的困境和痛苦，更愿意相互倾诉和支持。这种同情心不仅体现在对同类残疾人的关心上，也体现在他们对社会弱势群体的关注和帮助上。例如，在旅途中，他们可能会注意到其他游客或当地居民面临的困难，如行动不便的老人、需要帮助的孩子或遇到意外情况的游客。在这种情况下，他们不仅会主动提供帮助，还会尽力确保自己的帮助是恰当且尊重对方的。

3. 残疾旅游团的导游讲解实务技巧

第一种是对瘫痪游客的服务。接待瘫痪游客时，导游员应该做好如下工作：①根据接待计划确认这类游客是否需要轮椅，如需要，应该提前通知酒店和有关单位做好准备；②与计调部或有关部门联系，安排便于存放轮椅和其他物品的地方；③提前到机场办理有关手续，以便导游员直接进入隔离区接待瘫痪游客；④在活动安排上，要充分考虑游客的身体状况和特殊需求，比如，规划游览路线时尽量避免台阶，用餐地点、优先选择一楼餐厅，并提前告知卫生间位置等。

第二种是对听障人士的服务。接待听障人士的导游员应该将其安排在旅行车的前排就座，以便他们在导游员讲解的时候可以通过辨别口型来获取信息，导游员在讲解的时候应该面向他们，并放慢讲解的速度，使他们能够更多地了解讲解的内容。导游员如果能够用手语讲解，那效果就更好了。

第三种是对有视力障碍游客的服务。接待有视力障碍的游客时，导游员应该将其安排在前排就座，以便他们上下车以及准确获取导游员讲解的内容，那么，导游员在讲解的时候，应该主动站在游客的身边。游览过程中，凡能触摸的物品应该尽量让其触摸，以提高他们的游兴。

总之，游客的情况各不相同，特别要求也多种多样，上面概述了游客在旅行生活中常见的特别需求，导游员在处理的时候要从满足游客的需要出发，努力维护顾客的合法权益，同时要注意维护旅行社和旅游目的地国家或地区的利益，要根据具体情况和可行条件综合考虑不同需求的处置措施和办法。对于旅游团中的特殊游客和由特殊游客组成的旅游团，导游员要设身处地地为他们着想，尽量满足其一切合理要求。

操作示例

残疾团导游词 》

尊敬的朋友们，大家好！我是今天陪伴大家游览美丽景点的导游小张。首先，我要感谢大家的信任，选择与我们一起探索这片充满魅力的土地。我们的旅程将会是一次难忘的经历，我承诺将尽我所能，确保每一位朋友都能享受到旅行的乐趣和便利。

在我们的旅行中，我会提前为大家规划好无障碍路线，确保大家能够方便地到达每一处景点。我们将会有专门的交通工具，以及经过特殊设计的设施，比如坡道、电梯和宽敞的卫生间，以便满足不同朋友的需求。

在参观每一个景点时，我都会详细地为大家讲解历史背景和文化故事，同时会留出足够的时间供大家欣赏和拍照。如果有任何需要帮助的地方，无论是寻找最佳拍摄角度，还是了解更多的信息，都可以随时告诉我或者我们团队的其他工作人员。

此外，我也想提醒大家，虽然我们已经做了周全的准备，但旅途中的不确定因素总是存在的。如果您在旅途中感到不适或有任何特殊需求，请立即告知我们，我们会在第一时间为您提供帮助。

最后，我想说的是，每一位旅行者都是我们最尊贵的客人，无论您的身体状况如何，您都有权利享受美好的旅行体验。让我们一起放松心情，享受这次旅行带给我们的快乐和惊喜吧！

再次感谢大家，让我们开始这段美妙的旅程吧！如果您有任何问题或需要帮助，欢迎随时向我提出。祝大家旅行愉快！

【案例评价】

上述导游词体现了专业性和人文关怀，导游小张明确表达了对残疾朋友的尊重和关心，强调了团队将为他们提供特别的服务和便利设施，这能帮助残疾游客树立信心和安全感。导游词提及了无障碍路线的规划和特殊交通安排，表明组织者在出行前已经做了充分的准备工作，以确保旅行的顺利进行。导游小张提醒了旅途中可能出现的不确定因素，并鼓励游客在遇到困难时及时寻求帮助，这种开放的态度有助于应对突发情况。导游强调会详细讲解景点背后的历史文化，让游客不仅能享受美景，还能增长知识和文化素养。合理安排时间，既保证了游客有足够的自由时间，也确保了行程的连贯性和效率。通过正面的语言和鼓励的话语，营造一种愉快和积极的旅行氛围。总体来说，这份导游词巧妙地将服务细节和情感沟通融为一体，既展现了专业性，又不失温暖和人文关怀。

4. 残疾人旅游团导游讲解的注意事项和相关案例

对于残疾人旅游团的导游讲解，需要注意诸多细节，以确保每位成员都能获得良好的旅游体验。以下是一些相关的注意事项及案例。

案例一：尊重与理解

在颐和园，导游小张为坐轮椅的游客服务时，始终保持尊重和理解的态度。她发现游客能够独立完成上坡时，便礼貌地询问是否需要帮助，而不是直接上前帮助。这种尊重游客自立性的行为赢得了游客的赞赏。

案例二：无障碍服务

在接待听障人士时，导游会特意安排他们在车上前排就座，并放慢讲解速度，以便他们通过口型了解内容。对于有视力障碍的游客，导游会尽量让他们触摸各种物品，并站在他们身边进行细致、生动的讲解。

案例三：关注安全与舒适

在游览过程中，导游会特别关注残疾游客的安全和舒适。例如，在上下台阶或坡道时，导游会提前提醒游客注意安全，并协助他们稳定轮椅或拐杖。在参观景点时，导游也会选择较为平坦且无障碍的区域进行停留和讲解。

案例四：个性化讲解

在颐和园，导游小张半蹲着为坐轮椅的游客讲解，以与游客保持平视，使游客能够更清晰地听到讲解内容并感受到尊重。

案例五：隐私保护

导游在接待残疾人旅游团时，应特别注意保护游客的隐私。例如，在询问游客需求时应避免涉及敏感话题；在拍照或录像时须征得游客同意；在分享游客信息时应保持谨慎；等等。

总之，在为残疾人旅游团讲解时，导游需要充分了解游客的残疾类型和特殊需求，尊重并关心他们，提供细心周到、有针对性的服务。讲解语速要适中，表达清晰；讲解内容要生动形象，便于游客理解；多利用辅助工具，增强讲解效果；时刻关注游客的安全和舒适；注意保护游客的自尊心，让他们能够充分享受旅游的乐趣；等等。

【动笔创作】

假设你即将接待一群有听力障碍的残疾游客到湖州安吉竹博园旅游，针对此情境撰写一篇残疾团导游词，需要充分考虑残障人士的行为、心理等特点，并分组进行讲解练习。

【角色练习】

[练习名称]

致有针对性的残疾团导游词

[练习要求]

从接待计划书和游客名单中获取信息加以分析并致个性化残疾团导游词。

[角色设置]

(1) 教师作为计调人员或业务员，分派团队接待任务。

(2) 对学生进行分组，各组独立完成游客分析并创作个性化残疾团导游词。

[练习材料]

接待计划书、游客名单表。

[练习步骤]

1) 掌握有关信息

认真阅读接待计划书的有关资料，详细了解该旅游团的重要信息，并做记录。

(1) 客源地：国别、省、市。

(2) 组团人员的情况：人数、性别、职业、宗教信仰、年龄构成等。

(3) 旅游线路。

(4) 一次电话询问机会，教师扮演全陪进行回答。

2) 创作残疾团导游词并讲解

(1) 各组领任务后，组内成员创作一份针对自己旅游团的导游词。

(2) 各组推选一名组员致导游词，另选一名组员结合任务阐释创作思路。

(3) 其他组听后提问并点评优缺点。

3) 换位演示

各组交换游客对象，但导游词内容不变，体会导游词个性化的重要性。

4) 评价总结(详见表8-2)

(1) 仪容仪表规范，礼貌用语规范。(10分)

(2) 语言表达准确、流畅、生动、有说服力，身体语言运用自如。(20分)

(3) 导游词讲解符合规范，内容正确、全面、条理性好，详略得当，重点突出，运用一定的技巧。(50分)

(4) 应变能力。对临场提问的反应能力。(20分)

表8-2 导游词讲解评价表

组名：　　　　　　　　组员名字：　　　　　　　　得分：

评价项目	评价细则	小组自评(15%)	小组互评(15%)	教师评价(30%)	企业评价(40%)	意见和建议
仪表礼仪(10分)	仪容					
	礼貌用语					
	举止(站、坐、行、手势、面部表情等)					
语言表达(20分)	准确、流畅、语速合理					
	生动、有感染力					
	有较强的说服力					
	身体语言运用自如					
导游词讲解(50分)	符合规范程序					
	内容正确、全面、条理性好					
	详略得当、重点突出					
	运用一定的讲解技巧					
应变能力(20分)	对临场提问的反应能力					
合计分数						

任务 8.3　儿童团

引言

对充满好奇与探索欲的儿童来说，每一次旅行都是宝贵的学习与成长机会。儿童团的导游不仅是引领他们穿梭于历史长河与自然奇观的引路人，也是他们心中那位点燃知识火花、激发无限想象的魔法师。因此，掌握一套行之有效的讲解技巧，对于确保孩子们在旅途中既安全又快乐，同时收获满满的知识与体验，显得尤为重要。因为这不仅关系到孩子们能否有效地吸收信息，还影响到他们的旅行体验和兴趣培养。

儿童团导游讲解技巧是指针对儿童游客群体，在导游服务过程中所采用的一系列旨在提高信息传递效率、增强互动体验、激发学习兴趣并保障安全性的特殊方法和手段。这些技巧要求导游不仅具备丰富的知识和专业的讲解能力，还需要深入了解儿童的心理特点、兴趣偏好以及学习方式，从而设计出既符合儿童认知规律又富有吸引力的讲解内容和形式。

在线课堂

交互式课件

情境导入

案例一：旅游团的导游员老宋是一个老同志，在旅行社工作了多年，也接待过不少境外的旅游团队。最近，旅行社让他带领一个由市少年宫组织的少年儿童夏令营团队去内蒙古旅游一周。为此，老宋做了大量的准备工作。但是，接待工作开始以后，老宋感到由少年儿童组成的这个团队很难带，他们不喜欢老宋的讲解方式，经常提出一些怪问题，而且有些小朋友非常好动，不听指挥，不遵守规定的作息时间，有的还当面与老宋顶撞，自此以后，老宋再也不敢接少年儿童的团队了。

案例二：导游小李带团去野生动物园游览。在团队里有一个小女孩，长得特别可爱，八岁。小女孩非常崇拜小李，经常不离他的左右。小李也很喜欢她，即使是带着客人游览景点的时候，也拉着那位小女孩。他还为小姑娘买了冷饮，教她唱歌。行程结束以后，小李觉得此次带团非常顺利。但是在填评议单的时候，令他没有想到的是，有很多游客给他打的分数非常低，最后团里的一位老奶奶告诉他，客人之所以对他有意见，是因为他自始至终都在照顾那个小孩，而别的客人有一种被忽略了的感觉。

案例三：某旅行社的某导游有一次接待来自幼儿园的小朋友团，回来以后，该导游遭到了随团幼儿园阿姨的投诉，原因是导游在带团的过程中，除了与幼儿园阿姨说话以外，没有与小朋友说过一句话，该导游解释说："反正我说了，他们也听不懂。"

通过以上三个案例，我们都知道导游员的接待对象是千变万化的，既有普通的成年人，也有老人、孩子，这就要求导游学会与不同的人打交道。旅游团当中，常有成年的游客携带学龄前儿童参团。尤其是在国内的旅游中，一些家长经常把旅游作为帮助孩子增长见识的一条重要途径。对于这种情况，导游员既要细心服务旅游团中的成年游客，又要根据儿童的生理和心理特征，为他们提供必要的关心和照料。

任务描述

本任务要求学生熟练掌握儿童团的特征及服务儿童游客的注意事项。主要通过讲授法、比较法、角色扮演法等方法，让学生掌握儿童团导游服务的相关知识和技巧。

相关知识

1. 儿童基础知识

在不同的领域和情境中，"儿童"的定义可能会有所不同。从法律角度来看，在我国，通常将不满十八周岁的自然人定义为未成年人，其中不满14周岁的为儿童。在医学和发展心理学领域，儿童一般指从出生到青春期开始这一阶段的人群，大致可以分为以下几个阶段。

婴儿期：从出生到1岁。幼儿期：1岁到3岁。学龄前期：3岁到6岁或7岁。学龄期：6岁或7岁到11岁或12岁。总的来说，儿童是指处于身心不断发展和成长的阶段，具有较强的可塑性和学习能力，需要家庭、社会给予特殊关爱和保护的人群。

(1) 生理发展。儿童生理发展的阶段大致可以划分为胎儿期、新生儿期、婴儿期、幼儿期、学龄前期、学龄期和青春期，每个阶段都有其特定的发育特点和规律。在这些阶段中，儿童的大脑和神经系统经历快速的分化和发展，身体大小和肌肉组成发生显著变化，身体比例和骨骼生长也展现出不同步性。大脑发育：大脑在儿童时期快速发育，神经元不断连接和重组，影响认知和行为能力。

(2) 心理发展。儿童心理发展是一个渐进的过程，前一阶段的发展为后一阶段奠定基础。尽管发展是连续的，但它也表现出明显的阶段性，每个阶段都有其独特的发展里程碑。儿童的心理发展具有很大的可塑性，适宜的教育和环境可以促进其健康发展。不同儿童在相同的发展阶段可能展现出不同的发展速度和特点。儿童心理发展受到多种因素的影响，包括遗传、生物成熟、家庭环境、文化背景和教育实践等。这些因素相互作用，共同塑造儿童的心理特质和行为模式。

(3) 认知发展。儿童认知发展是指儿童从出生到青少年期间，认知能力逐步提高和复杂化的过程。这个过程包括感知、注意力、记忆力、语言、思维和解决问题的能力等方面的发展。从出生到大约2岁，儿童通过感觉和运动探索世界，形成物体永存性的概念。2岁到7岁，儿童开始使用符号和语言来表示外部世界，但思维仍然具有自我中心性和不可逆性。7岁到11岁，儿童能够进行逻辑思维和具体的运算，但这些运算还依赖于具体事物或形象。11岁或12岁起，儿童能够进行抽象思维和逻辑推理，不再依赖具体事物。

(4) 社会发展。儿童社会发展是指儿童在与社会环境相互作用的过程中逐步掌握社会规范、形成社会技能、构建社会角色，并以独特的个性与人相互交往、相互影响，从而适应周围社会环境的过程。这个过程涉及人际关系的建立、社会规范的掌握、性别角色的认同、亲社会行为的培养等方面，对儿童的身心健康、人格完善、社会适应等方面具有重要影响。在整个社会发展过程中，家庭、学校和社区等的环境对儿童产生着重要影响。

2. 儿童旅游团的特征

(1) 出游目的不明确。相对于成人游客，儿童往往没有明确的旅游目的，他们的参与主要是出于好奇心和玩耍的愿望。儿童通常缺乏明确的出游规划和具体的目标设定。他们通常由家长安排或者学校组织旅游，自身对于旅游的期望和目的较为模糊。

比如，对于要去参观的历史古迹，他们可能没有事先深入了解其重要性和意义，只是跟着团队走。而且儿童容易受到外界因素的影响而改变兴趣点。可能出发前想要看美丽的风景，但在旅途中却被街边的小吃或者有趣的玩具所吸引。再比如，原本计划去探索自然，但当他们看到一个有卡通形象的游乐设施时，注意力就完全转移了。另外，儿童的兴趣广泛且多变，难以像成年人那样有清晰的出游目的，比如专门学习某种文化、体验某种活动等。这就要求儿童旅游团的组织者和导游更加用心地设计行程，引导孩子们在游玩中发现乐趣、获取知识，逐渐明确旅游的意义和目的。

(2) 经济不独立，消费能力弱。儿童自身没有稳定的收入来源，他们的旅行费用通常由家长或监护人承担。在旅游过程中，他们在购买商品或服务时往往需要依靠成人的决策和支付。例如，在景区的纪念品商店里，孩子们可能会被各种精美的纪念品吸引，但他们没有足够的钱去购买，需要向家长请求。而且，儿童对于商品的价格敏感度较低，偏向于基于喜好来表达购买意愿，但由于其经济不独立，实际购买能力受到限制。此外，对于一些高价值的旅游项目或消费，如豪华酒店的套房、昂贵的特色美食体验等，儿童自身没有支付能力，也较少成为这类消费的主导者。不过，这并不意味着儿童旅游团没有消费市场。相反，家长为了满足孩子的需求，可能会在合理范围内为孩子的旅游消费埋单，比如购买适合孩子的特色小吃、小玩具，或者参加一些有教育意义且价格适中的体验活动。

(3) 安全意识差，管理难度大。儿童由于年龄小、生活经验不足，对潜在的危险缺乏足够的认知和判断能力。他们可能会在兴奋的状态下忽略交通规则，在人多拥挤的地方走失，或者在游玩时因好奇而靠近危险区域，比如未加防护的水池、陡峭的山坡等。例如，在游乐场中，孩子们可能会为了抢先玩某个项目而不顾秩序地奔跑，因此容易发生碰撞。而且，儿童活泼好动、自控力较弱，难以长时间保持安静和遵守规定，这使得导游在组织和管理上需要花费更多的精力。比如在乘坐交通工具时，孩子们可能会在座位上打闹，影响他人。此外，儿童的情绪容易波动，可能会因为疲劳、饥饿或者与小伙伴发生矛盾而哭闹、发脾气，这也增加了管理的复杂性。为了应对这些情况，导游和随行人员需要具备高度的责任心和耐心，提前做好充分的安全防范措施，如多次强调安全规则、安排专人负责照看、准备必要的应急物品等。同时，要根据儿童的特点合理安排行程，确保有足够的休息和娱乐时间，以减少孩子们的不安和烦躁情绪。

3. 儿童旅游团导游讲解实务技巧

第一，照顾好儿童的安全，儿童往往活泼好动，导游员应该特别注意他们的安全，为了吸引他们，导游员可以酌情讲一些童话或者小故事，这样既可以活跃气氛，又可以增进导游员与游客间的感情，还能有效防止儿童由于乱跑而摔伤或者走失。此外，在旅游中，一些中国游客出于对外国儿童的喜爱，经常会要求与外国儿童合影。开始的时候，外国儿童家长可能会非常高兴，但是时间一长，次数一多，他们就会产生厌烦的情绪。遇到这种情况时，导游员一方面应该代外国游客婉言谢绝，另一方面要做好中国游客的工作，避免引起不快。

第二，妥善照顾儿童的生活起居。在用餐方面，由于儿童身材矮小，成人的餐桌椅并不适合他们使用，而且他们可能不会使用筷子。因此，导游须提前与餐厅沟通，准备好儿童专用座椅及适合儿童使用的餐具，如刀叉、勺子等。在起居方面，导游须特别关注儿童的日常起居和饮食健康。例如，及时提醒家长根据天气变化为孩子增减衣物，天气炎热时注意补充水分，并避免在不卫生的摊点购买食物等。导游应以专业、细致的态度，全方位保障儿童的旅游体验。

第三，导游在接待含有儿童的旅游团时，应严格遵循"四不宜"原则：其一，不宜过分关注儿童而忽视成年游客；其二，不宜为儿童购买食物或玩具；其三，不宜单独带领游客子女外出活动；其四，若儿童身体不适，不宜建议家长自行给药，更不可将自己携带的药品提供给儿童服用，而应建议家长及时带孩子就医。

第四，须特别注意针对儿童的收费标准。在旅游接待过程中，儿童的住宿、用餐及交通费用(包括飞机、火车、汽车和轮船票)会因其年龄或身高的差异而有所不同，导游员应予以特别关注。

操作示例

北京长城导游词 》》

大家好！欢迎来到中国的骄傲——万里长城！我是你们的导游小李，今天我们将一起探索这座世界奇迹的神秘之处。记住，如果有任何问题，请随时举手告诉我哦！

首先，让我们想象一下，很久以前，这里是战火纷飞的边疆地带。长城就像一条巨龙蜿蜒在山岭之间，让我们的家园不受外敌侵扰。你们知道吗？长城已经有两千多年的历史了，它见证了许多朝代的更迭。

现在，我们站在这里，可以看到城墙是用巨大的石头和砖块建造的，每一块都承载着古代工匠的心血和智慧。想象一下，没有现代机器的帮助，他们是如何把这些重重的材料搬到这么高的山上的呢？

长城不仅是一堵墙，它还有很多烽火台。这些烽火台就像长城的眼睛和耳朵，一旦发现敌人，士兵们就会点燃狼烟，传递信号。这样，远处的士兵就能迅速做好战斗准备。是不是很聪明呢？

还有一个小故事要告诉大家，你们听说过孟姜女的传说吗？据说她的丈夫去修建长城，不幸去世了。孟姜女悲痛欲绝，竟然把长城哭倒了一角。虽然这只是个传说，但它表达了人们对家人的思念和对和平的渴望。

最后，我希望今天的旅行能给你们留下深刻的印象。长城是中华民族的象征，也是世界文化遗产。它告诉我们，无论面对多大的困难，只要团结一心，就没有克服不了的挑战。

好了，小朋友们，我们的长城之旅就到这里。接下来，我们将前往下一个景点。请大家跟着我，不要走散了。记得回家后，和爸爸妈妈分享你们的新发现哦！

【案例评价】

这个讲解示例结合了历史事实、互动提问、趣味故事和道德寓意，旨在激发儿童的兴趣，同时传授知识和价值观。导游的角色不仅是信息的传递者，也是孩子们学习旅程中的引导者和伙伴。导游通过提问的方式与孩子们互动，如"你们知道吗？"和"是不是很聪明呢？"这样的提问能够激发孩子们的参与感和好奇心，使他们更加专注于讲解内容。通过讲述孟姜女的传说，将枯燥的历史知识转化为生动的故事，让孩子们容易理解和记忆，同时增加了讲解的情感色彩和文化内涵。导游在讲解中不仅传达了长城的历史背景和建筑特点，还融入了对团结、智慧和勇气的赞美，潜移默化地传递了积极的价值观念。使用简单易懂、亲切生动的语言，如"就像一条巨龙蜿蜒在山岭之间"等比喻，使复杂的概念变得形象化，符合儿童的理解水平。通过提及家人与和平的愿望，触及了孩子们的情感，增强了他们对长城及其背后故事的共鸣。总体来说，这段导游词很好地把握了儿童的心理特点和学习需求，通过多种方式提升了讲解的吸引力和教育效果。

4. 儿童旅游团导游讲解的注意事项和相关案例

在指导儿童旅游团时，导游应该如何考虑和处理各种情况，以确保旅行的顺利进行和游客的安全与满意度呢？以下是儿童旅游团导游讲解的注意事项和相关案例。

案例一：安全优先

在某次旅游活动中，导游未充分关注儿童的安全，导致一名儿童在游览过程中走失。

导游应时刻关注儿童的安全，特别是在人多拥挤的地方，要提醒他们紧跟队伍，不要乱跑。提前制订儿童走失等突发事件的应急预案，一旦发生情况，便能迅速应对。与带队的家长或老师保持密切联系，共同做好儿童的安全管理工作。

案例二：调整讲解风格

导游员老宋在带领一个少年儿童夏令营团队去内蒙古旅游时，发现孩子们不喜欢他的讲解方式，经常提出一些怪问题，且有些小朋友非常好动，不听指挥。

导游在讲解时应使用生动形象的语言，语气要亲切委婉，用词应准确而有激情，以吸引孩子们的注意力。多采用提问和启发的方式，引导孩子们思考和参与，提高他们的兴趣和参与度。可以设计一些与旅游内容相关的游戏或活动，让孩子们在游戏中学习，增加趣味性。

案例三：饮食起居要特别关照

一些导游在带领儿童旅游团时，未充分考虑儿童的饮食起居需求，导致孩子们在旅途中出现不适。

根据儿童的年龄和口味特点，提前与餐厅沟通，准备适合儿童的餐食和餐具。同时，关注儿童的饮水需求，及时提醒他们喝水。关注儿童的睡眠和休息情况，确保他们有足够的休息时间。在天气变化时，及时提醒家长给孩子增减衣服。注意观察儿童的身体状况，一旦发现异常，应及时处理并通知家长或老师。

【动笔创作】

假设你即将接待哈尔滨小朋友来湖州龙之梦旅游，体验太湖古镇、大马戏、动物世界、海洋世界、欢乐世界等多种业态的旅游项目，请针对该儿童团撰写导游词并分组进行讲解练习。

【角色练习】

[练习名称]

致有针对性的儿童团导游词

[练习要求]

从接待计划书和游客名单中获取信息加以分析并致个性化的儿童团导游词。

[角色设置]

(1) 教师作为计调人员或业务员，分派团队接待任务。

(2) 对学生进行分组，各组独立完成游客分析并创作个性化的儿童团导游词。

[练习材料]

接待计划书、游客名单表。

[练习步骤]

1) 掌握有关信息

认真阅读接待计划书的有关资料，详细了解该旅游团的重要信息，并做记录。

(1) 客源地：国别、省、市。

(2) 组团人员的情况：人数、性别、职业、宗教信仰、年龄构成等。

(3) 旅游线路。

(4) 一次电话询问机会，教师扮演全陪进行回答。

2) 创作儿童团导游词并讲解

(1) 各组领任务后，组内成员创作一份针对自己旅游团的导游词。

(2) 各组推选一名组员致导游词，另选一名组员结合任务阐释创作思路。

(3) 其他组听后提问并点评优缺点。

3) 换位演示

各组交换游客对象，但导游词内容不变，体会导游词个性化的重要性。

4) 评价总结(详见表8-3)

(1) 仪容仪表规范，礼貌用语规范。(10分)

(2) 语言表达准确、流畅、生动、有说服力，身体语言运用自如。(20分)

(3) 导游词讲解符合规范，内容正确、全面、条理性好，详略得当，重点突出，运用一定的技巧。(50分)

(4) 应变能力。对临场提问的反应能力。(20分)

表8-3　导游词讲解评价表

组名：　　　　　　　　组员名字：　　　　　　　　得分：

评价项目	评价细则	小组自评(15%)	小组互评(15%)	教师评价(30%)	企业评价(40%)	意见和建议
仪表礼仪(10分)	仪容					
	礼貌用语					
	举止(站、坐、行、手势、面部表情等)					
语言表达(20分)	准确、流畅、语速合理					
	生动、有感染力					
	有较强的说服力					
	身体语言运用自如					

续表

评价项目	评价细则	小组自评 (15%)	小组互评 (15%)	教师评价 (30%)	企业评价 (40%)	意见和 建议
导游词 讲解 (50分)	符合规范程序					
	内容正确、全面、条理性好					
	详略得当、重点突出					
	运用一定的讲解技巧					
应变能力 (20分)	对临场提问的反应能力					
合计分数						

【在线答题】

期末考试题库3

项目9　浙江省全国导游证面试城市概况讲解

项目结构

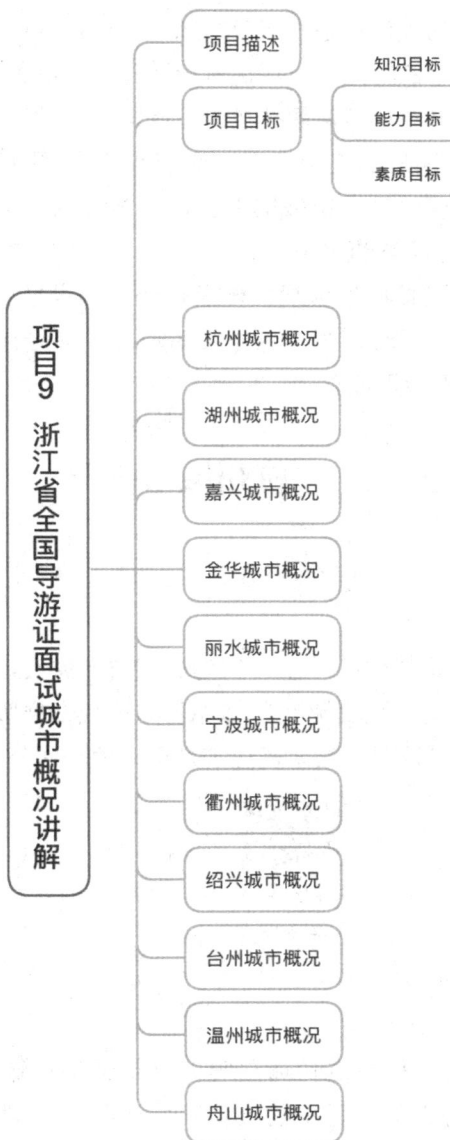

项目 描述

城市概况及特色讲解是一个城市或地区基本面貌和主要特征的概括性解说，是导游员驾驭素材和讲解技巧的能力和水平的重要体现，也是旅游者了解一个城市或地区情况的重要一环。好的城市概况及特色讲解能让旅游者在最短的时间内了解城市基本框架和主要特色，掌握游览重点和要领，激发兴趣，增进情感，从而留下清晰而难忘的整体印象。

项目 目标

知识目标： 1. 了解城市概况和特色及地理环境、面积、人口、建筑风貌、历史沿革、历代名人、经济发展、民风民俗、特产资源、饮食文化、特色文化、城市精神等。

2. 掌握浙江省各市的城市形态、城市文脉、城市精神。

能力目标： 1. 根据浙江省地级市的特点，灵活讲解浙江省11个地级市的城市概况。

2. 通过小组协作，创新导游讲解技巧，锻炼与人有效沟通的能力。

素质目标： 1. 充分展现浙江省深厚的文化底蕴，包括悠久的历史、丰富的文化遗产、著名的历史人物与事件等。积极推进文化、旅游融合发展，打造全域旅游示范区，提升旅游服务质量和水平。

2. 积极弘扬社会主义核心价值观，传递正能量，引导游客树立正确的历史观、文化观、价值观。同时，强调生态文明理念，倡导绿色旅游、低碳出行，提升游客的环保意识和责任感。

任务 9.1　杭州城市概况

引言

杭州是一个历史悠久、风景如画的城市。作为浙江省的省会，杭州不仅以其秀美的自然风光闻名遐迩，也以其深厚的历史文化底蕴和蓬勃的现代发展吸引着无数游客。接下来将从城市概况、历史沿革、经济发展、旅游资源等多个方面全面介绍这座人间天堂。

在线课堂

交互式课件

杭州城市概况导考视频

情境导入

你知道"上有天堂，下有苏杭"这句谚语吗？这句话生动地描绘了杭州的美丽与魅力。那么，是什么让杭州成为人们心目中的天堂呢？让我们一同揭开这座城市的神秘面纱，探索它背后的故事。

任务描述

本次讲解的主要任务是，通过详细的介绍，使学生对杭州有一个全面而深入的了解，在浙江省全国导游证面试的"所在城市概况"项目中取得高分。

相关知识

杭州概况：浙江省全国导游证面试内容——杭州概况介绍。主要内容包括杭州地理位置、历史沿革、风物特产、旅游资源等，共3分钟。

操作示例

各位朋友，下面请允许我把杭州的大概情况介绍给大家。杭州，简称杭，是浙江省省会，位于中国东南沿海、浙江省北部，是浙江省的政治、经济、文化和金融中心，中国七大古都之一，中国重要的电子商务中心之一。杭州属亚热带季风气候，温暖湿润，四季分明。杭州市域面积约1.69万平方千米，下辖10个区、2个县、1个县级市，常住人口约1250万。

杭州以风景秀丽著称，素有"上有天堂，下有苏杭"的美誉。大禹治水时，曾在此舍航登陆，"航"即方舟，"航"与"杭"通借，于是便有了"禹杭"的地名。

意大利旅行家马可·波罗将杭州赞为"世界上最美丽华贵的天城"。杭州有5张金名片，第一张是丝绸之府、茶叶古都，第二张是美女之城、美食之府，第三张是文化名城、经济强市，第四张是硅谷天堂、汽车名城，第五张是旅游胜地、休闲之都。英国大英博物馆内的中国馆首先介绍的是5000多年前的良渚文化。而良渚文化、吴越文化、五代文化、南宋文化、明清文化，构成了杭州文化的完整序列，谱写了极其宝贵的文化乐章。

在杭州文化乐章上，有一些铿锵有力的和弦。例如：我国古代四大发明之一的活字印刷术的创始人毕昇；我国古代杰出的科学家沈括；传世之作《清明上河图》的作者张择端。还有许多，如白居易、苏轼等。

到了现代，浙江大学全国排名第几？在许多人心中，浙江大学仅次于北京大学与清华大学，排名第三。

大家想想，在这样一块物华天宝、人杰地灵的土地上，经济能不腾飞吗？

我们数数杭州著名的企业和品牌吧：淘宝网、阿里巴巴总部、万向集团、天堂雨伞……太多了。

人说中华第一村是无锡华西村，杭州也有第一村——龙井镇的梅家坞。这里是正宗西湖龙井茶的产地。

欢迎大家来到杭州。接下来让我们一起走进西湖吧。

【动笔创作】

根据浙江省全国导游证面试要求，撰写一篇3分钟的杭州城市概况讲解词。

任务 9.2　湖州城市概况

📖 引言 ◀

湖州是浙江省一颗温婉如玉的明珠。这座历史悠久、风景秀丽的城市，以其独特的江南水乡风貌和深厚的文化底蕴，吸引着无数游客的心。

在线课堂　　　　　　　　　　交互式课件　　　　　　　湖州城市概况导考视频

👥 情境导入 ◀

清晨的薄雾轻抚着蜿蜒的河道，古色古香的小桥流水人家映入眼帘，远处重峦叠嶂，近处鸟语花香。这就是湖州给人的第一印象。湖州，一个名字里就带着诗意的地方，不仅是一座城市，也是一种生活态度的体现。

👤 任务描述 ◀

本次讲解的主要任务是，通过详细的介绍，使学生对湖州有一个全面而深入的了解，在浙江省全国导游证面试的"所在城市概况"项目中取得高分。

📋 相关知识 ◀

湖州概况：地理位置、历史沿革、气候特点、风物特产、旅游资源、市树市花等，共3分钟。

操 作 示 例

大家好，非常高兴在这个风和日丽的日子里与大家见面，欢迎来到美丽的湖州市观光、游览。湖州市地处浙江省北部，东近上海市，南接浙江省省会杭州，西望天目山，北濒太湖，因地处太湖之滨而得名，是以太湖命名的代表性城市。湖州市下辖两区三县，包括吴兴区、南浔区、德清县、长兴县、安吉县，以及南太湖新区(功能区)。

湖州市是一座具有两千多年历史的江南古城，公元前248年，春申君黄歇徙封于此，在此筑城，始置菰城县，以泽多菰草而名。隋仁寿二年(公元602年)，以滨太湖而名湖州，湖州之名从此开始。湖州属于亚热带季风气候，气候温和，四季分明，雨量充沛。

宋末元初诗人戴表元曾盛赞湖州良好的人居环境，有诗为证："行遍江南清丽地，人生只合住湖州。"湖州南浔古镇是中国十大魅力名镇，德清有莫干山和下渚湖，长兴有十里银杏长廊、扬子鳄村、金钉子等古生态奇观，而安吉是中国竹乡。

湖州素有丝绸之府、鱼米之乡、文化之邦之称，"文房四宝"之首的湖笔就产于湖州。湖州著名景点有"塔里塔"飞英塔、"庙里庙"府庙、"桥里桥"潮音桥，还有莲花庄、太湖旅游度假区等著名景点。

丝绸文化：湖州所产的"辑里湖丝"不仅被指定为清代的皇室贡品，而且在1851年第一届世博会上获得英国维多利亚女王的特别金奖。湖州丝绸早已"冠绝海内"，并通过"丝绸之路"传播至世界各地，获得了"湖丝衣天下"的美誉。

湖笔文化：善琏镇制作的湖笔被誉为"笔中之冠"。白居易曾以"千万毛中拣一毫"和"毫虽轻，功甚重"来形容制笔技艺之精细，有"毛颖之技甲天下"之说。湖笔对中华文化的传播、文明的传承做出了卓越的贡献。

茶文化：一千多年前的"茶圣"陆羽在湖州写出了世界上第一部茶文化专著——《茶经》，为中国茶文化的发展奠定了基础。唐时湖州茶叶开始特供朝廷，名扬天下，成为世界茶文化的发祥地之一。

湖州是一座历史悠久、文化底蕴深厚、自然风光秀丽的城市。在这里，你可以感受到浓郁的江南水乡风情，领略到丰富的文化遗产和独特的自然风光。湖州正以更加开放和包容的心态迎接八方来客，共同探索这座城市的美丽与魅力。

【动笔创作】

根据浙江省全国导游证面试要求，撰写一篇3分钟的湖州城市概况讲解词。

任务 9.3　嘉兴城市概况

引言

嘉兴是一个历史悠久、风景如画的城市。这座位于长江三角洲南翼的璀璨明珠，以其独特的地理位置、丰富的历史文化、优美的自然风光和繁荣的经济发展，吸引着国内外无数游客的目光。接下来，让我们一起揭开嘉兴的神秘面纱，感受它的独特魅力。

在线课堂

交互式课件

嘉兴城市概况导考视频

情境导入

嘉兴作为浙江省的重要城市之一，地处我国东南沿海，东临杭州湾，南倚钱塘江，北近太湖，西望天目山，大运河纵贯境内。它不仅是马家浜文化的发祥地之一，亦有着"鱼米之乡、丝绸之府"的美誉。从古代吴越争雄的烽火岁月，到如今长三角经济圈的先锋城市，嘉兴的每一步都书写着辉煌的篇章。

任务描述

本次讲解的主要任务是，通过详细的介绍，使学生对嘉兴有一个全面而深入的了解，在浙江省全国导游证面试的"所在城市概况"项目中取得高分。

相关知识

嘉兴概况：主要包括嘉兴行政区划、历史、旅游资源、特产、名人介绍等，共3分钟。

操作示例

大家好，嘉兴地处人间天堂的苏、杭之间，是"马家浜文化"的发祥地，距今已有7000多年的历史。嘉兴素有鱼米之乡、丝绸之府、文化之邦的美誉，是镶嵌在长江三角洲平原上的一颗明珠。下辖南湖、秀洲两区，平湖、海宁、桐乡三个县级市和嘉善、海盐两个县。嘉兴属于亚热带季风气候，四季分明，日照充足，降水丰沛，气温适中。嘉兴是历史悠久之地，境内的马家浜文化遗址距今有7000多年的历史，是长江中下游、太湖流域新石器时代早期文化的代表。春秋战国时期，嘉兴为吴越争战之地，素有吴根越角之称。清朝统一全国之后，嘉兴的手工业得到了很大的发展，到了乾隆年间，嘉兴的丝绸业进入鼎盛时期。抗日战争时期，嘉兴人民奋起反抗，涌现了许多可歌可泣的英雄事迹。而在1921年的7月，历史选择了嘉兴南湖，发生了开天辟地的大事变——中国共产党第一次全国代表大会续会在南湖的一艘游船上进行，庄严地向世界宣布了中国共产党的诞生。

嘉兴的名胜古迹以秀丽、壮观、精巧、古朴为特色，形成四大类景观：一是以江南水乡淡雅、明秀的天然美蕴造成的自然风物群落；二是借大海之浩渺、潮汐之磅礴而成的壮观奇景；三是由能工巧匠打造的精致典雅的古代园林艺术建筑；四是最具水乡敦实醇厚、静谧古朴遗风的泽国古镇。

"地美多俊木，水秀育英才"，在《中国大百科全书》记载的1800多位名人当中，有80余人出自嘉兴；清代共出进士近七百人；近现代涌现出的名人就更多了，大家比较熟悉的有国学大师王国维、漫画大师丰子恺与张乐平、新月派诗人徐志摩、文学巨匠茅盾、武侠大师金庸等。

嘉兴人杰地灵，名人辈出，更兼物阜民丰，传统名产饮誉海内外：南湖菱、杭白菊、平湖糟蛋、斜桥榨菜、嘉兴粽子、善酿酒……还有柔情似水的丝绸以及各种具有水乡情趣的工艺品。

欢迎各位游客来到嘉兴，接下来请跟随我一起去南湖参观、游览。

【动笔创作】

根据浙江省全国导游证面试要求，撰写一篇3分钟的嘉兴城市概况讲解词。

任务 9.4　金华城市概况

🗔 引言

金华是一座历史悠久、风光秀丽的城市。这座镶嵌在浙江中西部的璀璨明珠，以其独特的地理位置、丰富的自然资源、深厚的文化底蕴和蓬勃的发展活力，吸引着无数游客的目光。接下来，让我们一同探索金华这座城市的独特魅力。

在线课堂

交互式课件

金华城市概况导考视频

👥 情境导入

金华之名与城北的婺江有着深厚的渊源。婺江因其水色澄碧，曲折如带，成为金华的重要象征，而金华古称"婺州"，则与"婺女星"相关。"金华"之名取自"金星与婺女争华"的典故，寓意着这座城市如同星辰般璀璨夺目。这个传说不仅赋予了金华名字以诗意，也激发了我们对这座城市的好奇与向往。让我们带着这份好奇与向往，一同走进金华的世界吧！

✅ 任务描述

本次讲解的主要任务是，通过详细的介绍，使学生对金华有一个全面而深入的了解，在浙江省全国导游证面试的"所在城市概况"项目中取得高分。

相关知识

金华概况：主要包括金华地理位置、交通条件、历史沿革、气候特点、风物特产、旅游资源、市树市花等，共3分钟。

操作示例

各位游客，欢迎大家来到美丽的历史文化名城——金华，这座金光闪闪的城市。"鹅鹅鹅，曲项向天歌"，我们孩童时吟诵的第一首诗歌，就是金华人骆宾王的《咏鹅》。"水通南国三千里，气压江城十四州"，易安居士李清照的慷慨悲歌，生动概括了金华城市的战略地位与优势。"为什么我的眼里常含泪水？因为我对这土地爱得深沉"，金华诗人艾青发自肺腑的诗句，勾起了多少中国人心底的共鸣。

它是一方仙人爱慕、名士眷恋的吉祥福地，一座山川秀丽、人文荟萃的历史名城，也一定会是一处能给您带来难忘回忆的地方。

早在7000多年前的新石器时代，就有先民在这里繁衍生息了。金华下辖3县2区，代管4个县级市，全市总面积约1.1万平方千米，常住人口约716万。

在2000年，金华市被评为"中国优秀旅游城市"。全市拥有双龙洞、永康方岩、武义大红岩等著名风景名胜区，其中，有"东方好莱坞"之称的横店影视城是我市首个5A级旅游景区，义乌国际商贸城旅游购物区是全国首个4A级旅游景区，兰溪诸葛亮八卦村是全国最大的诸葛亮后裔聚居地，武义温泉被誉为"华东第一泉"。

来金华，不能不知道"金华三宝"。是哪三宝呢？

第一宝：金华火腿。金华火腿是金华最有名的特产，它是采用良种猪"两头乌"的后腿腌制而成的。这种腿肉具有皮薄骨细、肉质鲜嫩、精多肥少等特点，适合老人延年益寿、妇女产后调养以及病人术后恢复等需求。

第二宝：金华酥饼。金华酥饼色泽金黄，表里酥脆，是一种风味独特的传统糕点。而有趣的是，它的首创者竟是"混世魔王"程咬金。民间还有李白"闻香下马"的传说，现如今酥饼也研制出了多种口味，如火腿酥饼、甜酥饼等多种风味。

第三宝：金华佛手。金华佛手因形似人手，且通体金黄而被称为佛手，佛手被誉为"果中之仙品，世上之奇卉"。它既可入诗入画，也可入菜入药，还有化痰、止咳等多种药用价值，可谓是"入得了厨房，出得了厅堂"。

欢迎各位游客来到金华，接下来请跟我一起去东阳横店影视城景区参观、游览。

【动笔创作】

根据浙江省全国导游证面试要求，撰写一篇3分钟的金华城市概况讲解词。

任务 9.5 丽水城市概况

引言

丽水是一个被青山绿水环抱、充满自然与和谐之美的城市。这座位于浙江省西南部的城市，以其独特的地理位置、清新的空气、秀美的山水和丰富的生态资源，成为人们心中的一片净土。接下来，让我们一同探索丽水的城市概况，感受这座城市的独特韵味。

在线课堂

交互式课件

丽水城市概况导考视频

情境导入

在开始我们的丽水之旅前，请你闭上眼睛，想象一幅画面：清晨的阳光穿透薄雾，照耀在郁郁葱葱的山林上，山间溪流潺潺，鸟语花香，我们仿佛置身于一个世外桃源。这就是丽水，一个让人心灵得以栖息的地方。让我们带着这份宁静与美好，一同走进丽水的世界吧！

任务描述

本次讲解的主要任务是，通过详细的介绍，使学生对丽水有一个全面而深入的了解，在浙江省全国导游证面试的"所在城市概况"项目中取得高分。

相关知识

丽水概况：主要包括丽水行政区划、城市特色、生态、龙泉青瓷和宝剑、畲乡风情等，共3分钟。

操作示例

各位游客，大家好，欢迎来到"秀山丽水，诗画田园，养生福地，长寿之乡"，走进这座具有"中国生态第一市"之称的丽水参观、游览。

丽水是一座风光秀丽、人杰地灵、极具魅力的山水城市，更是一座有着光辉革命历史、丰富革命印记的红色名城。让我们一起步入这生态之城，享受心灵的净化和肺腑的洗涤，接受"浙西南革命精神"的红色洗礼。

丽水地处浙江西南部，是浙江省陆地面积最大的一个地级市。从浙江省地图上来看，丽水就像一个"宝葫芦"，在地形上，丽水以"九山半水半分田"著称。丽水的市树是红豆杉，市花是杜鹃。丽水是一座生态之城、养生之城、文化之城、旅游之城。先说"生态之城"，丽水的生态环境质量连续多年稳居全国前列，享有"中国生态第一市"的美誉，多次荣获"中国生态发展城市"的称号。

丽水环境有"三好"，第一好是山好：丽水的凤阳山、百祖山分别为江浙第一、第二高峰。全市森林覆盖率达到80%。第二好是水好：全市饮用水源地的水质达标率已达100%，50%以上的水可以直接拿来喝。第三好是空气好：丽水有着"华东地区最大的天然氧吧"之称。有句话说得好："丽水走一走，活到九十九。"接下来说说为何丽水是一个养生之城吧，丽水的好山好水好空气，缔造了一个个动人的养生养老传奇。2013年，丽水被授予"中国长寿之乡"称号，2014年，又获"中国气候养生之乡"的称号。我们中国人的平均寿命是74岁，而丽水人的平均寿命是78岁，由此可见一斑。丽水是文化积淀深厚的城市，不知道大家有没有听过丽水"三宝文化"，也就是龙泉宝剑、龙泉青瓷、青田石雕，其中的青田石雕已经有1700多年的历史了，开创了"多层次镂雕"的特色工艺，此外，还有畲族文化，丽水景宁是我国唯一的畲族自治县。丽水的廊桥文化也有着悠久的历史，庆元县现有廊桥100多座。丽水拥有独特的华侨文化，其中，青田拥有300余年的华侨史，有33万华人足迹遍布全世界。丽水还是个旅游之城，被誉为"浙江最美的地方"。

欢迎大家来到丽水，接下来请随我一起参观丽水缙云仙都景区。

【动笔创作】

根据浙江省全国导游证面试要求，撰写一篇3分钟的丽水城市概况讲解词。

任务 9.6　宁波城市概况

引言

宁波是浙江省的一座璀璨的城市。作为中国四大港口城市之一，这座城市不仅拥有深厚的历史文化底蕴，还以其独特的地理位置和蓬勃的经济发展吸引了无数游客的目光。

在线课堂

交互式课件

宁波城市概况导考视频

情境导入

宁波，古称明州，历史悠久，早在七千年前，先民们就在这里繁衍生息，创造了辉煌的河姆渡文化。这座城市，东有舟山群岛为天然屏障，西依群山，北濒杭州湾，南临三门湾，得天独厚的自然条件为其发展奠定了坚实的基础。让我们一起探索这座城市的过去、现在和未来。

任务描述

本次讲解的主要任务是，通过详细的介绍，使学生对宁波有一个全面而深入的了解，在浙江省全国导游证面试的"所在城市概况"项目中取得高分。

相关知识

宁波概况：主要包括宁波历史、行政区划、四张金名片等，共3分钟。

操作示例

各位游客，欢迎来到"书藏古今，港通天下"的中国宁波参观、游览。枕山面海、拥江揽湖的宁波，是东方大港、名人故里、儒商摇篮。河姆渡文化在余姚孕育，浙东学派于此处诞生，海丝之路从这里起航。

宁波位于我国东海之滨、长江三角洲的南翼，在我国海岸线中段。宁波辖宁海、象山两个县，余姚、慈溪两个县级市，镇海、北仑、江北等六个区。宁波属于亚热带季风气候，这里四季分明，气候湿润，光照充足。宁波历史极为悠久，早在六七千年前，河姆渡古人类就在这里繁衍生息，创造了灿烂的河姆渡文化，因此，这里是中华民族文化发源地之一。

宁波还有响当当的四张"名片"，它们分别是宁波港、宁波帮、宁波装、宁波景，这四张"名片"早已名声在外，影响国内外，具体体现在哪里呢？我给大家一一介绍下。首先，宁波自古以来就是以港兴市的城市，而宁波港是对外贸易的重要港口、中外闻名的商埠。宁波港是一个有着一千多年历史的古老港口，在唐朝时与扬州、广州并称为"中国三大对外贸易港口"。宁波港有四大特点，即水深、浪小、不冻、不淤。其次，宁波帮是中国近代史上最富庶、最庞大的商帮之一，也是最成功、最具代表性的商帮之一。宁波素有"无宁不成市"的美誉，这使宁波人的经商才能闻名遐迩，蜚声海内外。其中，著名的有包玉刚、邵逸夫等。再次，宁波装也是宁波响当当的"名片"之一。宁波是近代服装业的发祥地，在中国服装史上，发源于宁波的红帮裁缝创立了五个第一：制作了中国第一件西装、第一套中山装，开办了第一家西装店，写出了第一本西服理论著作，办起了第一家西服工艺学校。最后是宁波景，宁波著名景点有古老的私家藏书楼天一阁、全国五大佛教名山之一的雪窦山、蒋氏故里等。

欢迎您来到宁波，接下来请跟随我一起前往天一阁、月湖景区参观、游览。

【动笔创作】

根据浙江省全国导游证面试要求，撰写一篇3分钟的宁波城市概况讲解词。

任务 9.7　衢州城市概况

引言

衢州是一座古老而又充满活力的城市。这座位于浙江省西部的城市，以其独特的地理位置、悠久的历史文化、秀美的自然风光和丰富的旅游资源，吸引了无数游客的目光。接下来，让我们走进衢州，感受这座城市的独特魅力。

在线课堂　　　　　　　　　交互式课件　　　　　　　衢州城市概况导考视频

情境导入

在开始正式的介绍之前，请你先猜一个谜语："四省通衢之地，孔氏南宗家庙所在，更有江郎山奇峰异石，猜一城市名？"没错，答案就是衢州。衢州不仅是浙、闽、赣、皖四省边际交通枢纽，亦是南孔文化的发源地。这样的城市，怎能不让人心生向往呢？

任务描述

本次讲解的主要任务是，通过详细的介绍，使学生对衢州有一个全面而深入的了解，在浙江省全国导游证面试的"所在城市概况"项目中取得高分。

相关知识

衢州概况：主要包括地理位置、交通条件、历史沿革、气候特点、风物特产、旅游资源、市树市花等，共3分钟。

操作示例

各位游客，欢迎来到神奇山水的名城——衢州。衢州市位于浙江省西部、钱江源头，地处浙江、福建、江西、安徽四省交界处，向来有"四省通衢"之称。

衢州历史悠久，是国家历史文化名城，因境内三衢山而得名，是一座有1800多年历史的江南古城。目前，衢州市下辖龙游、常山、开化3个县、柯城、衢江2个区，代管1个县级市——江山市。全市总面积约8844平方千米，常住人口约230万。

衢州是首个国家休闲区，空气质量好，山水融合，故有"无处不休闲，处处是风景"的美誉。衢州属亚热带季风气候，气候温和，四季分明。

衢州物产丰富、特产众多，旅游商品价廉物美。每个县都有一批极具旅游特色的知名产品，如开化根雕、江山铜锣糕、柯城莹白瓷等。衢州还被称为"中国特产之乡"，比如黄花梨之乡龙游县、胡柚之乡常山县、根雕艺术之乡开化县、中国花卉之乡柯城区、中国椪柑之乡衢江区、猕猴桃之乡江山市等。

衢州是浙江省旅游资源最丰富的地区之一。衢州境内有开化根宫佛国文化旅游区、钱江源国家森林公园、江郎山国家风景名胜区、常山国家级地质公园、龙游石窟旅游风景区和烂柯山、乌溪江省级风景名胜区，此外，还有古田山、紫微山两个国家级自然保护区。衢州被誉为"南孔圣地，休闲衢州"。孔子第48代嫡长孙孔端友随宋高宗南渡到衢州，建造了全国第二座孔氏家庙，此庙与山东曲阜北宗孔氏家庙齐名，故被称为"南孔"。

衢州著名的小吃有"三头一掌"，分别是兔头、鸭头、鱼头和鹅掌，都是具有衢州地方特色的风味美食。

【动笔创作】

根据浙江省全国导游证面试要求，撰写一篇3分钟的衢州城市概况讲解词。

任务 9.8　绍兴城市概况

引言

绍兴是一座历史悠久、文化底蕴深厚的城市。这座位于浙江省中北部的美丽城市，以其独特的水乡风光、丰富的历史遗迹和深厚的人文底蕴，吸引着无数游客前来探寻与品味。让我们一起走进绍兴，感受那份"悠悠鉴湖水，浓浓古越情"。

在线课堂

交互式课件

绍兴城市概况导考视频

情境导入

绍兴自古以来就是文人墨客的聚集地，这里诞生了许多杰出的人物，如文学巨匠鲁迅、书圣王羲之等。他们的生平事迹和文学作品，不仅为绍兴增添了无尽的文化魅力，也成了我们今天了解这座城市的窗口。接下来让我们一起踏上这场文化之旅，探寻绍兴的独特魅力。

任务描述

本次讲解的主要任务是，通过详细的介绍，使学生对绍兴有一个全面而深入的了解，在浙江省全国导游证面试的"所在城市概况"项目中取得高分。

相关知识

绍兴概况：主要包括绍兴历史、水乡、酒乡、书法之乡、名士之乡等，共3分钟。

操 作 示 例

各位游客，大家好，欢迎来到江南水乡——古城绍兴，看悠悠鉴湖水，品浓浓古越情。绍兴是一座"没有围墙的博物馆"，有着约2500年的历史。它是大禹治水、始皇南巡、勾践卧薪尝胆、兰亭曲水流觞等众多历史人文故事的发生地；也是越窑青瓷的发源地、浙东唐诗之路的发轫地；更是王羲之、陆游、鲁迅、秋瑾、周恩来、蔡元培等一大批名人的故乡。今天的绍兴，还享有中国轻纺之都、袜业之都、香榧之乡、越剧之乡和黄酒之乡的美誉。

走进这座"东方威尼斯"，或穿行于纤道古桥，或乘坐乌篷船，品上一口老酒，嚼几粒茴香豆，听一段越剧，无不令人神往，让人陶醉。下面就让我们一起开启这场梦里水乡——绍兴之旅吧。

绍兴地处长江三角洲南翼、浙江省中北部，交通便捷，绍兴北站和绍兴东站两个高铁站更是"拉近"了绍兴和杭州、宁波等周边城市的距离。绍兴属于亚热带季风气候，温暖湿润，四季分明；曾获联合国人居奖以及"中国最具幸福感城市"等称号。绍兴的市树是香榧树，它是世界上稀有的经济树种；市花是兰花，绍兴是中国春兰的故乡，养兰品兰，弘扬兰文化，已经成为绍兴人的日常生活。

绍兴历史悠久，从新石器时代中期的小黄山文化开始，绍兴已经有约9000年历史了。早在大约7000年前，这里便已经栽培水稻，是中华稻作文化的发源地。

绍兴具有丰富而独特的旅游资源，素有水乡、桥乡、酒乡、书法之乡和名士之乡的美誉，被列入首批国家级历史文化名城、首批中国优秀旅游城市，被誉为"没有围墙的博物馆"，且享有"东方威尼斯"的美誉。

绍兴是一座漂在水上的城市，水是绍兴的灵魂。绍兴也是名副其实的中国桥乡，桥的数量远超威尼斯，其中留存至今的古桥就有数百座。好水酿好酒，绍兴是中国黄酒的故乡。如今，每年一度的"中国绍兴黄酒节"更是让绍兴黄酒的声誉远播天下。

欢迎大家来到绍兴，接下来请跟我一起去鲁迅故里、沈园景区参观、游览。

【动笔创作】

根据浙江省全国导游证面试要求，撰写一篇3分钟的绍兴城市概况讲解词。

任务 9.9　台州城市概况

引言

台州是一个历史悠久、风景如画、充满活力的城市。这座位于浙江省东部的沿海城市，以其独特的地理位置、丰富的自然资源、深厚的文化底蕴和蓬勃的发展态势，成了众多游客心中的旅游胜地。接下来，让我们一同探索台州这座城市的独特魅力。

在线课堂　　　　　　　　交互式课件　　　　　　台州城市概况导考视频

情境导入

在开始我们的台州之旅前，先分享一个关于台州的美丽传说。相传，台州之名源于天台山，而天台山则是因"山有八重，四面如一""顶对三辰，当牛女之分，上应台宿，故名天台"而得名。这个传说不仅赋予了台州名字以诗意，亦激发了我们对这座城市的好奇与向往。让我们带着这份好奇与向往，一同走进台州，感受它的独特韵味吧！

任务描述

本次讲解的主要任务是，通过详细的介绍，使学生对台州有一个全面而深入的了解，在浙江省全国导游证面试的"所在城市概况"项目中取得高分。

相关知识

台州概况：主要包括地理位置、交通条件、历史沿革、气候特点、风物特产、旅游资源、市树市花等，共3分钟。

操作示例

尊敬的游客朋友们，在美丽的东海之滨、浙江省中部，有一个光芒四射的城市正在冉冉升起，它就是台州。台州市辖3个区、3个县，代管3个县级市。台州市户籍总人口有500多万，常住人口有600多万。台州历史悠久，5000多年前就有先民在这里繁衍生息，先秦时为瓯越之地，因为境内有天台山而得名。台州是海洋资源大市，港口资源丰富，拥有大小港口15处，其中以"三港三湾"最为突出。台州物产丰富，主要海产品有三门青蟹、对虾、大黄鱼、石斑鱼、带鱼等，此外，台州还有"中国杨梅之乡""中国枇杷之乡"等美誉。

台州人至今延续着"元宵节过正月十四，中秋节过八月十六"的习俗。有人认为这与民族英雄戚继光有关，还有人认为这与英雄方国珍有关。戚继光在台州抗倭九战九捷，取得了辉煌的战绩。相传，百姓为了犒劳戚家军，家家户户纷纷献出各种粮食，煮出一锅锅热气腾腾的羹汤，送给将士们。戚家军在正月十四的晚上大胜，而元宵节在正月十四庆祝的习俗也保留了下来。方国珍是一个十分孝顺母亲的人，而他的母亲是信佛之人，每逢初一、十五需要斋戒，为了让他母亲在节日里吃上美味佳肴，他将中秋节推迟了一天。也许是感动于他的孝道，台州人民把这一习俗保留下来。台州拥有2个5A级风景名胜区，分别是天台山风景名胜区和仙居风景名胜区。

台州是一座充满魅力的城市，它以其独特的地理位置、丰富的历史文化、繁荣的经济和秀美的自然风光吸引着越来越多的游客前来探访。在这里，你可以领略到江南水乡的韵味，感受到浓厚的文化氛围，同时品尝到地道的美食佳肴。相信在不久的将来，台州将会成为更多人心目中的旅游胜地。

【动笔创作】

根据浙江省全国导游证面试要求，撰写一篇3分钟的台州城市概况讲解词。

任务 9.10 温州城市概况

引言

温州是浙江省的一颗璀璨明珠。这座充满活力与创新的城市，以其独特的地理位置、悠久的历史文化和繁荣的经济发展而闻名遐迩。接下来，我们将通过一段引人入胜的旅程全面展示温州的城市魅力。

在线课堂

交互式课件

温州城市概况导考视频

情境导入

温州人以其"敢为天下先"的精神著称，他们勇于探索、敢于创新，无论是在国内还是在国际舞台上，都留下了深刻的足迹。这种精神正是温州这座城市最宝贵的财富。让我们一起走进温州，感受这座城市独有的韵味和风采。

任务描述

本次讲解的主要任务是，通过详细的介绍，使大家对温州有一个全面而深入的了解，在浙江省全国导游证面试的"所在城市概况"项目中取得高分。

相关知识

温州概况：主要包括温州历史、行政区划、温州商人、温州模式等，共3分钟。

操 作 示 例

各位朋友，大家好！欢迎来到温州观光、游览！首先，请允许我向各位介绍一下温州的基本情况。温州是浙江省三大中心城市之一，位于浙江省最南部，是浙南政治、经济、文化、交通中心，也是浙江省人口最多的城市之一。

温州现辖鹿城、龙湾等四个区，苍南、永嘉等五个县，代管瑞安、乐清、龙港三个县级市。温州属于典型的亚热带季风气候，温度适中，四季分明，雨量充沛。

温州的城市特色可以概括为"古、商、侨、轻、活"五个字，下面我着重介绍"商"字。

温州人善于经商，常言道："十个温州人九个商，还有一个会算账。"改革开放后，温商群体声名鹊起，他们创办了无数个"温州商贸城""温州村""温州街"等，"温州饭店"和"温州发廊"遍布全国各地的大街小巷。人们戏称温州人是"东方的犹太人"，甚至称："高山峡谷有小城，有城就有温州人，哪里有市场，哪里就有温州人，哪里没有市场，哪里就有温州人去开拓市场。"温州人凭借"五把小刀"闯天下。第一把刀是"菜刀"，象征着厨师职业与餐饮行业；第二把刀是"剪刀"，代表着裁缝技艺与服装产业；第三把刀是"剃头刀"，关联着美容美发行业；第四把刀是"螺丝刀"，意味着维修与修补服务；第五把刀是"皮刀"，涉及皮革的加工与生产领域。他们"走遍千山万水，历经千辛万苦，想尽千方百计，说了千言万语，访遍千家万户，挣了千金万银，带来温州今天的千变万化，造就了千千万万个千万富翁"。

钱兴中先生将温州人的创业精神总结为"两板精神"，即"躺下去能睡地板，站起来能做老板"。温州人自主改革、自担风险、自强不息、自求发展，恋乡不守土，敢冒知进退，重利不守财，吃苦不叫苦，创造了中国民营经济发展的"温州模式"。

欢迎大家来到温州，接下来请跟我一起去雁荡山参观、游览。

【动笔创作】

根据浙江省全国导游证面试要求，撰写一篇3分钟的温州城市概况讲解词。

任务 9.11　舟山城市概况

引言

舟山是一个被蔚蓝大海温柔拥抱的城市。这座镶嵌在东海之滨的璀璨明珠，以其独特的海岛风光、丰富的海洋资源和深厚的渔文化，吸引了无数游客的目光。接下来，让我们一同探索舟山这座城市的独特魅力。

在线课堂	交互式课件	舟山城市概况导考视频

情境导入

金色的阳光洒在波光粼粼的海面上，远处是连绵不绝的岛屿，海鸥在蓝天与碧海之间自由翱翔，空气中弥漫着海水的咸香和渔船的烟火气。这就是舟山，一个让人心旷神怡、流连忘返的地方。让我们带着这份美好的想象，一同走进舟山的世界吧！

任务描述

本次讲解的主要任务是，通过详细的介绍，使学生对舟山有一个全面而深入的了解，在浙江省全国导游证面试的"所在城市概况"项目中取得高分。

相关知识

舟山概况：主要包括行政区划、三大支柱(旅游、渔业、港口)、连岛大桥、桃花岛、朱家尖等，共3分钟。

操 作 示 例

　　舟山市是我国第一个以群岛建制的地级市，隶属于浙江省。舟山群岛是中国第一大群岛，如果把长江比作跃向东海的一条巨龙，把上海比作龙首，舟山就是龙首上那颗璀璨的龙珠。舟山是目前我国空气质量最好的城市之一，是岛最多、鱼最多、船最多、港最优的港口旅游城市之一。

　　舟山市拥有1300多个岛屿，住人岛屿100多个，是仅次于中国台湾岛、海南岛、崇明岛的中国第四大岛。下辖定海、普陀两区和岱山、嵊泗两县，常住人口超114万。舟山气候宜人，夏无酷暑，冬无严寒。

　　舟山是一座文化底蕴深厚的城市，在5000多年前的新石器时代，创造了神秘而灿烂的"海岛河姆渡文化"，被誉为"中国海岛第一村"。

　　舟山拥有"港、景、渔"三大资源优势。舟山是中国最大的海产品生产、加工、销售基地之一，素有"东海鱼仓"和"中国渔都"的美称，共有海洋生物1000多种，带鱼、墨鱼、大小黄鱼是舟山传统的知名鱼类。

　　舟山是一座素以"海天佛国、渔都港城"闻名海内外的魅力之城。舟山拥有普陀山、嵊泗列岛两个国家级风景区和岱山、桃花岛两个省级风景名胜区。蓝天、碧水、沙滩、佛教、海鲜构成了舟山海岛旅游的特色名片。"海天佛国"普陀山、"十里渔港"沈家门、"沙雕故乡"朱家尖、"南方北戴河"嵊泗列岛、金庸笔下的桃花岛、蓬莱仙岛岱山等闻名中外，舟山日益成为大中城市居民休闲度假的后花园。

　　舟山是一座充满梦想的希望之城。浙江舟山群岛新区的目标定位已经明确，我们围绕"四岛一城一中心"的建设目标，加快建设国际物流枢纽岛、对外开放门户岛、海洋产业集聚岛、国际休闲生态岛、海上花园城、舟山江海联运服务中心。

　　欢迎大家来到舟山，接下来请跟随我去舟山普陀山参观、游览。

【动笔创作】

　　根据浙江省全国导游证面试要求，撰写一篇3分钟的舟山城市概况讲解词。

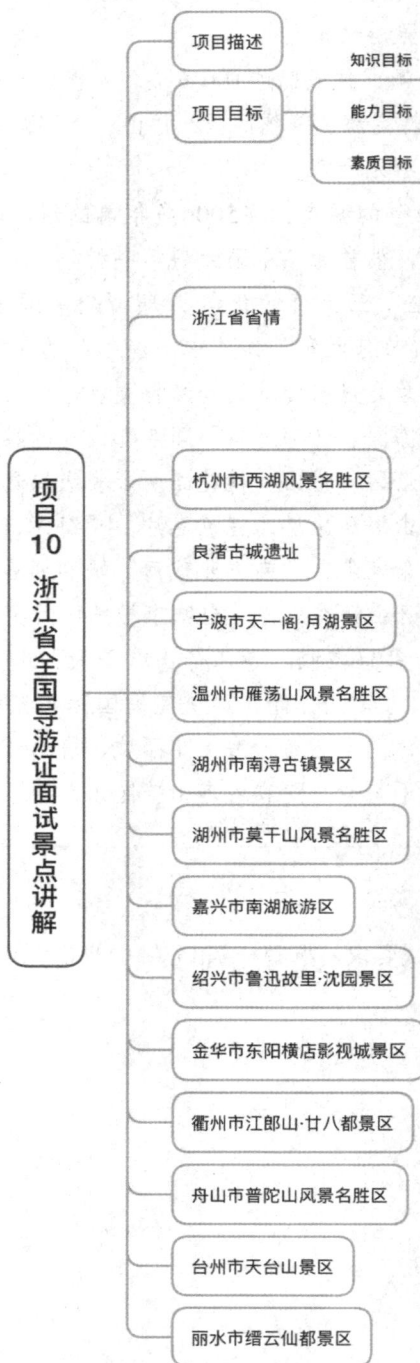

项目10　浙江省全国导游证面试景点讲解

项目 结构

```
                              ┌─── 项目描述
                              │
                              │                    ┌── 知识目标
                              ├─── 项目目标 ────────┼── 能力目标
                              │                    └── 素质目标
                              │
                              ├─── 浙江省省情
                              │
                              ├─── 杭州市西湖风景名胜区
                              │
                              ├─── 良渚古城遗址
                              │
                              ├─── 宁波市天一阁·月湖景区
项目10                        │
浙江省全国导游证面试景点讲解 ──┼─── 温州市雁荡山风景名胜区
                              │
                              ├─── 湖州市南浔古镇景区
                              │
                              ├─── 湖州市莫干山风景名胜区
                              │
                              ├─── 嘉兴市南湖旅游区
                              │
                              ├─── 绍兴市鲁迅故里·沈园景区
                              │
                              ├─── 金华市东阳横店影视城景区
                              │
                              ├─── 衢州市江郎山·廿八都景区
                              │
                              ├─── 舟山市普陀山风景名胜区
                              │
                              ├─── 台州市天台山景区
                              │
                              └─── 丽水市缙云仙都景区
```

项目 描述

广义的"景区"是从全域旅游的视角出发，对任何一个或大或小的旅游目的地的统称。从浙江省的情况来看，大到处于全省大花园建设中的浙江全域，中到全域旅游示范县、特色小镇、风情小镇、景区村庄、景区城等，小到每一个具体的景区景点，都可以看作一个"景区"，或称为目的地。景区主要景点讲解是指进入景区后按照游览顺序对每个景观节点或元素进行现场导游讲解。

项目 目标

知识目标： 1. 了解景区概况讲解的基本结构，包括开场白、主体部分和游览指导部分。

        2. 掌握浙江省13个景区的景区位置、结构布局、功能定位、价值、荣誉等。

能力目标： 1. 根据不同景区的特点，灵活运用关键词法、视角归纳法、功能定位法。

        2. 通过小组协作，根据眼前所见"讲事实、解原委"，说清楚"是什么""为什么""怎么样"等问题。

素质目标： 1. 通过精通景点知识，展现浙江文化底蕴，增强民族自豪感。

        2. 讲解浙江省景点时，自觉树立起弘扬与传播我国璀璨优秀文化的崇高职业使命感。

任务 10.1　浙江省省情

引言

浙江是一个古老而又充满活力的地方，它的名字蕴含着"江流不息、变革不止"的精神，它以其独特的自然风光、深厚的历史文化底蕴、蓬勃的经济发展以及和谐的社会氛围，吸引着国内外无数游客的目光。接下来，让我们一同走进浙江，感受它的独特魅力。

在线课堂

交互式课件

浙江省省情导考视频

情境导入

杭州西湖的断桥之上，春风轻拂，柳丝轻舞，远处是雷峰塔的静谧身影，近处则是游船如织、笑语盈盈的湖面。这一刻，你仿佛穿越了时空，回到了那个文人墨客吟诗作对的年代。而这仅仅是浙江魅力的冰山一角。从东到西，从南到北，浙江的每一寸土地都散发着独特的韵味，等待着我们去发现、去体验。

任务描述

本次讲解的主要任务是全面而生动地介绍浙江省情，让听众能够深入了解浙江的自然景观、历史文化、旅游资源、经济发展和社会现状，并在浙江省全国导游证面试的"省情介绍"项目中取得高分。

相关知识

浙江省省情(浙江省概况和浙江省代表性文化旅游资源)介绍

(1) 浙江基本形态介绍：地理位置、行政区划、面积、人口、地形地貌、气候条件、交通状况、历史沿革等，共3分钟。

(2) 主要景点介绍：浙江精神，共2分钟；全域旅游开发，共2分钟；全域旅游发展，共2分钟。

操 作 示 例

各位游客，大家好！欢迎来到"诗画江南、山水浙江"！浙江要"努力成为新时代全面展示中国特色社会主义制度优越性的重要窗口"，这是国家对浙江的殷切期望，也是我们浙江人的骄傲和荣誉。为此，浙江人会更加努力地建设自己的家乡，不负众望，做好这个示范窗口。接下来请让我给大家介绍一下浙江省的基本概况。

浙江省，简称"浙"，地处中国东南沿海、长江三角洲南翼，东临东海，南接福建，西与江西、安徽相连，北与上海、江苏接壤。浙江省境内最大的河流钱塘江因江流曲折，称"之江"，又称"浙江"，省以江名。浙江省陆域面积为10.55万平方千米。全省常住人口已超6000万。除汉族外，约有220万人口为少数民族，这些人分属55个少数民族。全国唯一的畲族自治县——景宁畲族自治县就在浙江丽水市。浙江省下辖11个地级市：杭州、绍兴、嘉兴、宁波、舟山、台州、温州、丽水、衢州、金华、湖州。其中杭州、宁波为副省级城市。浙江省地势由西南向东北倾斜，地形复杂，由平原、丘陵、盆地、山地、岛屿构成。浙江山地和丘陵占74.63%，平坦地占20.32%，河流和湖泊占5.05%，耕地面积仅208.17万公顷(1公顷即1万平方米)，故有"七山一水二分田"之说。地处亚热带中部，属季风性湿润气候，自然条件较优越。

浙江历史悠久，早在5万年前的旧石器时代，就有原始人类"建德人"在今天的浙江西部山区一带活动。进入新石器时代，浙江境内人类活动的范围已相当广泛。全省境内已发现的新石器时代遗址达百处以上。唐肃宗乾元元年(公元758年)，浙江地区作为一个省级行政区的雏形开始形成。南宋王朝(公元1127—1279年)建都临安(今杭州)，历时150余年。明朝(公元1368—1644年)浙江省名正式确立。历史上，浙江经济较为发达。丝绸、制瓷、造纸、印刷和造船业等在全国长居领先地位。浙江人才辈出。思想家王充、王阳明、黄宗羲、龚自珍，诗人贺知章、骆宾王、孟郊、陆游，科学家沈括，戏剧家李渔、洪昇等都是杰出代表。20世纪，中国文学巨匠鲁迅、茅盾，教育家蔡元培，著名科学家茅以升、竺可桢、钱学森、陈省身，以及李叔同、王国维、艾青、徐志摩、陈望道、马寅初、金庸等一批名人均为浙江人。

浙江是中国对外开放度较高的沿海省份之一，也是投资环境较好的省份。浙商名号享誉全国乃至全世界，浙江人勤劳、肯吃苦、勇立潮头的精神使得浙江省的经济实力一直在全国名列前茅。浙江经济最大的特色是民营企业，充满活力的民营企业家们带领着越来越多的老百姓发家致富，走上了奔小康的道路。

浙江省的旅游资源非常丰富。浙江素有"鱼米之乡、丝茶之府、文物之邦、旅游胜地"之称。全省有重要地貌景观800多处、水域景观200多处、生物景观100多处、人文景观100多处，自然风光与人文景观交相辉映，特色明显，知名度高。

浙江既富名山胜水，又多文物古迹，是中国旅游业最发达的地区之一。普陀山是"海天佛国"，为中国四大佛教圣地之一。莫干山号称"万国别墅园"，为中国四大避暑胜地之一。雁荡山则以"造型地貌"闻名，多奇石怪岩，又是动植物宝库。低山丘陵多有岩溶奇景，金华三洞、杭州桐庐县瑶琳仙境令人叹为观止。富春江之美、钱塘潮之雄久负盛名。湖泊有杭州西湖、绍兴东湖、宁波东钱湖等，杭州淳安县千岛湖(新安江水库)则算是人工湖中的佼佼者。从大禹、越王勾践、王羲之、白居易、苏轼、陆游、岳飞，到近代鲁迅、秋瑾、周恩来等，许多名人都在这里留下了遗迹。京杭运河从这里开始。天一阁被称为"天下第一藏书楼"。杭州、绍兴、宁波都被列为国家历史文化名城。而全省旅游重点杭州素以"人间天堂"驰誉世界，文物古迹遍布城内外，因此成为中国六大古都之一和五大旅游热点之一。此外，浙江素有"文物之邦""戏剧美术大省"的称誉。闻名遐迩的河姆渡、良渚文化遗址的发掘，有力地证明了长江流域也是中华民族的摇篮。浙江是吴越文化的发祥地、南戏发祥地和越剧的故乡，有着十分丰富和特色鲜明的传统文化。

浙江浓郁的乡土风情孕育了绚丽多姿的民间艺术。"三雕一塑"——东阳木雕、青田石雕、温州黄杨木雕和"瓯塑"蜚声中外。剪纸、刺绣、染织、编织和灯彩丰富多彩。嘉兴秀洲、宁波慈溪和舟山等地的农民画和渔民画充满了生活劳作气息。浙江民间的舞蹈、器乐、戏曲、曲艺独具特色。在我国公布的国家级非物质文化遗产保护代表作品名录中，浙江省有37个项目、42个保护单位被列入，入选数居全国第一。

浙菜作为中国八大菜系之一，选料时鲜，制作精细，品种繁多，注重营养，讲求鲜咸合一，清淡鲜嫩。代表菜有许多，比如杭州天香楼的"东坡肉"、楼外楼的"西湖醋鱼"，名扬中外。浙江的风味小吃品种也极多，比如吴山酥油饼、金华酥饼、杭州奎元馆的虾爆鳝面，知味观的"幸福双"点心、湖州丁莲芳千张包子等都家喻户晓。

接下来的几天，就由我带领大家去领略浙江的好山好水、民俗风情吧。

【动笔创作】

根据浙江省全国导游证面试要求，撰写一篇9分钟的浙江省省情(浙江省概况和浙江省代表性文化旅游资源)讲解词。

任务 10.2　杭州市西湖风景名胜区

引言

杭州市西湖风景名胜区是中国乃至世界闻名的旅游胜地。西湖作为杭州的灵魂与象征，不仅以其秀美的山水风光闻名遐迩，亦承载着深厚的历史文化底蕴和丰富的人文情怀。

在线课堂　　　　　　　　　交互式课件　　　　　　　　杭州市西湖风景名胜区导考视频

情境导入

春日里，阳光温柔地洒在湖面上，波光粼粼，微风拂面，带着淡淡的花香和草的气息。你漫步在苏堤之上，两旁是翠绿的柳树和盛开的桃花，而在远处，雷峰塔和保俶塔遥相呼应，仿佛一幅动人的水墨画卷缓缓展开。这就是西湖，一个让人心旷神怡、流连忘返的地方。

任务描述

本次讲解的主要任务是全面而生动地介绍杭州市西湖风景名胜区的自然景观、历史文化、人文景观和旅游资源等，并在浙江省全国导游证面试的"抽选景点"项目中取得高分。

相关知识

杭州市西湖风景名胜区介绍

(1) 西湖概况介绍：包括西湖的形成原因、格局、位置、面积、深度等；西湖的民间传说及科学成因、西湖历代的治理等，共3分钟。

(2) 主要景点介绍：苏堤的由来、苏东坡生平，共2分钟；白堤的由来、白居易生平，共2分钟；断桥的传说及由来，共2分钟。

操作示例

各位朋友，来杭州之前，您一定听说过"上有天堂，下有苏杭"这句名言吧！其实，人们之所以把杭州比喻成人间天堂，很大程度上是因为杭州西湖。就连唐朝大诗人白居易离开杭州时也对西湖念念不忘："未能抛得杭州去，一半勾留是此湖。"诗人说他之所以舍不得离开杭州，主要是因为杭州有一个美丽迷人的西湖。

西湖傍杭州而盛，杭州因西湖而名。自古以来，"天下西湖三十六，就中最好是杭州"，以西湖为中心的西湖景区，被列入国务院发布的首批国家重点风景名胜区，也已入选全国首批十大文明风景旅游区。2007年，国家旅游局正式将西湖景区批准为国家5A级旅游景区。2011年，西湖景区正式被列入《世界遗产名录》。

西湖之美，美在其如诗如画的湖光山色。

西湖四周，绿荫环抱，山色葱茏。逶迤群山之间，林泉秀美，溪涧幽深。100多处各具特色的公园景点中，有三秋桂子、六桥烟柳、九里云松、十里荷花，还有著名的"西湖十景"和"新西湖十景"以及"三评西湖十景"等，将西湖连缀成了色彩斑斓的大花环，使其在春夏秋冬各有景致，阴晴雨雪，独有情韵。

西湖十景是哪十景呢？它们分别是：

苏堤春晓、曲苑风荷、平湖秋月、断桥残雪、柳浪闻莺、花港观鱼、雷峰夕照、双峰插云、南屏晚钟、三潭印月。

各位游客，前面这条锦缎似的长堤就是著名的苏堤，全长约2.8千米。关于苏堤，我们不得不从苏东坡说起。北宋元祐四年，苏东坡第二次来杭州做官时，见西湖草长水涸，葑田已占西湖之半，于是在第二年上书朝廷，要求疏浚西湖。苏东坡凭着朝廷给他的100道"度牒"(僧人的身份证明)，激励当地的老百姓开浚西湖，终于把湖中葑草打捞干净，并用挖出的葑草和淤泥筑起了这条从南屏晚钟到栖霞岭下的纵贯西湖南北的长堤。后人为了缅怀苏东坡的功绩，将此堤命名为"苏公堤"。

苏东坡来自四川眉山，号东坡，为北宋大诗人。他于北宋后期两次来杭任职，任了三年的通判、两年的知州，可以说是杭州市的"老市长"。这位"老市长"为

169

我们留下了"一个湖、一条堤、一首传世绝诗和一道传世名菜"，"一个湖"当然就是西湖；"一条堤"就是苏公堤，也叫苏堤；"一首传世绝诗"即《饮湖上初晴后雨》，里面的"欲把西湖比西子，淡妆浓抹总相宜"几乎是人尽皆知的；"一道传世名菜"就是肥而不腻的"东坡肉"。杭州不仅有"东坡路""学士路"，还有"苏东坡纪念馆"，可见杭州人对苏东坡的感情之深。

各位游客，西湖是杭州的著名景点，其中以"三堤"最为有名。

大家眼前的这条"数株杨柳间株桃"的长堤就是著名的白堤。它全长约1千米，是杭州市区连接西湖的一条东西向的湖上纽带。白堤原名"白沙堤"，这条堤紧靠着宝石山和孤山，故以"沙"字命名，但因堤的名称恰巧与白居易的姓一致，而白居易在杭州做刺史时，的确修建过一条白公堤，人们为纪念白居易，故将白沙堤改为白堤，它饱含着杭州人民对这位贤明地方官的深情。

白居易自称香山居士，来自陕西渭南，是唐代杰出的现代主义诗人。他担任杭州刺史的时候，十分关注杭州的水利，除疏理李泌开凿的六井外，还大力治理西湖。

白居易曾经在《钱塘湖春行》一诗中称颂道："孤山寺北贾亭西，水面初平云脚低。几处早莺争暖树，谁家新燕啄春泥。乱花渐欲迷人眼，浅草才能没马蹄。最爱湖东行不足，绿杨阴里白沙堤。"

各位游客，有水的地方必定有桥。杭州西湖及其周边有无数的桥，在这数不清的桥当中，断桥、长桥和西泠桥是最知名的。

断桥位于杭州西湖北里湖和外西湖的分水点上，一端跨着北山路，另一端接通白堤。据说，早在唐朝，断桥就已经建成，宋代称"保佑桥"，元代称"段家桥"。在西湖古今诸多大小桥梁中，它的名气最大。那么，断桥为什么叫断桥呢？对于这个问题，历来众说纷纭，一说孤山之路到此而断，故名断桥；一说段家桥简称断桥，谐音为断桥；一说古石桥上建有亭，冬日雪霁，桥阳面冰雪消融，桥阴面仍然玉砌银铺，从葛岭远眺，桥与堤有断之感，得名"断桥残雪"。传说白娘子与许仙断桥相会，有人把"断"解释为"断肠"之"断"，确为断桥景物增添了浪漫色彩。也有人说，南宋王朝偏安一隅，多情的画家取残山剩水之意，于是拟出了桥名和景名，后一种说法似乎更可取。断桥所处之地是山、城、湖、堤、桥的交会处，确实是冬天观赏西湖盛景的最佳之地，尤其是大雪过后，只见远山银装素裹，近树灿若梨花，湖水晶莹透彻，令人叹为观止，难怪古人有"晴湖不如雨湖，雨湖不如月湖，月湖不如雪湖"之说。

【动笔创作】

根据浙江省全国导游证面试要求，撰写一篇9分钟的杭州市西湖风景名胜区导游讲解词。

任务 10.3　良渚古城遗址

引言

　　良渚古城遗址有着一段古老而辉煌的历史。作为中国五千年文明史的重要实证，良渚古城不仅揭示了新石器时代晚期中国古代社会的繁荣景象，也为我们理解中华文明起源和早期国家形态提供了宝贵的资料。接下来，让我们一同探索这座古城的奥秘。

在线课堂　　　　　　　　　交互式课件　　　　　　　　　良渚古城遗址导考视频

情境导入

　　请闭上眼睛，想象自己穿越时空，回到了四千多年前的良渚古城。那时的天空清澈如洗，河流蜿蜒流淌，肥沃的土地上孕育着繁荣的农业和手工业。在这片土地上，一座宏伟的古城拔地而起，城墙高耸，宫殿巍峨，街道两旁是繁忙的市集和精美的玉器作坊。这就是良渚古城，一个曾经辉煌一时的古代文明中心。

任务描述

　　本次讲解的主要任务是全面而生动地介绍良渚古城遗址的历史背景、考古发现、文化内涵以及它在中华文明史上的重要地位等，并在浙江省全国导游证面试的"抽选景点"项目中取得高分。

相关知识

良渚古城遗址介绍

　　(1) 良渚古城遗址概况介绍：良渚文化、良渚遗址、良渚古城、良渚王国、良渚文明，共3分钟。

　　(2) 主要景点介绍：城址区，共2分钟；瑶山遗址区，共2分钟；水利系统，共2分钟。

> **操作示例**
>
> 　　各位游客大家好！我代表我们旅行社的全体人员对大家的到来表示热烈的欢迎，我将竭尽全力为您服务。希望大家能积极支持和配合我的工作。在这里，我预祝大家旅途愉快，能够高兴而来，满意而归。

今天我将带着大家穿越到4000多年前，去看看4000多年前的杭州是怎么样的，以及这里的人民是怎么生活的。没错，今天我们要参观的地方就是不久前被列入世界文化遗产名录的浙江良渚文化遗址。2019年7月6日，中国良渚古城遗址被列入《世界遗产名录》。良渚文化遗址申遗成功后，杭州的世界遗产数量便由2个升级为3个，另外2处分别是杭州西湖和京杭大运河杭州段。进入良渚文化遗址景区前，我先给大家做个简单的概况介绍。

良渚古城位于杭州城北18千米处余杭区瓶窑镇，是揭示中华五千年文明史的圣地。它是长江下游地区首次发现的新石器时代城址，在陕西神木"石峁遗址"被发现之前，良渚古城是中国最大的史前城址，一直被誉为"中华第一城"。年代上限很可能是公元前2600年，下限是公元前2300年。也就是说，古城遗址至少距今4300年。国家文物局曾明确提出，在发现的代表中国早期文明的大遗址中，良渚遗址的规模最大，水平最高，是证实中华五千年文明史的最具规模的地区之一。整个良渚古城略呈圆角长方形，正南北方向，东西长1500～1700米，南北长1800～1900米，总面积达290多万平方米。

那么，良渚古城遗址凭什么能入选世界文化遗产，为何又让中国考古界极为兴奋？它的发现意义何在？这要从良渚文化遗址的发掘成果说起。良渚遗址的重大发现是这里是一座"城"。良渚考古学者发现，在这里有城墙，有城门，有完整的水利系统，有大型的粮仓，还有众多雕刻水平高超的玉器，这些发现都证实了此地曾经是一座城，甚至是一个"国"。一直以来我们说的"中国五千年文明"，在国际上始终未得到认可，国际学术界只认可中国三千多年的历史。而良渚古城址以无可辩驳的实物证据印证了中华文明五千年历史，为其提供了确切的学术支撑。良渚古城遗址申遗成功，意味着它所代表的中华五千年文明得到了国际的广泛认可，这对于我们国家和民族意义重大。

良渚文化遗址的发现，还有利于扩大中华文化的影响力。中国目前已经成为世界第二大经济体，但中国文化在国际上的影响力与其五千年历史的深厚底蕴还很不相匹配。中国若要在世界范围内发挥举足轻重的影响力，就不能仅仅依靠经济，还要从文化上着力，以中华文明和优秀传统文化来感召整个世界。良渚古城遗址是我们扩大中华文化影响力的重要阵地，申遗成功预示着未来我们将依靠这一阵地加快中华文明走向世界的步伐。

现在的良渚文化遗址公园占地约14.34平方千米，分城址区、瑶山遗址区以及外围水利工程的平原低坝区、山前长堤区和谷口高坝区等片区。根据遗产价值和访客的基本服务需要，主要设置了城门与城墙、考古体验、河道与作坊、雉山观景台、莫角山宫殿、反山王陵、西城墙遗址、凤山研学基地、大观山休憩区和鹿苑等十大片区。景区面积很大，游客可以乘坐电动观光车参观。观光车是全程免费的，电动观光车会沿着固定的游览线路前行，在每个遗址点都有观光车站，游客可以选择下车步行体验良渚古城遗址风情。

接下来我们来到了第一站：陆城门。这里是良渚古城唯一一处陆路交通通道。可别惊讶，良渚古城营建于沼泽湿地之上，河网密布，水系发达，称为"东方水城"也不为过，考古学家发现水路交通为当时最主要的出行方式，良渚先民经常乘坐独木舟与竹筏来往于古城内外。这座陆城门由三处小型夯土台基构成，俯瞰下来就是一个品字形，这三座高台只是用于标注城门的位置，为了保护遗址，真正的古城墙依旧埋在土里，它的真实高度有7~8米。

接下来我们来到宫殿区，这是整个遗址公园的重要打卡点，因为五千年前，宫殿区就在此，曾经君王的无上权威照耀着莫角山。时光如梭，君王两侧的侍卫已经换成路边的花，鲜花婀娜，不见金戈。唯有脚下这座由先民们花费大量人力堆建的莫角山高台留存了下来。这座高台高约10米，东西长约630米，南北宽约450米，面积约为0.3平方千米，土方量高达283.5万立方米，是一处令人惊叹的神迹。高台顶上趴着三个土堆，它们其实是三座山：大莫角山、小莫角山和乌龟山。大莫角山是王宫所在，2013—2015年间，考古工作者在大莫角山发现了7个面积约为300~900平方米的良渚文化时期房屋基址。小高层、大平层、市中心，不愧是王的居所。走到台边，俯瞰7万平方米的沙土广场，五千年前良渚先民在这里载歌载舞，举行祭祀和庆典。站在此处，有一种一览众城的豪迈感，环顾四周，良渚古城内外景观一览无遗，充分展现了"以中为尊，以高为崇"的理念。

接下来，我们来到反山遗址，这里是良渚王的安息之所。1986年，在这里发掘出随葬玉器、石器、象牙器、嵌玉漆器、陶器等1200余件组，若以单件计件，则近4000件，其中90%为玉器，这么大的规模，这么丰厚的随葬品，墓主人的地位可想而知。尤其是位于墓地中心的12号墓，出土了至今为止个体最大的玉琮和玉钺。

接下来，我就带大家去寻宝，看看良渚遗址中最漂亮的宝贝——玉琮吧！

【动笔创作】

根据浙江省全国导游证面试要求，撰写一篇9分钟的良渚古城遗址导游讲解词。

任务 10.4　宁波市天一阁·月湖景区

引言

天一阁作为中国现存最古老的私家藏书楼之一，不仅承载着丰富的历史文化遗产，也是中国古代藏书文化的瑰宝。而月湖则以其宁静秀美的湖光山色，与天一阁相得益彰，共同构成了宁波这座历史文化名城的独特风景线。

在线课堂

交互式课件

天一阁·月湖景区导考视频

情境导入

湖面波光粼粼，倒映着周围的参天古木与古朴建筑。不远处，天一阁的飞檐翘角在绿树丛中若隐若现，仿佛一位历经沧桑的老者，静静地诉说着千年的故事。在这里，你可以感受到古代文人的风雅与情怀，也可以领略到自然与人文的和谐共生。

任务描述

本次讲解的主要任务是全面而生动地介绍宁波市天一阁·月湖景区的历史背景、文化特色、自然景观等，并在浙江省全国导游证面试的"抽选景点"项目中取得高分。

相关知识

宁波市天一阁·月湖景区介绍

(1) 天一阁·月湖景区概况介绍：藏书文化区、园林休闲区、陈列展览区、学术文化、藏书文化、辞章文化、海丝文化，共3分钟。

(2) 主要景点介绍：藏书文化区，共2分钟；园林休闲区，共2分钟；月湖景区，共2分钟。

操作示例

各位游客大家好，我代表我们旅行社的全体人员对大家的到来表示热烈的欢迎，同时感谢大家对我们旅行社的支持和信任。我将竭尽全力为您服务。希望大家能积极支持和配合我的工作。在这里，我预祝大家旅途愉快，能够高兴而来，满意而归。

各位游客，欢迎大家来到天一阁·月湖景区。在参观之前，我先对整个景区做个基本介绍。天一阁·月湖景区由天一阁博物馆与月湖两大核心景点组成，总面积约1平方千米，景区内有各级文物保护单位50余处。天一阁建于明朝中期，由当时退隐的明朝兵部右侍郎范钦主持建造，占地面积约2.6万平方米，已有400多年的历史，是中国藏书文化的代表之一。天一阁是中国现存最早的私家藏书楼，也是亚洲现有最古老的图书馆和世界最早的三大家族图书馆之一。现藏各类古籍近30万卷，其中珍椠善本8万余卷，以地方志和科举录居多。

一部宁波史，半部在月湖。作为宁波的"母亲湖"，月湖水域面积约9公顷(1公顷即1万平方米)，始凿于唐贞观年间，至今已有1400多年的历史。至北宋，王安石任县令，于月湖延聘"庆历五先生"，兴教重学，浙东学术自此萌芽。而天一阁就位于月湖的西岸。

接下来，我们前往天一阁参观。天一阁始建于明嘉靖四十年至四十五年(1561—1566年)，由兵部右侍郎范钦主持建成。范钦喜好读书和藏书，平生所藏各类图书典籍达7万余卷。范钦所收藏图书以方志、政书、科举录、诗文集为特色。由于范钦一度位高权重，他的一部分藏书为官署的内部资料，这也是普通藏书家难以获得的。他解职归田后，便建造藏书楼来保管这些藏书。范钦最早的藏书楼不叫"天一阁"，而叫"东明草堂"。他辞官归家后，随着藏书的增多，急需新的藏书楼。所以范钦根据郑玄所著《易经注》中的"天一生水，地六成之"之义，将新藏书楼命名为"天一阁"，并在建筑格局中采纳"天一地六"的格局，楼外筑水池以防火，"以水制火"。同时，采用各种防蛀、驱虫措施保护书籍。

康熙四年(1665年)，范钦的曾孙范光文绕池叠砌假山、修亭建桥、种花植草，使整个楼阁及其周围初具江南私家园林的风貌。

天一阁分藏书文化区、园林休闲区和陈列展览区。以宝书楼为中心的藏书文化区有东明草堂、范氏故居、尊经阁和新建藏书库等。以东园为中心的园林休闲区有明池、假山、长廊等景点。以近代民居建筑秦氏支祠为中心的陈列展览区包括芙蓉洲、闻氏宗祠和新建的书画馆。

各位游客，现在我们所处的就是宝书楼。它是重檐硬山顶二层建筑，坐北朝南。范钦取郑玄《易经注》中"天一生水，地六成之"之义，将藏书楼建成上下两层。上层为一个单间，下层由标准五开间和一间楼梯间组成，形成"天一地六"的格局。宝书楼的周边设计中体现出不少防火方面的细节。西侧生活区与藏书楼利用防火墙隔开，保持一定距离，并使两者的门错开。藏书楼周边拥有大量的安全出口。藏书楼前修筑水池，蓄水以备火灾时使用。相传，这一水池的水与月湖相通，因而水量源源不断。

现在我们来到东明草堂。东明草堂为天一阁建成前范钦的藏书楼，得名于范钦别号。范钦号东明，故题其书室为"东明草堂"。现在的东明草堂于1980年重建。我们可以看到正门前有獬豸的浮雕。

现在我们来到的是司马第，司马第是范钦的住所，得名于范钦官职，这里藏有范钦官服复制品和范家世系表。环境幽雅，位于月湖深处，绿树成荫，这里于1996年完成整修，恢复了司马第的台门和耳房。

各位游客，我们眼前的这个风景秀丽的湖就是月湖。月湖是一个人工湖，开凿于唐朝，南宋时期，建造了大量的亭台楼阁，种植了四时花树，形成月湖上十洲胜景。宋元以来，月湖景区是浙东学术中心，是文人墨客憩息荟萃之地。唐代大诗人贺知章、北宋名臣王安石、南宋宰相史浩、宋代著名学者杨简、明末清初大史学家万斯同，这些风流人物，或隐居，或讲学，或为官，或著书，都在月湖景区留下了不可磨灭的印痕。

接下来，让我带大家走近月湖参观一下吧。

【动笔创作】

根据浙江省全国导游证面试要求，撰写一篇9分钟的宁波市天一阁·月湖景区导游讲解词。

任务 10.5　温州市雁荡山风景名胜区

引言

作为浙江省的著名旅游胜地，雁荡山不仅以其秀丽的山水风光闻名遐迩，亦承载着丰富的历史文化与自然奇观。它不仅是国家首批重点风景名胜区之一，也是世界地质公园，以其独特的火山岩地貌和丰富的自然景观吸引着无数游客前来探访。接下来，让我们一起踏上这场探索之旅，感受雁荡山的独特魅力。

在线课堂　　　　　　交互式课件　　　　温州市雁荡山风景名胜区导考视频

情境导入

温州这座充满生机与活力的城市东临东海，南毗福建，西通丽水，北通台州，地理位置得天独厚。作为浙江南部的政治、文化、经济、交通和旅游中心，温州不仅拥有悠久的历史文化，还孕育了如雁荡山这样的自然奇观。现在，请闭上眼睛，深呼吸，感受那份来自雁荡山的清新与宁静，仿佛我们已经置身于那层峦叠嶂、云雾缭绕的山间，准备开始一场难忘的旅行。

任务描述

本次讲解的主要任务是全面而生动地介绍温州市雁荡山风景名胜区的历史文化、地质特色等，并在浙江省全国导游证面试的"抽选景点"项目中取得高分。

📝 相关知识

温州市雁荡山风景名胜区介绍

(1) 雁荡山概况介绍：主要包括名字由来、地理位置、地质地貌特点，共3分钟。

(2) 主要景点介绍：灵峰日景、夜景，共2分钟；灵峰岩景区，共2分钟；大龙湫景区，共2分钟。

🔵 操 作 示 例

各位朋友，大家好！欢迎来到雁荡山观光、游览。很荣幸能为大家的雁荡山之旅提供导游服务，相信美丽的雁荡山一定能给您留下愉快、美好的印象。

雁荡山位于温州乐清市境内，位居中国三山五岳、十大名山之列，被誉为"海上名山""爱情圣地"，是我国为数不多的滨海山岳型景区之一。1982年，雁荡山被评为国家5A级旅游景区；2005年，被评为世界地质公园，这标志着雁荡山成功地走出国门，迈向世界。

古人常用"寰中绝胜""天下奇秀"来形容雁荡山。现在，人们将其特色总结为"世界地质奇观，中华夜游名山"。

雁荡山是一座科学名山，奇山秀水的背后蕴藏着丰富的地质景观。雁荡山是环太平洋火山带中白垩纪时期的复活型破火山，火山的形成与演化模式是亚洲大陆边缘破火山中杰出的代表。历经多次大规模的喷发后，经过长达一亿多年的地质作用，才形成如今奇特的火山地貌景观。雁荡山的火山岩属于流纹岩，几乎涵盖了所有科学著作中流纹岩的种类，所以科学家把雁荡山称为"造型地貌博物馆"或"流纹岩天然博物馆"。

2004年，联合国教科文组织地学部主任艾德尔博士来雁荡山世界地质公园预验收的时候说："雁荡山是一部由岩石、流水、生命组成的交响曲，是世界的一大奇观。"为让游客一览雁荡山地质地貌，2015年开通了直升机观光项目，带您从空中俯瞰雁荡山全貌。

各位朋友，现在我们来到了灵峰景区！灵峰是雁荡山的东大门，与灵岩、大龙湫合称"二灵一龙"。古人云："峭刻瑰丽，莫若灵峰。"灵峰景区以其独特的山水景观吸引古往今来的文人墨客纷至沓来，如北宋科学家沈括、明代旅行家徐霞客等，留下了大量的诗文与题刻。

要欣赏灵峰夜景，需要三个条件：一是最佳时间；二是最佳位置；三是最佳想象力。

正前方是雁荡山的标志性景点——合掌峰。峰高约270米，右峰称为"灵峰"，左峰紧紧依靠着右峰，两峰合在一起，恰似参禅者双手合十状，故名"合掌峰"。

　　它白天像在礼拜的佛像，晚上却幻化成一对情侣，因此有"日日合掌朝人拜，夜夜情侣月下恋"的说法。合掌峰当中有一道裂缝，远看小而窄，它其实是雁荡山的第一大洞——观音洞，因供奉观音菩萨而得名。

　　观音洞原名"灵峰洞"，当地人刘允升见洞形奇特，便率老百姓在洞中建起九层楼阁，在洞内塑罗汉，此洞因而得名"罗汉洞"。清同治年间，洞内改塑观音菩萨，故改名为"观音洞"，一直沿用至今。

　　俗话说"天下名山僧占多"，雁荡山也不例外。在景区入口处，首先映入我们眼帘的是"钟鼓齐鸣"四个大字，它是1964年由上海朱文龙等人应景题写的。请大家将视线转向右上方，这整座岩石犹如一口大钟，左边山顶上的岩石就像一面圆鼓，天然的石钟与石鼓屹立在灵岩入口处的两侧，仿佛暗示古刹就在不远处。右侧的溪涧中横卧着一块岩石，上面刻着"灵岩"二字，落款为"癸亥卧云"。由于仅镌刻了干支年份，没有具体的朝代年号，在时间和人物上造成了很大的争议，此字究竟是哪位"卧云"，题于何时，已无从考证。

　　再往前走几步，左手边岩石上是1986年田纪云来雁荡山视察时题写的"雁荡奇景，贵在自然"八个大字。

　　各位游客，我们现在来到的是天柱峰。天柱峰海拔约270米，与展旗峰对峙，其状如门，合称"南天门"，两峰相距约250米，峰顶有钢索相连，"雁荡三绝"之一的灵岩飞渡就是在这根钢索上进行的，有外国游客欣赏完表演之后，称它是"世界上最高的空中舞台"。灵岩飞渡表演起源于药农的采药活动，雁荡山多数的名贵药草都生长在背阴的悬崖峭壁上，当地药农为了采集药材，背上系着绳索，攀爬峭壁，时间长了便练就一身飞崖走壁的绝技。自1916年开始表演以来，它就成为雁荡山的一大特色旅游项目。从事飞渡表演的当地山民，不仅在这里表演，还在全国其他景区巡回演出，如湖南张家界、贵州黄果树。相信您看过之后，一定会为雁荡山人的冒险精神和敢于同自然界争高低的勇气拍手叫绝。

　　现在我们看到的是大龙湫瀑布。提起名瀑，人们自然会想到久负盛名的北美洲尼亚加拉大瀑布和我国贵州黄果树瀑布，在宽度上，它们均已誉满全球，但是在落差上，与大龙湫相比，前者只有大龙湫的四分之一，后者也只不过二分之一。高约197米的大龙湫是我国单级落差最大的瀑布，与黄果树瀑布、壶口瀑布、吊水楼瀑布合称为"中国四大名瀑"。"龙湫"是什么含义呢？《康熙字典》的解释是"悬瀑水曰龙湫"。

　　正如清朝诗人袁枚在诗中描绘的那样："龙湫山高势绝天，一线瀑走兜罗绵。五丈以上尚是水，十丈以下全为烟。况复百丈至千丈，水云烟雾难分焉。"是的，大龙湫是美的，它的美体现在四季的变化上。

　　欢迎大家下次再来雁荡山游玩。

【动笔创作】

根据浙江省全国导游证面试要求，撰写一篇9分钟的温州市雁荡山风景名胜区导游讲解词。

任务 10.6 湖州市南浔古镇景区

引言

南浔古镇是浙江省湖州市的一颗璀璨明珠。南浔，这座拥有千年历史的古镇，以其独特的江南水乡风貌、深厚的历史文化底蕴和精美的古建筑群，成了国内外游客争相探访的旅游胜地。作为浙江省乃至全国知名的历史文化名镇，南浔不仅承载着厚重的历史记忆，亦展现了江南水乡的独特韵味。

在线课堂

交互式课件

湖州市南浔古镇景区导考视频

情境导入

想象你正漫步在一条青石板铺就的小巷中，两旁是错落有致的古建筑，白墙黛瓦，马头墙高耸，仿佛每一块砖、每一片瓦都在诉说着古老的故事。耳边是潺潺的流水声，偶尔传来几声船夫的摇橹声和远处孩童的嬉戏声，一切都那么宁静而和谐。这就是南浔古镇，一个让人忘却尘嚣、回归自然的地方。现在，让我们一起走进这个充满魅力的世界。

任务描述

本次讲解的主要任务是全面而生动地介绍湖州市南浔古镇景区的历史文化、古建筑群等，并在浙江省全国导游证面试的"抽选景点"项目中取得高分。

相关知识

南浔古镇介绍

(1) 南浔古镇概况介绍：地理位置、历史沿革、景区特色，共3分钟。

(2) 主要景点介绍：小莲庄，共2分钟；嘉业藏书楼，共2分钟；张石铭故居，共2分钟。

操作示例

明清时期，由于蚕丝业的兴起和商品经济的发展，南浔经济空前繁荣，在清末民初已成为全国蚕丝贸易中心，有"湖州一个城，不及南浔半个镇"的说法，南浔由此一跃成为江浙雄镇，富豪达数百家。明代时有"九里三阁老，十里两尚书"的说法，民国奇人张静江，西泠印社创始人之一张石铭，著名诗人、散文家徐迟等都来自南浔。

常言道："游遍江南九十九，不如南浔走一走。"这里为什么叫南浔呢？因为当时镇上的主河道叫浔溪，最初这个镇以河命名，称为浔溪，后来经济发展，浔溪两岸商贾云集，得名南林，有人上报朝廷，取其首字，称之为南浔。在南浔，你可以听到这么一句俗话："四象、八牛、七十二金狗。"从这句俗语里，我们也可以看出，在南浔，以前是用体形大小不一的动物来衡量一个家庭的财产的，一千万两白银以上的家产称为象，五百万两白银以上的家产称为牛，一百万两白银以上的称为狗。"四象"指的是南浔的四大家族——刘家、张家、顾家和庞家。刘家是"四象"之首，主人叫刘镛。听着很熟悉吧？但是此刘镛非彼刘墉，不是乾隆年间的宰相刘墉。南浔刘镛的"镛"是金字旁的镛，生于道光六年(公元1826年)。他是以前南浔的首富，他的资产达到了多少呢？2000万两白银，当时整个国家一年的税收才8000万两白银，真是富可敌国。他的资产相当于现在的人民币60亿元。我们在南浔不仅可以感受到江南水乡的风情和小桥流水人家的韵味，还可以感受到深厚的文化底蕴和别具一格的西洋风情，南浔有一些著名的景点，如小莲庄、嘉业藏书楼等，下面请各位随我进入古镇景区。

南浔首富是刘镛，以前皇帝要是没钱了，还会问他要呢。既然他这么有钱，我们现在就去参观一下他的私家花园——小莲庄。

小莲庄现在是国家级重点文物保护单位，始建于1885年，完工于1924年，历经刘家祖孙三代四十年的时间。可见工程有多浩大。

各位游客，现在我们来到的就是南浔"四象之首"刘镛的私家园林——小莲庄。刘家祖孙三代都在这里住过。这里为什么叫小莲庄呢？因为刘镛非常仰慕赵孟頫，于是仿效赵孟頫的莲花庄造了一个园林，因为赵孟頫的庄园叫莲花庄，所以这里就叫小莲庄，还有一个原因是小莲庄里面有27亩(1亩约为666.67平方米)的莲花池，所以叫小莲庄。小莲庄有三宝，分别为碑刻长廊、御赐牌坊、九龙金匾。碑刻长廊上共有45方碑刻，其中有宰相刘墉的书法真迹，前面还有乾隆皇帝御赐的印章。

这座四面厅建筑叫静香诗窟，又叫"升斗厅"，其建筑结构堪称中国一绝，大家一定很好奇，那就同我入厅一探究竟吧！大家抬头看它的顶部结构，这是过去量米的一种量器，称为斗，隔壁是另一种量米的量器，称为升，过去十升是一斗，所以这里又叫升斗厅。因为中国有一个词叫"才高八斗"，所以这里是衡量人才华的地方。

御赐牌坊里有个积善牌坊，它是光绪皇帝赐的，一共有5层。第一层有"圣旨"二字，第二层为"乐善好施"，皇帝赐他牌坊是因为当时他赈灾有功，希望他的子孙也能积善行德，第三层是"一出好戏"第四层记载了刘家的史实，而贞节牌坊是为刘镛长子刘安澜的妻子建造的。

各位游客，我们现在来到了刘家的私家藏书楼——嘉业堂藏书楼，它由刘承干所建。刘承干是何许人也？他和江南首富刘镛之间又有什么关系呢？刘镛长子刘安澜英年早逝，其死后没有留下子嗣，于是将刘镛次子刘锦藻的儿子刘承干过继给长房，使其成为长孙。刘镛去世后，刘承干以长孙身份继承了刘镛留下的大部分遗产，但他却不善于经商，只喜欢读书、藏书、印书。刘承干是一个成功的藏书家和刻书家，他的收藏为我国的古籍做出了重大贡献，如麦克马洪线的资料就是在这里找到的，可惜他不善经商，在家道中落时为维持书楼，卖了几万册书，后来，刘承干主动把书楼捐赠给了国家，当时由浙江图书馆接收，现在这里是浙江图书馆的一个分支机构，这里为什么叫嘉业堂藏书楼呢？原因在于厅正中悬挂着的这块九龙金匾——钦若嘉业。嘉业指的是美好的事物，这块匾上面没有时间落款，只有九头龙，这块匾是宣统皇帝赐的，宣统皇帝就是溥仪，他赐匾的时候已经是民国时期了，他不甘心用民国的年号，所以没有时间落款。藏书楼的园林内有太湖石，其中一块叫"啸石"，顾名思义，它会发出老虎咆哮的声音。

最后，我们大家来到的景点是号称"江南第一巨宅"的张石铭旧宅，这个宅子楼上楼下一共有200多个房间。张石铭原名张均衡，是南浔"四象"之一张颂贤的孙子。我们在旧宅外向两边的墙上看，有四块石雕，分别代表着"福禄寿喜"，进去后，里面的大厅叫懿德堂，"懿"是指女子有德，因为张石铭的父亲在他很小的时候就去世了，家中一切大小事情全由他母亲一人操办，所以他把这个厅堂称为懿德堂，这也体现出他对母亲的爱戴与尊重。正厅背后有一把椅子，这把椅子有什么用呢？原来这里是他母亲"垂帘听政"的地方，有点像慈禧太后，虽然当时由他的母亲当家，但是在旧时男尊女卑的制度下，女子不能随便出入厅堂，所以张石铭在前面办事，他母亲在后面"听政"。在这里我们可以看到玻璃雕，楼厅装修极为精致，扇窗装有法国进口的彩色花玻璃，以蓝色为主。玻璃上的图案包括花卉、农作物、瓜果等。

各位朋友，南浔古镇我们就参观到这里。期待下次再见。

【动笔创作】

根据浙江省全国导游证面试要求，撰写一篇9分钟的湖州市南浔古镇景区导游讲解词。

任务 10.7　湖州市莫干山风景名胜区

引言

莫干山风景名胜区是浙江省湖州市的避暑胜地。莫干山，这座以竹、云、泉、清、绿、凉、静"七胜"而著称的江南名山，不仅自然风光旖旎，亦蕴含着丰富的历史文化和人文情怀。

在线课堂　　　　　　　　　交互式课件

情境导入

在一片翠绿的竹海之中，微风拂过，竹叶沙沙作响，仿佛是大自然最悠扬的乐章。阳光透过竹叶的缝隙，洒下斑驳的光影，让人感受到一种难以言喻的宁静与舒适。这就是莫干山，一个让人忘却尘嚣、回归自然的地方。现在，让我们一起踏上这场探索莫干山的旅程，去感受那份来自山间的清新与凉爽。

任务描述

本次讲解的主要任务是全面而生动地介绍湖州市莫干山风景名胜区的历史文化、古建筑群、自然风光、生态保护等，并在浙江省全国导游证面试的"抽选景点"项目中取得高分。

相关知识

湖州市莫干山风景名胜区介绍

(1) 莫干山概况介绍：包括地理位置、历史文化、自然景观、建筑特色等，共3分钟。

(2) 主要景点介绍：剑池飞瀑，共2分钟；别墅群，共2分钟；莫邪雕像，共2分钟。

操 作 示 例

各位亲爱的游客朋友们，大家好！欢迎来到风景如画的湖州市莫干山风景名胜区。在这里，每一口呼吸都是自然的馈赠，每一步足迹都有历史的回响。接下来请跟随我一起走进这片人间仙境，开启一场心灵与自然的深度对话。

莫干山坐落在浙江省湖州市德清县境内、长江三角洲中心位置，如同一颗璀璨的绿宝石镶嵌在江南的怀抱中。它地理位置优越，自古便是文人墨客避暑游憩的绝佳之地。这里不仅自然风光旖旎，也承载着深厚的历史文化底蕴。

百年的历史夹杂着凉爽的山风，从遥远的地方扑面而来，这样一个让人心驰神往的地方离我们很近，那就是莫干山。景区总面积达58平方千米，以竹、云、泉"三胜"和清、静、凉、绿"四优"蜚声海内外。早在20世纪初，莫干山就与北戴河、鸡公山、庐山齐名，为我国夏季的四大避暑胜地之一，有着"江南第一山"的美誉。

莫干山不仅有丰富的自然景观，还有独特的人文景观。早在2500多年前，吴王阖闾就派干将、莫邪这对铸剑夫妻在山上筑成了盖世无敌的雌雄双剑，莫干山也因此得名。众多的历史名人为莫干山留下了难以计数的诗文石刻，以及两百多幢名人别墅。1890年，美国传教士佛利甲发现并推荐莫干山。1896年，英国人贝勒在山上兴建了第一幢山川田园式别墅，在莫干山开启了第一个建别墅的高峰期，有美国、英国、俄罗斯等十多个国家/地区的人士在此兴建别墅，所以莫干山也有"世界建筑博物馆"之称。他们还在山上兴建了教堂、邮局、图书馆、网球场等公共设施，在山顶形成了现代社会生活模式。因此，莫干山成为中国旅游休闲度假发源地之一。在历史的长河中，莫干山见证了许多历史事件，如蒋宋联姻、第二次国共合作谈判、莫干山会议等。这几年，莫干山收获了"国家级风景名胜区""国家级旅游度假区""国家级文明旅游示范单位"等多张经营名片，走出了一条既保护生态又实现高质量发展的道路，让我们一起到莫干山饱览风光，叩问历史，用心融入。

漫步于莫干山，您会发现这里的建筑独具匠心，既有江南水乡的温婉细腻，又不失西式建筑的优雅风情。这些别墅群错落有致地分布在山间，与自然环境和谐共生，成了莫干山一道独特的风景线。

接下来，我们要探访的是莫干山的标志性景点——剑池飞瀑。相传，这里曾是干将、莫邪铸剑淬火之处，因而得名"剑池"。只见峭壁如削，清泉自岩缝间喷涌而出，汇聚成池，清澈见底。而那飞瀑则从池边腾空而下，如丝如缕，又如白练挂壁，声如雷鸣，气势磅礴。站在瀑布前，感受那水花飞溅的清凉，聆听那自然之音的交响，仿佛能穿越时空，与古人共赏此等美景。

在江南的文化图景里，莫干山无疑是一块充满异域风情的文化飞地。从1896年建造第一幢别墅开始，莫干山逐渐发展成为中外文明的汇集地，前山现存200余幢近代别墅，具有很高的历史价值。这200多幢别墅形象丰富，各有特色，分别代表了美、日、俄等十多个国家/地区的建筑风格，使莫干山素有"世界建筑博物馆"之称。纵观莫干山别墅群，既有哥特式的尖顶建筑，也有巴洛克式或拜占庭式。有的庄重，有的优雅，有的舒展，有的雄浑，这里的每一幢别墅都蕴藏了丰富的历史文化内涵，比如，皇后饭店曾是毛泽东的下榻处。周恩来与蒋介石曾在白云山馆进行第二次国共谈判。时光追溯到1927年12月1日，蒋介石与宋美龄在上海结婚，连夜来到莫干山度蜜月，就住在白云山馆二楼的套房里。1937年3月23日，在一楼会议室中，周恩来、潘汉年与蒋介石、张冲进行了第二次国共谈判。国共谈判结束后的当天，四人共进晚餐，并在白云山馆住了一夜。蒋介石依然住在与宋美龄度蜜月时的二楼套间里，周恩来与潘汉年下榻在蒋介石对面朝南的居室，张冲则住在周恩来后面朝北的屋子里。参与国共谈判的四个人都住在白云山馆二楼，相隔仅几步之遥。回望坐落于莫干山的一幢幢民国建筑，它们似乎在诉说民国时期历史的沧桑，让我们一起欣赏这些民国建筑，铭记这段民国历史，深切感悟莫干山厚重的民国文化内涵。

最后，让我们一同前往莫邪雕像前，感受那段历史的厚重与女性的坚韧。这座雕像矗立在山巅之上，以优美的姿态诉说着干将和莫邪的动人传说。莫邪，这位传说中的铸剑女神，不仅美丽聪慧，也有着为丈夫事业献身的大无畏精神。她的形象在莫干山的青山绿水间显得格外醒目而庄重。站在雕像前，仰望那坚毅的眼神和温柔的面庞，您会不由自主地被这份深情与勇气打动。

亲爱的游客朋友们，莫干山的美远不止于此。更多的风景、更多的故事，正等待着您亲自去发现、去体验。愿这次莫干山之旅能成为您心中一段难忘的记忆。感谢大家的聆听与陪伴，我们下次再见！

【动笔创作】

根据浙江省全国导游证面试要求，撰写一篇9分钟的湖州市莫干山风景名胜区导游讲解词。

任务 10.8 嘉兴市南湖旅游区

引言

嘉兴市南湖旅游区是一个充满历史与文化底蕴的旅游区。南湖作为浙江三大名湖之一，不仅以其秀美的自然风光吸引着八方游客，也因其在中国革命史上的重要地位而名扬四海。

在线课堂

交互式课件

嘉兴市南湖旅游区导考视频

情境导入

清晨的薄雾轻拂湖面，远处的山峦若隐若现，一切都显得那么宁静而神秘。你站在会景园的入口，手中拿着导游旗，心中充满了对这片土地的热爱与敬仰。现在让我们一同走进南湖，去感受它的历史与文化魅力。

任务描述

本次讲解的主要任务是全面而生动地介绍嘉兴市南湖旅游区的主要景点及其背后的历史故事，并在浙江省全国导游证面试的"抽选景点"项目中取得高分。

相关知识

嘉兴市南湖旅游区介绍

(1) 南湖概况介绍：包括地理位置、红色景区、历史回顾等，共3分钟。

(2) 主要景点介绍：御碑亭，共2分钟；烟雨楼，共2分钟；红船，共2分钟。

操作示例

各位游客，欢迎大家来到南湖景区。南湖景区是一个集旅游观光、休闲娱乐、历史教育于一体的综合性历史文化景区，景区占地面积约5.86平方千米。南湖在历史上与杭州西湖、绍兴东湖合称为"浙江三大名湖"。

南湖以其朴素、淳厚的江南水乡风情为历代文人雅士所赞誉。明代诗人边贡游览嘉兴，留下了"闻道南湖曲，芙蓉似锦张。如何一夜雨，空见水茫茫"的诗句。乾隆皇帝六下江南八驻南湖，写下了14首诗。近年来亦有许多名人慕名来游，吟咏不绝。

千百年来，南湖以其特有的风姿吸引着四方的游人，今日南湖闻名于世，一个重要原因是在南湖发生了一个现代史上开天辟地的大事件——中国共产党第一次全国代表大会在这里完成了最后的议程，宣告中国共产党成立，从此南湖成为重要的革命纪念地。2001年，嘉兴南湖中共一大会址被国务院确定为全国重点文物保护单位。

近年来，嘉兴有了巨大的变化，环湖建起春、夏、秋、冬四季公园和湖滨公园、揽秀园等，在南岸修建了革命历史陈列馆，使自然景观与人文景观交相辉映，成为江南旅游胜地。1999年，市委、市政府成立了嘉兴南湖名胜区管委会，对南湖进行全面开发，用了三年的时间，将这里建成以南湖革命摇篮为根本，以党的红色文化为纽带，以湖光绿色为基调，以旅游为导向，以环境为重点，寓教于游，有特色的一流多功能复合型风景旅游区。

各位游客，欢迎来到中国共产党的诞生地、国家5A级旅游景区——嘉兴南湖旅游区。我们首先来到的是乾隆的御碑亭，湖心岛上保留着两座乾隆的御碑亭，这里是东御碑亭。大家请看，在这块碑的顶端有"御笔"两个字，可见它是当年乾隆皇帝游南湖时的手迹。乾隆在朝时仿效康熙之习六次南巡，其中多次来到嘉兴南湖。第一次是在乾隆十六年(公元1751年)，最后一次在乾隆四十九年(公元1784年)。大家请看碑上的这首诗："不蓬莱岛即方壶，弱柳新蓂清且都。烟态依稀如雨态，潋湖消息递西湖。自宜春夏秋冬景，何必渔樵耕牧图。应放晴光补畴昔，奇退毕献兴真殊。"这首诗是乾隆第二次南巡游南湖时，留下的诗句。他把南湖比作神仙居住的地方，将南湖与杭州西湖相比，觉得天然美景足以畅怀。乾隆前两次来南湖都是阴雨天，湖上烟雾迷茫，未能眺望远景，引以为憾。因此他还在诗中表露了盼望于晴天游览南湖的心情。果然，他第三次来南湖时，天气放晴，大家请看碑背面的诗："未年丑岁两经行，烟雨都逢副盛名。却讶今番出新样，自过江后总开晴。柳丝窣地折腰舞，梅朵烘春笑口迎。更上高楼聊极目，水村近远望分明。"这次重游恰逢天气晴好，于是乾隆诗兴大发，挥毫写下了这首诗。

现在我们看到的是江南名楼——烟雨楼。相传此楼名取自唐朝著名诗人杜牧"南朝四百八十寺，多少楼台烟雨中"的诗意。烟雨楼坐北朝南，重檐飞翼，是整个南湖景区古建筑群的核心与象征。请看匾额上"烟雨楼"三字笔力苍劲、庄重浑厚，与这烟雨楼浑然一体，这是中共一大代表董必武先生为南湖革命纪念馆题写的。烟雨楼曾目睹了中共一大南湖会议的整个过程，是重要的革命纪念地。烟雨楼的屋檐为重檐歇山顶，屋檐上的吻兽是螭吻。螭吻起源于东汉，汉武帝造柏梁台，毁于大火，后听方士之言，得知有一种鸥能起白浪滔天、激流降雨的作用，故将其请于房梁之上。烟雨楼楼顶之螭呈龙形，头上无角，它张开大口稳重而有力地吞住大脊，其背上还有一枚剑柄。

下面请大家随我进烟雨楼参观。大家请看"分烟话语"的匾额，这是由嘉兴著名爱国人士、九三学社发起人之一褚辅成先生题写的。这大厅里陈列着郭沫若、贺敬之、叶圣陶、陈从周等名人的名作。各位游客，烟雨楼前平台上，两棵对称的古银杏参天挺立，至今已有近500年的历史。

各位游客，嘉兴南湖历来是江南著名的旅游胜地，湖中以前多画舫。当年中共一大会议就是在这里的一艘画舫中闭幕的。现在南湖画舫已成为中共革命的象征。画舫是主要的游览工具，船中一般备有茶、酒、果、菜，并有歌姬相伴。南湖船菜在历史上曾盛极一时，以湖产大蟹、对虾、莲子、鱼、鳖等为主，风味独特。各位游客，万福桥旁，在绿树的掩映之下，湖面上停泊的这艘看似普通的小船，就是举世瞩目的中国革命的领航船，因为它是中国共产党党史的起点，所以人们亲切地称之为"南湖红船"——党的摇篮。1959年，在党中央、浙江省委的直接关怀下，南湖革命纪念馆得以成立，纪念馆精心仿制了中共一大会议的游船。南湖红船停泊在这里供人们瞻仰，向每一位到访者生动地展现了中国共产党诞生的历史场景。

各位游客，大家可以和南湖红船合影留念。

【动笔创作】

根据浙江省全国导游证面试要求，撰写一篇9分钟的嘉兴市南湖旅游区导游讲解词。

任务 10.9　绍兴市鲁迅故里·沈园景区

引言

绍兴市鲁迅故里·沈园景区充满文化底蕴与历史风情。这里是中国现代文学巨匠鲁迅先生的故乡，也是他笔下世界的灵感源泉；同时，沈园作为一座古典园林，以其独特的魅力诉说着千年的爱情故事。在这里，我们将一同探索文学与园林的交融之美，感受那份跨越时空的文化韵味。

在线课堂

交互式课件

绍兴市鲁迅故里·沈园景区导考视频

情境导入

你即将化身为一位知识渊博、热情洋溢的导游，引领着游客们走进这片充满故事与情感的世界。随着你的讲解，鲁迅先生的生平事迹、文学成就以及沈园的爱情传奇将一一展现在游客面前，让他们仿佛穿越时空，与古人对话，感受那份独特的文化魅力。

任务描述

本次讲解的主要任务是全面而生动地介绍鲁迅故里、鲁迅先生的生平、作品和沈园景区的历史、故事等，并在浙江省全国导游证面试的"抽选景点"项目中取得高分。

相关知识

绍兴鲁迅故里·沈园景区介绍

(1) 鲁迅故里·沈园概况介绍：主要包括鲁迅生平、作品、景区位置、景区规模、沈园概况等，共3分钟。

（2）主要景点介绍：鲁迅祖居·故居，共2分钟；三味书屋，共2分钟；沈园景区，共2分钟。

操 作 示 例

各位游客，现在让我们一起走进鲁迅故里·沈园景区。景区主要分鲁迅故里和沈园两大区域，同在绍兴市越城区鲁迅中路上，东西相望，构成了市区保存最完好、最具文化内涵、独具江南风情的历史街区。

鲁迅故里位于鲁迅中路241号，景区由鲁迅祖居、鲁迅故居、三味书屋、鲁迅笔下风情园和鲁迅纪念馆五个主要景点组成，鲁迅故里往东200米，即沈园。沈园又名"沈氏园"，是南宋时一位沈姓富商的私家花园。

鲁迅故里·沈园景区有古建精华、名人事迹和研学旅游三大看点。今天重点讲讲三大看点中的名人事迹。

绍兴是著名的名士之乡，从商圣范蠡、书圣王羲之、心学名士王阳明，到学界泰斗蔡元培、民族之魂鲁迅，可谓人才辈出，数不胜数。接下来我们要游览的是大文豪鲁迅的故居，请允许我先介绍一下鲁迅的生平。鲁迅是我国伟大的文学家、思想家和革命家，他原名周树人，鲁迅其实是他的笔名。他出生于一个封建士大夫的家庭，少年时代可谓是衣食无忧，但是由于父亲病故，家道中落，鲁迅饱受人间冷暖、世态炎凉，看到太多的是是非非，也看到了社会的黑暗与腐朽。虽然生活很艰苦，但他还是十分努力，取得了优异的成绩，并且获得了留学日本的资格。或许你们猜不到，鲁迅先生一开始是学医的，到了日本，他就专心钻研医术，但是一次小小的经历让他选择弃医从文。据说有一次上课，他被安排去观看电影，看的正是日俄大战的历史片，他看到一个中国人给俄国人做侦探，被日本人捕获，即将枪毙，而在旁边围观的也是一群中国人，这时在场的日本学生全都欢呼起来，在他听来，这声音实在是太刺耳了，没错，这就是《藤野先生》里的内容，鲁迅先生原是抱着学医救国的心愿来的，但是那一刻他发现医术只能拯救人的身体，不能医治人的思想，而中国落后的主要原因在于思想，唯有文学才能改变中国的国民性，于是他开始弃医从文，写下了许多优秀的作品，比如《狂人日记》《阿Q正传》《呐喊》《彷徨》等，说了这么多，现在随我一起去看看吧。

首先我们来到的是鲁迅祖居。鲁迅祖居又名周家老台门，是周氏家族最早的房子。它坐北朝南，与三味书屋隔河相望，粉墙黛瓦，砖木结构，极具绍兴特色，是一座典型的江南官宦人家住宅。其主体建筑共分四进，第一进是台门斗，主要用于放置水上交通工具，上方悬挂着鲁迅祖父周福清的"翰林"匾，我们还可以清楚地看到在匾左边刻的字。第二进就是厅堂，名为德寿堂，从"德寿"这两个字我们可以猜出这里是用来会客的。第三进是香火堂，它是整个故居的中轴线，是祭祀的地方，上面原是祖先的牌位，如今放着"德祉永馨"的匾，中间的画像是鲁迅的祖父祖母，鲁迅的祖父对鲁迅有着非常大的影响，无论是为人处世还是学习上。第四进是座楼，是主要的生活区，鲁迅小时候不经常来，只在过节的时候来祭拜。在这里我们可以直观地了解到绍兴的台门建筑，台门以进为单位，每一进有一个天井，天井有利于采光、通风，边上有回廊贯穿。老台门见证了周氏家族的兴衰。

下面我们来到的是三味书屋，这就是鲁迅先生当年读书的地方，相信大家一定都看过他写的那篇《从百草园到三味书屋》，文章写道："出门向东，不上半里，走过一道石桥，便是我的先生的家了。"三味书屋位于鲁迅先生的塾师寿镜吾的住宅，已经有一百年的历史了，当时是当地有名的私塾。我们现在走进来看，大家眼前正上方的匾额，是清朝书法家梁同书所写，大家再看，长桌上摆放的便是寿镜吾先生的画像。他一生视功名为粪土，考中秀才后便开始教书，他教书极为认真，对学生的要求也十分严格，他的为人态度对鲁迅先生有很大的影响，鲁迅先生极为尊重他。如今，我们在这里已经看不到摇头晃脑的先生，也听不到学生们琅琅的读书声，但是讲台和课桌还是一如当年，鲁迅先生的书桌就摆放在东北角，上面还刻着一个"早"字，是当年鲁迅先生刻的。关于"早"的来历，有一个有趣的故事。当年他的父亲重病卧床，鲁迅先生每天都要出入当铺和药店。医生给开了一个很奇怪的药方，要十年的陈米，这可难为了鲁迅。为了采办陈米，鲁迅四处奔波，结果，上学从来没迟到过的他，这一天迟到了，寿镜吾先生从来不准学生迟到，要是学生三天不来读书，他就会亲自上门问原因，现在看到鲁迅迟到了，便十分生气，沉下脸责备了几句。鲁迅心里也十分自责，十分难受，便在这里刻下了一个"早"字，以勉励自己。事后，寿镜吾先生得知了真相，便想法子弄到了几升陈米，亲自背到了鲁迅家里，一进门就高兴地说："樟寿啊，你要的陈米我寻来哉。"

现在我们来到的是沈园。在沈园的亭台草木间，留下了陆游与唐琬凄美的爱情故事，也因此这座园林得以历经千年而不衰。陆游是我国南宋时著名的爱国诗人，是浙江绍兴人。大约在南宋绍兴十四年时，陆游娶唐琬为妻，婚后两情相悦，但不到两年，两人却在陆母的逼迫下忍痛分离。婚后的时间内，两人曾多次春游沈园，留下了难忘的记忆。绍兴二十一年春天，离异后各自生活的两人又邂逅于沈园。陆游感慨怅然，在沈园墙上题写了《钗头凤》：红酥手，黄滕酒，满城春色宫墙柳。东风恶，欢情薄。一怀愁绪，几年离索。错、错、错。春如旧，人空瘦，泪痕红浥鲛绡透。桃花落，闲池阁。山盟虽在，锦书难托。莫、莫、莫！相传唐琬看到后非常伤心，回家后也作词一首。唐琬在写了这首词后不久便郁郁而终，陆游一直对她难以忘怀，之后又多次重游沈园，写下许多追念唐琬的诗作，这些诗现在都在陆游纪念馆中陈列着。沈园也因这段刻骨铭心的爱情故事而载入典籍。

各位游客，请大家在沈园继续感受一下这段刻骨铭心的爱情故事吧。

【动笔创作】

根据浙江省全国导游证面试要求，撰写一篇9分钟的绍兴市鲁迅故里·沈园景区导游讲解词。

任务 10.10　金华市东阳横店影视城景区

引言

金华市东阳横店影视城景区被誉为"东方好莱坞"。横店影视城不仅是中国乃至亚洲最大的影视拍摄基地，也是一个集影视、旅游、度假、休闲、观光于一体的综合性旅游区。在这里，你将有机会近距离接触影视制作的奥秘，感受电影世界的魅力，体验一场穿越时空的奇妙之旅。

在线课堂

交互式课件

金华市东阳横店影视城景区导考视频

情境导入

随着你的脚步踏入横店影视城这片神奇的土地，仿佛穿越了时空隧道，来到了一个充满故事与梦想的世界。古色古香的宫殿、繁华热闹的街市、神秘莫测的江湖场景……一切都如此逼真，让人仿佛置身于电影之中。

任务描述

本次讲解的主要任务是全面而生动地介绍东阳横店影视城的历史由来、主要旅游景点等，并在浙江省全国导游证面试的"抽选景点"项目中取得高分。

相关知识

金华市东阳横店影视城景区介绍

(1) 东阳横店影视城景区概况介绍：包括一个镇、一个人、一座城，共3分钟。

(2) 主要景点介绍：秦王宫景区，共2分钟；清明上河图景区，共2分钟；圆明新园景区，共2分钟。

操 作 示 例

各位游客，大家好！我代表我们旅行社的全体人员对大家的到来表示热烈的欢迎，同时感谢大家对我们旅行社的支持和信任。

金华历史悠久，人文荟萃，旅游资源也极为丰富。有历史悠久的上山文化、磐安孔氏家庙、兰溪诸葛八卦村、永康方岩等名胜古迹；还有从鸡毛换糖发展成国际商贸名城的义乌小商品城、中国木雕之都东阳、中国五金之都永康等，横店更是从无到有，创造出了一个国家级影视产业实验区。而今天，我们要参观的就是横店影视城。

横店影视城位于金华市东阳横店镇，是集影视、旅游、度假、休闲、观光于一体的大型综合性旅游区，以其厚重的文化底蕴和独特的历史场景而被评为国家5A级旅游景区。自1996年以来，横店集团累计投入30亿资金，兴建了广州街·香港街、明清宫苑、秦王宫、清明上河图、华夏文化园、明清民居博览城、梦幻谷、红军长征博览城、圆明新园等十几个跨越几千年历史时空、汇聚南北地域特色的影视拍摄基地和两座超大型的现代化摄影棚。现在的横店影视城已成为全球规模最大的影视拍摄基地，是中国唯一的"国家级影视产业实验区"，被美国《好莱坞》杂志称为"中国好莱坞"。接下来，我们一起去参观这个硕大的影视城吧。

首先我们来到的是广州街·香港街。广州街景区建于1996年，是为配合谢晋导演拍摄历史巨片《鸦片战争》而兴建的，也是横店影视城的发祥地。这里生动形象地再现了十九世纪广州的市井风貌，是现代游客观赏清代时期广州城市社会街景的"窗口"。1998年又扩建香港街，古道纵横交错，珠江穿城而过。香港街上分布着皇后大道、香港总督府、维多利亚兵营、汇丰银行、上海公馆和翰园等十九世纪香港中心城区的众多街景。这里30多座象征英国殖民统治的欧式建筑，构成了当时香港政治、经济、文化中心的"维多利亚城"。

各位游客，现在我们来到的是明清宫苑景区。明清宫苑景区是集影视拍摄、旅游观光、节庆典礼等功能于一体的特大景区，始建于1998年，占地面积1500亩（1亩约为666.67平方米），是横店影视城最大的影视基地。明清宫苑是以"故宫"为模板1∶1复制的，参照了明清时期宫廷建筑手法，以影视城特有的营造方式，仿效了唐、宋、元等时期的礼制，又融入了民国年间的建筑风格，荟萃了京城宫殿、皇家园林、王府衙门、胡同民宅等四大建筑系列，真实地再现了多个历史时期燕京的官府民居、街市店铺和宫殿风貌。拥有棋盘街、承天门广场、千步廊、文武台、金水河、玉带桥等许多历史景观。金碧辉煌的帝王宫殿、浑然天成的花园湖泊、富丽堂皇的龙阙凤檐、气势恢宏的皇宫广场，无不吸引各地游客的目光。明清宫苑自开园以来，以文化内涵吸引着来自全国各地的剧组到此拍戏。

接下来，我们来到的是清明上河图景区。清明上河图景区是以北宋著名画家张择端的巨作《清明上河图》为蓝本，取其神韵，结合北宋时期的社会背景、民俗、民风及宋时的古建特色，按影视拍摄的需要建造而成的。整个清明上河图景区占地面积600余亩，风光旖旎独特。登上景门城楼，近可俯瞰基地全貌，远可眺望整个横店城。这个景区再现了千年前北宋东京汴河漕运的繁华景象及市井生活、民俗风情。

它既是长卷的再现，也是北宋京都的缩影。

各位游客，今天我们的最后一站是圆明新园景区。圆明新园按1：1的比例恢复北京圆明园95%的建筑群。该景区占地6200余亩，总投资约300亿元人民币，于2012年5月动工兴建，开山挖坡，筑坝围湖，通河架桥，造景修路，改善生态，美化环境，历尽艰辛，攻克万难，夜以继日加紧建设，其中新圆明园赶在2015年北京圆明园被毁155周年之际建成，具有伟大爱国纪念意义。铭史记遗恨，聚力扬国威。全部景园仅用四年时间，于2016年相继建成，终圆梦想。

这个圆明新园建造的过程实属不易，由横店集团创始人徐文荣亲自把关，组织100多位圆明园专家和史学家，成立顾问委员会，多方收集散落民间的文物和艺术品，以仿制、购买、受捐等方式还原圆明园的内部设施。这些举措具有非常重大的意义。虽然我们无法看到祖辈们建立的圆明园，但是今天，我们在横店，在圆明新园，可以感受到当时的国力强盛，也可以感受到当时"万园之园"的魅力。

今天我们看到的圆明新园景区由新圆明园(春苑)、新长春园(夏苑)、新绮春园(秋苑)、新畅春园(冬苑)4个日景和3个夜景组成，分设100个园区。春苑占地面积最大，由45个代表各式园林精品的景园构成，包括皇家建筑、官家建筑、商家建筑和民间建筑等。圆明新园的设计在还原历史原貌之外，还增加两种元素：一是人文元素，例如园中增建《红楼梦》中的园林建筑等；二是科技元素，例如用世界最前沿的LED影像、激光阵、探照群等高科技手段，建造冰雕雪雕馆、高科技演艺馆、野生动物标本馆。

新圆明园(春苑)是以《圆明园四十景图》为蓝本，以春为主题特色的大型皇家园林。白天，我们可以乘坐龙舟画舫欣赏临湖风景，近距离观赏一场惊险刺激的龙舟竞赛。夜晚，这里将上演一台饕餮盛宴——《梦幻圆明》。

新长春园(夏苑)是以北京圆明园盛时长春园为蓝本的园林，既有雍容端庄、金碧辉煌的中式建筑，又有充满异域风情的西洋景观，是横店圆明新园中最具浪漫色彩的一个景园，主要景观有含经堂、狮子林、海晏堂、大水法等，还有英、法、美、俄、日、德、意、奥的精美特色建筑，印度、沙特等国家/地区的异域风情街及可容纳3000余人的现代化大剧场。

接下来，让我们坐上观光车，尽情游览吧！

【动笔创作】

根据浙江省全国导游证面试要求，撰写一篇9分钟的金华市东阳横店影视城景区导游讲解词。

任务 10.11　衢州市江郎山·廿八都景区

引言

衢州市的江郎山景区以雄伟险峻的自然风光著称，廿八都景区则以独特的古镇风貌和深厚的历史文化底蕴闻名遐迩。它们不仅是衢州旅游的瑰宝，也是浙江乃至全国不可多得的旅游胜地。

在线课堂

交互式课件

衢州市江郎山·廿八都景区导考视频

情境导入

你正站在一片广袤的天地间，眼前是三座挺拔如剑、直插云霄的石峰，这便是江郎山，它以"雄奇冠天下，秀丽甲东南"的美誉吸引了无数游客前来一睹风采。而当你转身步入廿八都古镇，那古朴的街道、错落有致的古建筑、悠扬的古乐声，仿佛将你带入了一个穿越时空的梦境，让你感受到历史的厚重与文化的魅力。

任务描述

本次讲解的主要任务是全面而生动地介绍衢州市江郎山历史沿革、申遗过程和廿八都古镇的地理位置，历史文化等，并在浙江省全国导游证面试的"抽选景点"项目中取得高分。

相关知识

衢州市江郎山·廿八都景区介绍

(1) 江郎山·廿八都概况介绍：地理位置、历史沿革、景区格局及申遗过程，共3分钟。

(2) 主要景点介绍：一线天，共2分钟；观郎坪，共2分钟；廿八都古镇，共2分钟。

> **操作示例**
>
> 各位游客，现在我们来到了世界自然遗产、国家级风景名胜区、国家5A级旅游景区——江郎山。
>
> 传说有江氏三兄弟登巅化为石，此山故名江郎山。主峰最高海拔819.1米，核心面积11.86平方千米。与众多名山相比，江郎山海拔并不高，面积也不算大，但它却

是江山人心目中的神山、圣山，更是江山人的图腾、江山精神的化身。江郎山有3张响当当的金名片：世界自然遗产地、国家级风景名胜区、国家5A级旅游景区。江郎山因丹霞地貌而走向世界。江郎山与贵州赤水、湖南崀山、福建泰宁、江西龙虎山等以"中国丹霞"的名义捆绑申遗成功，江郎山成为浙江省首个世界遗产，也是江浙沪唯一的世界自然遗产。

2013年9月28日，申遗成功后的江郎山再续传奇。世界顶尖的极限跳伞运动员、被欧美媒体称为"当代最强悍的冒险运动家"、美国著名翼装飞行大师杰布·克里斯成功穿越了江郎山"一线天"，再次创造奇迹，震惊世界。这是人类首次采用无动力飞行装置成功穿越宽度极其狭窄的"一线天"。他创造了人类飞行和极限运动的又一项新纪录，实现了人类像鸟儿一样飞翔的梦想。过去十几年间，杰布在全球多个著名景点(包括金门大桥、埃菲尔铁塔、金茂大厦等)完成了近千次极限跳伞。

他为什么会选择挑战穿越江郎山"一线天"呢？他说在看到江郎山图片的瞬间，他就被江郎山的美给折服了，但更为江郎山地貌的独特性所倾倒，他说："我从未见过如此完美的峡谷，它又高又窄，极具挑战力。"正是因为这个飞行梦想，他来到了江郎山。

各位游客，现在我们来到的是"一线天"。它高312米，长298米，最宽处4米，最窄处3.5米，如此高大、均匀且首尾宽距相等的"一线天"，在国内丹霞地貌景点中绝无仅有。因此，江郎山的"一线天"被华东56位地质专家一致勘定为"全国一线天之最"。

唐代大诗人白居易游江郎山时曾梦想着"安得此身生羽翼，与君来往共烟霞"，来自大洋彼岸的美国青年杰布·克里斯将这种浪漫情怀化为了现实。2013年9月28日，杰布·克里斯用短短的49秒时间从"一线天"穿越至大弄峡，安全降落。各位游客，我们虽然不能像杰布一样亲身体验飞行的惊险刺激，但我们可以在现场感受一下江郎山"一线天"的独特魅力。大家看，这两边的崖壁，平行而笔直，仿佛大自然的巨斧劈出一般。但您有没有注意到，左边的崖壁上怪石裸露、寸草不生；而对面的峭壁上却林草茂盛、一派生机。这个奇特的景观被当地人称为阴阳壁。这主要跟山体形状有关，左边的山体呈倾斜的三角形状，上大下小，犹如一把大伞。因此，即使外面下着倾盆大雨，石壁这边也依旧滴水不沾。反之，另一面山体石壁上的植被因为有了生长必需的水分而茂盛异常。

各位游客，下面我们将前往下一个景点——开明禅寺。开明禅寺始建于北宋，现内塑佛像120余尊，香火旺盛，每年端午节朝拜者达万余人。

"进门拜弥勒，出门拜韦陀"，进入寺庙后，我们首先看到的是大肚弥勒佛。大家看两边的对联："大肚能容，了却人间多少事；满腔欢喜，笑开天下古今愁。"这副对联不仅把弥勒佛的外在形象勾画得淋漓尽致，也把文人洒脱的思想感情再现出来了。

整个寺庙中最与众不同的是这尊石生姑娘像。在当地人的传说中，有一位贫穷百姓欠了地主地租，无力偿还，所以地主想霸占他的妻子抵租。当时这位可怜的妻子已经怀有身孕，她誓死不从，跑进山林中。但紧张和劳累导致其早产，在石头边上产下一女婴，故取名石生姑娘。

现在我们来到的是观郎坪。观郎坪，顾名思义就是观看江郎山的地方。你们看，江郎山三爿石在海拔数百米的山顶之上巍然矗立，形成一个气势磅礴的"川"字。宋代爱国词人辛弃疾路经此地，见到此景，不禁感叹道："正直相扶无倚傍，撑持天地与人看。"这是一幅壮观且独特的自然画卷，在不同季节、不同时段呈现出不同的美。

大家看，三爿石就如亲密无间的三兄弟，互相依靠，相依相伴，从左到右，分别叫郎峰、亚峰和灵峰。亚峰和灵峰之间的间隙就是当地俗称"小弄"的"一线天"，也就是杰布·克里斯挑战之地，而郎峰、亚峰之间形成的"大弄"则是杰布·克里斯穿越"一线天"后所降落的地方。

观郎坪是天然环保的绿色大舞台，在观郎坪，我们能够看到两座江郎山，除了眼前看到的这座，还有水中倒映的另一座。因此，这湖就叫"倒影湖"。

江郎山、古樟树、倒影湖，三者"强强联手"，形成了江郎山的最佳摄影点。

各位游客，欢迎大家来到廿八都古镇，我们现在看到的这座城门是古镇四大门之一的北堡门，因古时候廿八都是一个军事重镇，这里历来为兵家必争之地，唐末黄巢农民起义，在闽、浙之间的仙霞岭安营扎寨，从此这里就热闹起来了。仙霞关为中国四大名关之一，素有"一夫当关，万夫莫开"之说。

各位游客，咱们的行程马上就要结束了。在这段快乐的时光里，咱们游览了"一线天"、开明禅寺和观郎坪。大家的热情给我留下了非常深刻的印象，同时，希望我的服务能给大家留下一丝美好的回忆，谢谢大家！

【动笔创作】

根据浙江省全国导游证面试要求，撰写一篇9分钟的衢州市江郎山·廿八都景区导游讲解词。

任务 10.12　舟山市普陀山风景名胜区

引言

舟山市普陀山风景名胜区被誉为"海天佛国"。普陀山作为中国四大佛教名山之一，不仅以其秀丽的自然风光闻名遐迩，也因深厚的佛教文化底蕴而吸引着无数游客前来朝圣、游览。在这里，你将感受到一份超脱尘世的宁静与祥和，体验一次身心的洗礼与升华。

在线课堂

交互式课件

舟山市普陀山风景名胜区导考视频

情境导入

你正站在浩瀚无垠的东海上，眼前渐渐浮现出一座云雾缭绕的仙山——普陀山。随着船只缓缓靠近，你仿佛能听到远处传来的诵经声与梵音，感受到一股来自心灵深处的召唤。踏上这片神圣的土地，你将被满眼的绿意与庄严的庙宇所包围，每一处景致都透露着佛法的智慧与慈悲。

任务描述

本次讲解的主要任务是全面而生动地介绍普陀山的历史背景、佛教文化、主要景点及特色活动等，并在浙江省全国导游证面试的"抽选景点"项目中取得高分。

相关知识

舟山市普陀山风景名胜区介绍

(1) 普陀山概况介绍：主要包括历史、景区特色、观音文化介绍，共3分钟。

(2) 主要景点介绍：南海观音，共2分钟；紫竹林不肯去观音院，共2分钟；普济寺，共2分钟。

操 作 示 例

普陀山是我国四大佛教名山之一，与山西五台山、安徽九华山、四川峨眉山齐名，是我国首批5A级旅游景区之一，素有"海天佛国"之称。

普陀山位于杭州湾南缘、舟山群岛东部，全山最高峰是佛顶山上的菩萨顶，属亚热带海洋性气候，冬暖夏凉，温暖湿润。

"普陀"意为"美丽的小白花"，是观音的道场。日本僧人慧锷从五台山请得一尊观音像，归国途中，船至莲花洋，突遇大风，以为观音不愿东渡而留供于普陀山，本地居民张氏舍宅供奉。后在张氏宅址建"不肯去观音院"。到民国时，山上有三大寺、88庵堂、128茅棚，僧人3000余人，达到全盛时期。真可谓"山当曲处皆藏寺，路欲穷时又遇僧"。历朝名人雅士、文人墨客在普陀山留下了大量珍贵的诗文碑刻，形成了普陀山的"一碑""一塔""三寺""十二景"等独特的自然景观和人文古迹，堪称"五朝恩赐无双地，四海尊崇第一山"。每年的农历二月十九日是观音圣诞日，六月十九日是观音成道日，九月十九日是观音出家日，每逢这三大香会期，海内外香客云集普陀山，人山人海，香烟缭绕，一派"海天佛国"景象。现在，普陀山又开发和创立了以观音文化为主要内涵的一系列节庆活动，有"普陀山之春"旅游节、"中国普陀山南海观音文化节"等。

各位团友，现在我们已经到了南海观音景区。该景区主要由礼佛广场、南海观音铜像、功德厅、五百观音堂、西方净苑等景点组成。

先介绍礼佛广场，广场共分三层，第一层总面积1683平方米，用花岗岩铺设而成。这里有一对花岗岩巨狮，每只重7吨多，犹如睡狮初醒，雄踞东方；四尊金刚石像，用花岗岩镌刻，威武雄壮，镇守着南海观音景区。第二层叫集散广场，正中间的是三门四柱石牌坊。我们现在站立的地方就是礼佛广场第三层，广场可容纳5000人。1997年农历九月二十九日，这里再次举办了观音铜像开光仪式。开光那天，瑞象纷呈，各种殊胜景象示现。开光法会于上午8时开始，开始前天空乌云密布，似乎要下雨。当主持法师妙善大和尚宣布法会开始时，观音铜像南面的莲花洋上空顿时乌云散开，一道耀眼白光从云间射出，直照铜像，观音铜像金光闪闪，佛光普照，天空彩云翻腾，变幻莫测，一尊似白衣观音圣像出现在天空，这样的情景持续了几分钟，当时参加法会的4000多名海内外的善男信女目睹了整个过程，认为观音大士现真身，纷纷跪拜，承受佛光。

请进功德厅看看，南海观音铜像基座分两层，底层为功德厅，内以铜雕、木雕装饰。南海观音铜像基座第二层大厅是五百观音堂。供奉数百尊形象各异的紫铜观音宝像，中间大圆柱上刻绘的是释迦牟尼佛说法图。西方净苑原名西方庵，清末由僧福升初创。

各位团友，现在我们已经来到了紫竹林景区，这里主要有紫竹林禅院、不肯去观音院、观音长廊、潮音洞等景点。看过《西游记》的人都知道，紫竹林是观音菩萨的住所，孙悟空好几次遇到危难时，都翻筋斗来到南海紫竹林中求助观音大士。紫竹林，顾名思义，即紫竹成林，但由于几经劫难，紫竹林遭到了破坏。如今在园林工人的努力下，已在原处新植紫竹3000余株，已成林，重现了观音道场的紫竹成林景观。

各位团友现在看到的就是不肯去观音院。庙宇规模虽小，但名气却很大，这里就是普陀山供奉观音之始。据史载，唐咸通年间，日本禅僧慧锷第三次入唐。第二年，从五台山请得一尊观音佛像回国，舟至普陀山潮音洞时，遇风浪不能行，慧锷遂祈念："若我国众生无缘见佛，当从所向建立精蓝。"说毕，浪止，慧锷置佛像于洞侧。时有一张姓居民目睹此事，遂舍宅供佛。北宋元丰三年，此院被扩迁到普济禅寺，此地废。后来，几经废弃、重建。现在大家所见的观音院是普陀山佛教协会于2001年新建的。

各位团友，眼前就是普陀山最完整、规模最大的寺院——普济禅寺，主要有多宝塔、海印池、天王殿、圆通宝殿等景点。普济禅寺又叫前寺，是普陀山寺院之主刹，位于普陀山灵鹫峰下，普陀山佛教协会设在寺内，全山重大佛事活动都在这里进行，这里还是全国重点寺院、市级重点文物保护单位。

现在简要介绍本寺的历史沿革。普济禅寺原名"宝陀观音寺"，北宋元丰三年，受皇帝派遣，官员王舜封视察普陀洋面，当时船因故不能航行，他便向观音祈祷，幸免于海难。返回朝廷后，王舜封奏请朝廷御赐金银财物改建寺院。南宋嘉定七年，朝廷赐"圆通宝殿"匾额，普陀山成专供观音菩萨的道场。清康熙三十八年，康熙帝御赐了"普济群灵"匾额，此寺改称为"普济禅寺"。

各位游客，咱们的行程马上就要结束了。在这段快乐的时光里，咱们游览了紫竹林、不肯去观音院、普济禅寺等。大家的热情给我留下了非常深刻的印象，同时，希望我的服务能给大家留下一丝美好的回忆，谢谢大家！

【动笔创作】

根据浙江省全国导游证面试要求，撰写一篇9分钟的舟山市普陀山风景名胜区导游讲解词。

任务 10.13　台州市天台山景区

引言

台州市天台山景区是自然与人文和谐共生的旅游区。天台山，这座历史悠久的名山，不仅以其秀丽的山水风光著称于世，也因深厚的文化底蕴和丰富的历史遗迹而吸引着无数游客前来探访。在这里，你将领略到"佛宗道源，山水神秀"的独特魅力，感受一次身心的愉悦与放松。

在线课堂

交互式课件

台州市天台山景区导考视频

情境导入

在一片翠绿欲滴的山林之中，清新的空气扑面而来，耳边是潺潺的流水声和悠扬的鸟鸣声。抬头望去，只见重峦叠嶂，云雾缭绕，仿佛一幅动人的山水画卷展现在眼前。这就是天台山，一个让人心旷神怡、忘却尘嚣的世外桃源。让我们一起走进这片神奇的土地，探寻那些隐藏在山间水畔的古老传说与美丽故事。

任务描述

本次讲解的主要任务是全面而生动地介绍天台山的自然风光、历史文化、主要景点及特色活动等，并在浙江省全国导游证面试的"抽选景点"项目中取得高分。

相关知识

台州市天台山景区介绍

(1) 台州市天台山景区概况介绍：地理位置、国清寺、天台宗、唐诗之路，共3分钟。

(2) 主要景点介绍：国清景区，共3分钟；石梁景区，共3分钟。

操作示例

各位游客，大家好！我代表我们旅行社的全体人员对大家的到来表示热烈的欢迎，同时感谢大家对我们旅行社的支持和信任。我将竭尽全力为您服务。希望大家能积极支持和配合我的工作。在这里，我预祝大家旅途愉快，能够高兴而来，满意而归。

各位游客，欢迎大家来到台州参观、游览。首先我给大家介绍一下台州概况。台州位于浙江省中部、依山面海，因此称为"山海台州"。台州地形资源复杂，有"七山一水二分田"之称。境内有浙东南最高峰之一——括苍山，主峰海拔1382.4米；还有以"佛宗道源""天台宗祖庭"闻名遐迩的天台山。

今天我们要参观的是台州最著名的景点之一——天台山景区。在游览之前，我先给大家介绍一下天台山景区的概况。天台山风景区坐落在台州市西部天台县境内，据说，"山有八重，四面如一，顶对三辰，当牛女之分，上应台宿，故名天台"，它是浙江省东部名山，以"佛宗道源，山水神秀"闻名于世，是中国佛教天台宗和道教南宗的发祥地，也是活佛济公的故里。天台山还是中华十大名山之一。天台山风景区由国清寺、石梁、赤城山、寒山湖、华顶峰等景点构成。国清寺是国家级文物保护单位，也是佛教天台宗的祖庭。媚丽的低山云海、神奇的天台佛光，可谓天台一绝，登山观赏，不失为人生一大幸事。

天台山的山体由花岗岩构成，多悬岩、峭壁、瀑布，因此自然景观得天独厚，有那画不尽的奇石、幽洞、飞瀑、清泉，说不完的古木、名花、珍禽、异兽，是天然的植物园和动物园。奇草异木、珍禽异兽极多。有隋梅、唐樟、宋柏、宋藤，还有被称为"长生不老药"的乌药和"救命仙草"的铁皮石斛。尤其是广布千米高山上的云锦杜鹃，它在灵气浸润之下，生长在天台山上。世界上最古老、最高、最大的"杜鹃之王"，生长在天台山华顶峰海拔约1200米、面积近300亩(1亩约为666.67平方米)的山间，树龄大多在400年至1000年之间，树干如铁，枝繁叶茂，独具气势。

天台山的人文旅游资源同样底蕴深厚。其中，国清寺就是天台山最重要的镇山之宝。国清寺始建于隋开皇十八年(598年)，初名天台寺，后取"寺若成，国即清"之意，改名为国清寺。隋代高僧智顗在国清寺创立天台宗，为中国佛教宗派天台宗的发源地，影响深远。

从唐朝到清朝的880多年间，国清寺几度或毁于兵火，或摧于风暴，但都是屡毁屡建。每次重修，寺宇规模都有所发展，位置也越来越往下移，直至山麓平旷地带。到了清雍正十二年(1734年)，国清寺进行了一次全面的整修，在1966—1973年间，国清寺再次被毁。1973年，周恩来下令敦促在1975年前完成国清寺修复，并拨款30万元，同时从北京调运大量珍贵的佛像、法器到该寺。1984年复办了天台宗佛学研究社(就是如今的天台山佛学院)。2006年，国清寺经国务院批准，入选第五批全国重点文物保护单位。

浙江天台国清寺与济南灵岩寺、南京栖霞寺、当阳玉泉寺并称"中国寺院四绝"。整个国清寺依山就势，层层递高，按四条南北轴线布列六百多间古建筑，分为五条纵轴线，正中轴由南而北依次为弥勒殿、雨花殿、大雄宝殿、药师殿、观音殿。大雄宝殿正中设明代铜铸释迦牟尼坐像。西轴线为安养堂、三圣殿、罗汉堂等。东一轴线为聚贤堂(僧众餐厅)、方丈楼、迎塔楼。东二轴线为里客堂、大彻堂和修竹轩。山门外各建筑物——隋塔、寒拾亭、"教观总持"照壁，丰干桥、"隋代古刹"照壁和国清寺山门，顺地势安排，既没有相互平行，也没有互相垂直，自然散落各处，却显得非常和谐。

各位游客，接下来我们来到的是雨花殿。它位于国清寺建筑最前方。相传，天台宗祖师智者大师曾在此讲述《妙法莲华经》，其精诚所至，感动天庭，天上下起法雨天花，该殿故得此名。殿中供奉着"四大天王"神像。印度古神话传说中的"四天"指的是东、南、西、北四方，并说每一方都有一神堂管着，所以尊他们为"王"。"四大天王"亦称"四天神"或"四大金刚"，所以一般寺庙称此殿为"金刚殿"或"天王殿"。

接下来，我带大家去参观国清寺的几大宝贝。其中最吸引人的宝贝就是现在我们看到的这棵梅树——隋梅。它坐落在大雄宝殿右侧，由隋代高僧、天台宗五祖章安灌顶大师手植。据考证，隋梅距今已有1300多年的历史，是中国国内三株最古老的梅树之一。现代诗人邓拓写给隋梅的《题梅》诗"剪取东风第一枝，半帘疏影坐题诗。不须脂粉添颜色，犹忆天台相见时"，道出了梅树坚韧的品格。

再来看看国清寺的第二件宝贝——隋塔。隋塔建于隋开皇十八年，是晋王杨广为报答智者大师而建造的报恩塔。后受损，南宋建炎二年(1128年)重修。塔高59.4米，边长4.6米，六面九级，为浙江最高的古塔之一。空心楼阁式砖木结构，因遭火灾，飞檐斗拱被焚毁，形成四周的空洞。后人对塔基进行了加固，四周铺筑了台阶，隋塔整修一新，已被列为省级文物保护单位。隋塔建造别致，除砖砌塔壁上，精雕佛像外，塔顶上没有通常的尖形塔头，站在塔内，可直接仰见蓝天。

最后看看国清寺的第三件宝贝——七佛塔。七佛塔坐落于寒拾亭前，俗称"七支塔"，也称迎宾塔，是为纪念"过去七佛"而建的。建于隋唐时的七佛塔已不存在，现在我们看到的七佛塔是1973年在旧址上重建的，只有几十年的历史。新七佛塔与旧七佛塔在造型上最大的区别在于新塔为实心，而旧塔是镂空的。在七佛塔的上方，可以看到"一行禅师墓"。

接下来是自由参观时间，大家去感受一下天台山的自然风光和人文内涵吧！

【动笔创作】

根据浙江省全国导游证面试要求，撰写一篇9分钟的台州市天台山景区导游讲解词。

任务 10.14 丽水市缙云仙都景区

引言

丽水市缙云县的仙都景区不仅汇聚了壮丽的山水风光，也蕴藏着丰富的历史文化和神秘的神话传说，是一处令人心驰神往的仙境。在这里，你将感受到"黄帝文化，人间仙都"的独特魅力，体验一次身心的洗礼与升华。

在线课堂

交互式课件

丽水市缙云仙都景区导考视频

情境导入

你正站在一片云雾缭绕的山谷之中，四周是层峦叠嶂的山峰和清澈见底的溪流，空气中弥漫着淡淡的茶香与花香。远处，一座座古朴的亭台楼阁若隐若现，仿佛是仙人居住的地方。这就是缙云仙都，一个充满神秘与灵性的地方。让我们一起揭开它的神秘面纱，探寻那些流传千古的神话故事与人文遗迹。

任务描述

本次讲解的主要任务是全面而生动地介绍缙云仙都的自然风光、历史文化、主要景点及黄帝文化等，并在浙江省全国导游证面试的"抽选景点"项目中取得高分。

相关知识

丽水市缙云仙都景区介绍

(1) 丽水缙云仙都景区概况介绍：包括地理位置、寻根、山水、仙境、诗画、火山等，共3分钟。

(2) 主要景点介绍：鼎湖峰，共2分钟；轩辕殿，共2分钟；缙云台，共2分钟。

操 作 示 例

各位游客大家好！我代表我们旅行社的全体人员对大家的到来表示热烈的欢迎，同时感谢大家对我们旅行社的支持和信任。我将竭尽全力为您服务。希望大家能积极支持和配合我的工作。在这里，我预祝大家旅途愉快，能够高兴而来，满意而归。

各位游客，欢迎大家来到丽水游玩，这里缔造了一个个动人的"养生养老传奇"，被授予"中国长寿之乡"美誉。有句话说得好："丽水走一走，活到九十九。"丽水是一个一流的生态宜居休闲城市，漫步于青山绿水间，一呼一吸都是在洗肺。据最新数据，中国人平均寿命为74.8岁，丽水人为78.5岁，超了3.7岁，丽水已达到国际"高寿城市"的标准。丽水位于浙江省西南部，是浙江省陆地面积最大的地级市，也是文化积淀深厚的城市。古称"处州"，早在4000多年前，这里就有人类繁衍生息，是好川文化发源地。古老的历史让丽水有着众多的文物古迹，丽水文化的多元性也非常突出，如"丽水三宝"文化：龙泉宝剑，锻制历史长约2600年，是中华武侠文化的象征；龙泉青瓷——我国制瓷史上历时最长、规模和影响最大的窑系之一，代表了我国瓷器烧制技艺的最高水平；青田石，在民间有"女娲补天遗石下凡"的传说，是"四大国石"之一。青田石雕距今已有1700多年的历史，开创了"多层次镂雕"的特色工艺，与东阳木雕、乐清黄杨木雕并称"浙江三雕"。丽水旅游资源丰富多样，今天我们要参观其中著名的景点：缙云仙都景区。

缙云仙都风景名胜区位于丽水市缙云县境内，主要有芙蓉峡、鼎湖峰、朱潭山、赵侯祠、倪翁洞等景点，素有"黄山之奇、华山之险、桂林之秀"的美誉，是国家5A级旅游景区。仙都古称缙云山。相传在唐天宝年间，有许多缤纷彩云回旋于

此山，山谷乐声震天，山林增辉。当时有刺史苗奉倩上报玄宗。玄宗听后惊叹地说："这是仙人荟萃之都也！"并亲自写下"仙都"二字。仙都盛名由此传到今天。仙都景色美在天然，奇峰异石，千姿百态；它有桂林山水之秀，又有雁荡奇峰怪石之神韵。历代文人墨客、达官显贵钟情于此，留下无数珍贵的石刻。

现在我们来到最值得一看的景点——鼎湖峰。鼎湖峰景点是整个风景名胜区的核心。鼎湖峰又称"天柱峰"，状如春笋，直刺云天，高约170米，顶部面积约为710平方米，底部面积约为2787平方米，堪称"天下第一峰""天下第一笋"。峰顶有小湖，据说轩辕黄帝在峰顶用鼎炼丹，鼎重达千斤，把峰压成了凹形，而后雨水积成了一片湖——鼎湖。轩辕黄帝升天后，这个地方就被人们称为鼎湖峰。唐代诗人徐凝曾用诗句"黄帝旌旗去不回，空余片石碧崔嵬。有时风卷鼎湖浪，散作晴天雨点来"来描绘这个天下奇观。鼎湖峰旁依偎着一小石峰，俗称"小石笋"，酷似慈母抚娇儿，又名"童子峰"，意境绝妙。在童子峰外练金溪畔，有一座亭子，名叫"仰止亭"，约建于明代，是游人瞻仰鼎湖峰雄姿的仰止之处，后来被毁了。现在我们看到的亭子是台州同胞李延品、舒寿福两位先生捐款重建的。

各位游客，现在我们看到的这座山叫步虚山。步虚山是鼎湖峰的后山，海拔约364米。它的西头原与鼎湖峰为一体，形成于白垩纪晚期，后经流水的冲刷和寒暑风化，才慢慢自然崩塌分离，形成许许多多尖柱状的石柱，而鼎湖峰就是其中最高、最大的石峰。在步虚山上有一座步虚亭，建于1979年。据说建这亭时，曾挖出石砚、石笔，可能是古人祭天时供奉神仙之物。

各位游客，现在我们来到的地方叫倪翁洞景区。倪翁洞又名初阳谷，位于鼎湖峰西练溪边初阳山上，相传越国大夫范蠡的老师计倪，嫉俗遁世，隐居于此，此地因此而得名。洞中留有唐、宋、元、明、清、民国和现代文人摩崖石刻达60多处，是仙都风景区摩崖石刻最集中的地方，现已被列为国家重点文物保护单位。其中，倪翁洞中的"倪翁洞"三个篆字由著名小篆书法大家李阳冰所题。

在倪翁洞景区内，有一座书院叫独峰书院，是宋代理学家朱熹讲学的纪念地。宋代朱熹曾来此地，徜徉于仙都山，同时，作《追和李士举徐氏山居韵》七绝一首。朱熹离开后，他的学生建读书堂于仙都岩。后来在青田进士叶嗣昌提议下，人们在鼎湖峰对面的伏虎岩下创建礼殿，作为讲学之所，以示纪念。后又有缙云进士潜说友拨款扩建，将读书堂戏称为独峰书院。现在我们看到的是清朝重修的独峰书院，建筑风格属晚清，院内有银杏、桂树、山茶、金钱松、芭蕉等名花名木。院内展览以纪念朱熹为中心，并陈列仙都自然风光、人文历史、文学艺术作品，以及仙都恐龙化石图片，供游客观赏、品味。

各位游客，接下来我们到达了仙都景区的芙蓉峡。芙蓉峡俗称"铁城"，与鼎湖峰遥遥相对，影片《阿诗玛》就拍摄于此，因此，芙蓉峡有"阿诗玛第二故乡"

之称。芙蓉峡峭壁外表漆黑，整座山体犹如钢铁铸成的城堡。越往里走，峭壁愈高且陡，山谷愈窄。最狭处仅容一人穿过，大有"一夫当关，万夫莫开"之势，故又叫"铁门峡"。

芙蓉峡景区有两大旅游项目，非常吸引人。一个是刺激又好玩的芙蓉峡漂流。芙蓉峡漂流分为逍遥漂、勇士漂和猛士漂，可以供游人自主选择。整个漂流河道水量充足，在九曲十八弯的天然河道中漂流，可以充分体验到漂流的快乐与刺激，其中勇士漂是大部分游人选择的方式。整个河道有各种景观，例如"穿石绕壁"，一个天然的弧形令小艇迅速穿行于山峡之间，水流像瀑布一样奔放地跃下，人也如同腾空一般。

芙蓉峡的第二个游乐项目就是高尔夫运动。这里有专业的教练指导，教大家打高尔夫球，大家可以在此尝试一下这项"贵族运动"。

各位游客，如果大家感兴趣，就赶紧进去感受一下芙蓉峡的魅力吧！

【动笔创作】

　　根据浙江省全国导游证面试要求，撰写一篇9分钟的丽水市缙云仙都景区导游讲解词。

【在线答题】

期末考试题库4

导游服务规范　　　　导游服务应变能力　　　　导游综合知识

参考文献

[1] 范志萍，张丽利. 导游词创作与讲解[M]. 北京：中国旅游出版社，2023.

[2] 熊友平. 导游讲解技巧[M]. 杭州：浙江大学出版社，2023.

[3] 全国导游资格考试统编教材专家编写组. 导游业务[M]. 北京：中国旅游出版社，2023.

[4] 浙江省全国导游资格考试统编教材专家编写组. 诗画浙江现场导游考试指南[M]. 北京：中国旅游出版社，2019.

[5] 文海家. 地学景观文化[M]. 北京：科学出版社，2014.

[6] 杨洪，秦趣. 地学旅游原理与典型景观欣赏[M]. 北京：北京理工大学出版社，2020.

[7] 王彬. 陕西历史博物馆[M]. 北京：文物出版社，2007.

[8] 胡梦飞. 中国运河文化遗产概论[M]. 郑州：黄河水利出版社，2020.

[9] 浙江省林业局. 安吉余村："两山论"诞生地的美丽蝶变 [EB/OL]. http://lyj.zj.gov.cn/art/2021/11/15/art_1277846_59021088.html，2021-11-15.

[10] 中国村社发展促进会. 聚焦德清民宿经济[EB/OL]. http://www.village.net.cn/news/index/3872，2019-03-06.

[11] 张士轩. 浙江安吉独松关旧事[J]. 大众考古，2015(7)：65-67.

[12] 钱钧. 精编浙江导游词[M]. 北京：中国旅游出版社，2012：311.

[13] 刘德鹏. 导游服务语言的艺术、技巧与应用[M]. 北京：中国旅游出版社，2019.

[14] 张骏，卢凤萍. 旅游美学[M]. 北京：中国人民大学出版社，2021.

A.1　在湖州看见美丽中国：湖州水韵之旅

案例 描述

　　戴表元的一句"行遍江南清丽地，人生只合住湖州"是湖州生态的真实写照。湖州最有韵味的是山、水、古镇，而"山水"是中国文化中一个非常重要且富有哲学内涵的概念，也是体现湖州秀丽形象的代表资源类型。了解湖州的山水资源，是弘扬湖州山水文化的基础。学生针对小西街、莫干山、太湖等景点进行导游词创作与讲解，从而增进对湖州山水文化的了解，提升导游词创作与讲解能力。

学习 目标

知识目标： 1.了解湖州所处的位置，认识湖州山水旅游资源代表性景点。

　　　　　　2.掌握太湖等景点的基本知识。

能力目标： 能够针对小西街、太湖等景点进行导游词创作与讲解。

素质目标： 1.学生应能够深入地理解山水文化的内涵及其在湖州社会、历史、艺术等领域中的影响。通过案例学习，学生应对湖州山水文化形成系统认识。

　　　　　　2.培养学生的审美能力，包括对自然景观的审美感知等。

　　　　　　3.让学生通过了解山水文化的生态价值，培养环保意识和责任感。

A.1.1　湖州因水而兴

引言

　　太湖孕育了众多城市，而湖州就是一座被太湖环抱的江南之城。湖州是一座处在青山绿水间的悠闲城市，这里的著名景点除了太湖，还有莫干山、南浔古镇等。辖区吴兴的"兴"字，放在湖州很奇妙，像是湖州河流的地图，"兴"字下面的一撇一捺分别代表了东苕溪和西苕溪，上面三点则分别是谢公塘、妙西港和运河，中间一横是頔塘。这六条重要的水系正好连接了整个湖州的三县三区，也使湖州与外界建立起联系，而中间的中心点就是吴兴。这六条河流，有的是天然形成的，有的是人工开挖的，最终构成了水傍太湖分港流的水系形制。

在线课堂

交互式课件

情境导入

导游小张将带领来自西北地区的一个团队游览湖州，游客说："我在飞机上看到这里有好多河流，刚刚在旅游车上发现许多道路沿着弯弯曲曲的河流铺设，能不能介绍一下湖州的著名河岸景观啊？"

接下来，导游小张要先向游客们讲解湖州水域知识，她该讲哪些内容？如何进行讲解？

相关知识

苕溪，位于浙江省北部，是浙江省八大水系之一，也是太湖流域的重要支流，流域内沿河各地盛长芦苇，进入秋天，芦花飘散如飞雪，引人注目，当地居民称芦花为"苕"，"苕溪"之名由此而来。苕溪由东、西二溪组成，因两条溪大小相仿，又称姐妹溪。东、西苕溪原在湖州城东汇合，经大钱口入太湖，兴建东苕溪导流工程后，两溪在湖州城西杭长桥汇合经长兜港、机坊港入太湖。苕溪干流长158千米，流域面积约4576平方千米，河道差距779米，平均坡降为4.9‰。

頔塘，又名荻塘，自湖州市东门二里桥起，向东迤逦，经升山、塘南、晟舍、苕南、东迁各乡至南浔镇，东达江苏平望莺脰湖，与京杭大运河汇合，流入太浦河。其流来自苕溪之水，故又与流经德清县东部的苏杭古运河连通。本市境内全长33千米，河宽80～100米。湖、嘉、苏、沪公路紧沿其塘北岸而过。塘两侧荡漾如列星，阡陌交错，桑林遍野，盛产鱼、米、蚕丝。頔塘是湖州市与嘉兴、苏州、上海等地水路交通的主要航道。此塘有"中国的小莱茵河"之称。

谢公塘，也叫西官塘，由时任吴兴郡守的谢安建造。唐代的颜真卿还专门为此撰写碑文。《题湖州碑阴》中写道："太保谢公，东晋咸和中，以吴兴山水清远，求典此郡。郡西至长城县通水陆，今尚称谢公塘。"殷康的"荻塘"和谢安的谢公塘，在吴兴历史上极其重要，这两条人工开挖和因势修筑的河道与其他三条河道(东、西苕溪和妙西港)构建起了湖州的水路大格局。

下渚湖，是国家4A级旅游景区、国家湿地公园，位于浙江德清县城东南，面积约为36.08平方千米，水域面积3.4平方千米，中心湖泊为1.26平方千米。下渚湖异名颇多，因传"防风氏所居"，故叫风渚湖或封渚湖；又因与"哑子"谐音，俗称哑子湖。此外，也有人称之为九里湖、巽湖。下渚湖国家湿地公园里港汊交错，芦苇成片，湖水清澈，野鸟群息，水生动植物遍布，保持着自然质朴、原始野逸的江南水乡风貌。600余个墩岛散布湖面，1000余条港汊纵横交错，还有800多种动植物在此繁衍生息，其中就有被誉为植物中"大熊猫"的野生大豆和被誉为鸟类中"大熊猫"的朱鹮。

操 作 示 例

技巧一：讲解内容结构清晰。可以按照时间顺序、空间布局或者主题来组织，这样可以让游客很容易地理解导游词的内容。如先从整体介绍湖州水域资源概况，然后分层次讲解水域的空间布局，或讲解湖州水域的历史脉络。此外，可通过"湖中有墩，墩中有湖，港中有汊，汊中有港，水网交错"等富有吸引力的介绍词让游客先对墩、湖、汊、港产生兴趣，然后深入展开讲解。

技巧二：引用历史文化故事。讲述与景点相关的历史故事或者传统文化，可以使导游词更加有趣和有深度。比如下渚湖的传说：很久以前，这里住着三户家财万贯的有钱人家，分别是夏氏、朱氏和胡氏，他们挥金如土，过着醉生梦死的生活，甚至连尿盆都用黄金铸成，还在盆上雕刻一条龙，龙口张开，以接尿液，这下天威震怒，顷刻间，将此地化作湖水一片，于是，后人根据这三姓的谐音，将此湖称为下渚湖。

讲解词示例 ≫

欢迎大家来到湖光山色度假之州，我是湖州导游小张，今天由我来带领大家游览湖州。在介绍湖州之前，我想用一个"水"字来形容它。水是这个城市的灵魂，也是这个城市的命脉。湖州的水文化可以用16个字来概括："因水而兴，因水而名，因水而聚，因水而咏。"

先来讲一讲"因水而兴"，看着这条清澈的水系，你就能知道湖州其实是一个水城。浙江省的11个地级市中，唯一一个既有新石器文化，又有旧石器文化的城市，就是湖州。这些文化的发展历程都和水有着密不可分的关系。比如旧石器文化中的溪龙文化，溪龙乡就是以溪为代表的。在湖州非常有名的钱山漾文化，也与河水有着密不可分的关系。湖州有浙江省七大水系之一的苕溪。苕溪主要分为东苕溪和西苕溪两条水系。两溪分别发源于湖州的安吉和德清，经过湖州，在湖州城汇聚之后，流入太湖。

相传，东晋大兴年间，太守郭璞在子城外建罗城。此后，城市以子城为中心的格局延续至今，由环城南路、环城东路、环城北路、环城西路等构成的"龟甲"形古城城廓，至今清晰可辨。子城城墙遗址、清源门遗迹等旧城遗迹保留较好。由市河、环城河、横渚塘河、菜花泾、锁苕桥港、龙溪港，以及南街、红旗路、苕溪路、东街等构成的旧城水网、道路体系，延续至今，以水兴市架构起"漕渎贯城、以水为轴、双溪交汇、三环合璧、四河环抱"的水城格局。

【动笔创作】

撰写一篇介绍湖州水域景观的讲解词，分别模拟老年团、学生团、儿童团等，并分组进行讲解练习。

A.1.2 湖州因水而聚

引言

逐水而聚是湖州村落选址的基本特色之一。湖州是浙江已知最早有人类活动的地区之一。近年来，在湖州安吉溪龙、上马坎等地发现的旧石器遗址表明，早在45.5万年以前，古人类就已经在西苕溪流域繁衍生息，过着采集和狩猎的生活。湖州自古以来一直以"江左大郡""文化之城"闻名海内外，由汉代至清代，正史立传的有285人。近现代，更是才俊辈出。

在线课堂

交互式课件

情境导入

旅行团中一苏姓游客说道："苏姓名人中我最喜爱苏轼，每到一个地方旅游时，我都会了解是否有与他相关的事迹，我知道苏轼与湖州有些渊源，可否介绍一下？"接下来，导游小张该如何介绍？

相关知识

湖州十大贤守简介

王羲之(303—361)，字逸少，山东临沂人，东晋书法家，被尊为"书圣"，永和四至七年(348—351)任吴兴太守。后升右军将军、会稽内史，人称"王右军"。他在任吴兴太守时施行众多惠民善政，其中比较有代表性的是督课农桑、开仓赈灾、诛翦奸吏、重视教化四大善政。

谢安(320—385)，字安石，河南太康人，东晋政治家、军事家。兴宁二年(364)，任吴兴太守，以儒术治郡，修谢公塘。后官拜相位。383年，加授征讨大都督，取得著名的淝水之战胜利。谢安任吴兴太守时，曾组织民工开浚城西官塘(今西苕溪下游湖州至长兴段)，民获其利，称之为"谢公塘"。

柳恽(465—517)，字文畅，山西永济人，南朝诗人，曾两度出任吴兴太守。著有文集12卷、《棋品》3卷和《清调论》等。柳恽在任吴兴太守时，兴起了湖州文学史上的第一个高潮，他还为民做实事，如组织疏浚青塘(后改称柳塘以纪念柳恽)。

209

颜真卿(709—785)，字清臣，陕西西安人，祖籍临沂，763年任刑部尚书兼御史大夫，772年贬任湖州刺史，至777年。颜真卿在任湖州刺史时，访贤纳士，照顾孤寡老人，抚养孤儿，还在骆驼桥边建放生池，在治理水灾的工程中，组织疏浚白苹洲。颜真卿在湖州倡导诗歌联名活动，开创了唐诗中的"吴中诗派"。此外，颜真卿邀陆羽等五十余人纂修了360卷《韵海镜源》，在当时的文化界产生了深远影响。为纪念此书修成，特建楼，并以书名命名该楼，曰"韵海楼"。

杜牧(803—853)，字牧之，陕西西安人，晚唐著名诗人，850年任湖州刺史，在任一年，留下诗作十余首。杜牧在湖州任职时在长兴顾渚山里为皇帝督造贡茶。他曾写《题茶山》诗，反映茶农们采茶的艰辛，表达对劳动人民的同情。

孙觉(1028—1090)，字莘老，江苏高邮人，胡瑗弟子。1071年任湖州知州，至1073年调庐州。孙觉任职湖州时，曾在山野间寻访古代碑刻，并将所收碑刻汇集起来，创建了墨妙亭(现移建于飞英公园内)。他还广泛搜集湖州先人的诗作，编成了湖州历史上最早的诗集《吴兴诗集》。

苏轼(1037—1101)，字子瞻，号东坡居士，四川眉山人，宋代大文豪。1079年3月任湖州知府，7月因"乌台诗案"被罢官。苏轼在湖州任职时间虽短，却多有惠政，受百姓爱戴。苏任职时，正逢湖州水灾，他组织民众治水，还率领官员到弁山黄龙洞祷晴，苏轼写有《吴中田妇叹》诗，反映百姓遭水灾之苦，并上奏朝廷，减免百姓的赋税。

王十朋(1112—1171)，字龟龄，号梅溪，浙江乐清人，1157年中状元，1167年任湖州知府。王在任上救灾除弊，创雪川贡院，颇有政绩。他一方面积极赈灾，另一方面亲自到岘山从事农业劳动，为百姓作表率，在任时留下"岘山务农""捐建雪川书院""义释才女"等故事。

劳钺(？—1476)，字廷器，江西九江人。1472年任湖州知府，在任四年，勤政爱民，积劳成疾，病逝后被尊奉为"湖州城隍神"，奉祀于府庙。劳钺是湖州历史上唯一一位被尊奉为城隍神的湖州太守。他的主要政绩有"太湖剿匪""治理蝗灾""修纂府志"等。

陈幼学(1541—1624)，字志行，江苏无锡人，1604—1610年任湖州知府，多有善政。陈幼学任湖州知府时不畏强暴，惩治恶霸。他兴修水利，集资重修了因水灾而损毁的东塘，还在湖州遭遇水灾饥荒时全力赈灾，救活饥民数十万。

操作示例

技巧：将自然景观与文化内涵相结合，善用诗词名句。水体景观往往不是独立存在的，而是与岛屿、河岸、山体等构成完整的水体景观。因此，导游要善于将景点周围的景观融入讲解中。如莫干山的剑池景点有"莫干之美在剑池，剑池之美在飞瀑"的美誉，剑池不仅有其自然之美，也有文化内涵。剑池清溪之上有一座小石桥(阜溪桥)，桥的石柱两旁是陈毅《莫干山纪游词》中的两句，一边是"夹道万竿成绿海，百寻涧底望高楼"，另一边是"剑池飞瀑涤俗虑，塔山远景足高歌"。因而讲解词要结合自然与人文以提升内涵。

讲解词示例 »

　　大家好，我是导游小张，今天我们来聊一聊湖州水文化中的"因水而聚"。湖州这个城市跟水有着密不可分的关系。正是因为水，许许多多的名人聚集到了湖州。魏晋南北朝时期，谢安来到湖州担任太守，为湖州做了一件重要的事情——对湖州到长兴的这段水域进行修建，民众称之为"谢公塘"。也因此，谢家有七位人员在湖州做官，这是谢家非常值得骄傲的事情。谢安死后，葬在了湖州长兴的太湖下面。到了唐朝时期，太守于頔专门修筑了从湖州到南浔的这段水路，称之为"頔塘"。现有"野航春入荻芽塘，远意相传接渺茫。落日一篙桃叶浪，薰风十里藕花香。"等佳句流传于世。此外，还有很多位名人，比如陈幼学，他是明朝的一位太守，也是湖州十大贤守之一。他到了湖州之后，也为湖州治理太湖。宋朝的时候，苏东坡虽然只在湖州做了三个月的太守，但是也帮助当地治理了碧浪湖，所以每一位太守在湖州留下的功绩都和水有着密切的关系。这些太守顺着这条苕溪清水而来，留下了一段又一段的历史。在南北朝时期，柳恽曾经担任湖州太守，专门为湖州建造了现在被称为"清塘"的一段水域。水把所有这些名人聚集到了湖州，这就是湖州水文化中的"因水而聚"。

【动笔创作】

　　撰写一篇介绍湖州历史人物的讲解词，并分组演示。

A.1.3　湖州因水而咏

📖 引言 ◀

　　古代近水之处多为文化发达之所，而远离水路交通的地方，多属闭塞落后之区。回望历史，无数诗词歌赋在此诞生。唐代诗人张志和在湖州创作了《渔歌子》："西塞山前白鹭飞，桃花流水鳜鱼肥。青箬笠，绿蓑衣，斜风细雨不须归。"意境优美，令人神往。唐代描述湖州的诗歌众多，循着唐诗的足迹，可以寻访到无数诗情画意的地方。宋代苏轼五次过湖州，留下了不少诗文，他对湖州的喜爱溢于言表。2024年，湖州成功创建"东亚文化之都"，这是对其深厚文化底蕴的肯定。

在线课堂

交互式课件

情境导入

旅行团上一位语文老师说道："我是因为一首诗选择来湖州度假的。诗中说：'行遍江南清丽地，人生只合住湖州。'我还知道'西塞山前白鹭飞'说的也是湖州，太令人神往了。"接下来，导游小张该如何应答？

相关知识

关于湖州山水的诗词歌赋

渔歌子

唐·张志和

西塞山前白鹭飞，桃花流水鳜鱼肥。

青箬笠，绿蓑衣，斜风细雨不须归。

霅溪西亭晚望

唐·张籍

霅水碧悠悠，西亭柳岸头。

夕阴生远岫，斜照逐回流。

此地动归思，逢人方倦游。

吴兴耆旧尽，空见白蘋洲！

题郡城楼

唐·杨汉公

吴兴城阙水云中，画舫青帘处处通。

溪上玉楼楼上月，清光合作水晶宫。

江南春

宋·寇准

杳杳烟波隔千里，白蘋香散东风起。

日落汀洲一望时，愁情不断如春水。

寄湖州故旧

宋·释居简

梦忆湖州旧，楼台画不如。

溪从城里过，人在镜中居。

闭户防惊鹭，开窗便钓鱼。

鱼沈犹有雁，弗寄一行书。

湖州

宋·戴表元

山从天目成群出，水傍太湖分港流。

行遍江南清丽地，人生只合住湖州。

题苕溪

元·赵孟頫

自有天地有此溪，泓渟百折净无泥。

我居溪上尘不到，只疑家在青玻璃。

雨过湖州

清·袁枚

州以湖名听已凉，况兼城郭雨中望。

人家门户多临水，儿女生涯总是桑。

打桨正逢红叶好，寻春自笑白头狂。

明霞碧浪从容问，五十年来得未尝。

吴兴杂诗

清·阮元

交流四水抱城斜，散作千溪遍万家。

深处种菱浅种稻，不深不浅种荷花。

操作示例

技巧一：巧用触景生情法。触景生情法就是见物生情、借题发挥的导游讲解方法。触景生情法贵在发挥，要自然、正确、切题地发挥。例如，"西塞山前白鹭飞"这句诗描绘了一幅宁静而美丽的自然景象，触景生情，让人不禁陷入对美好自然与自由生活的向往。白鹭自由地飞翔，这一景象多么闲适。遥望白鹭飞翔，不仅是一种视觉上的享受，也是一种精神上的慰藉，让人感受到大自然的和谐与美好。

技巧二：善用虚实结合法。虚实结合法就是在导游讲解中将典故、传说与景物的介绍有机结合，即编织故事情节的导游手法。该技巧要求导游讲解故事化，以求产生艺术感染力，努力避免平淡的、枯燥乏味的、就事论事的讲解方法。例如，寇准的一句"杳杳烟波隔千里，白苹香散东风起"写的只是江南春日黄昏的那种迷离艳冶之美吗？并不是，我们可以感受到，诗的末句转入抒情，表达了诗人心中涌起的无限愁绪，这样的美与生活是虚实相生的。

讲解词示例 》》

大家好，我是导游小张，今天我们来到湖州的水系边，让我给大家讲一讲湖州为何"因水而咏"。历史上很多名人到过湖州，并且写了很多关于湖州的诗篇。在诸多诗篇当中，吟咏湖州水系的，或者说跟水有关系的将近三分之二。南北朝的柳恽就曾写道："汀州采白苹，日暖江南春。"汀州其实就是一个小岛——一条小小的河当中的一个小岛。唐朝的时候，也有很多名人在湖州留下诗篇，像太守颜真卿等。宋朝的大文豪苏轼也写了很多，但是湖州人记忆最深刻的还是宋末元初诗人戴表元所写的《湖州》："山从天目成群出，水傍太湖分港流。行遍江南清丽地，人生只合住湖州。"但是在今天，我更想向大家推荐宋人林希所写的《吴兴》："绕郭芙蕖拍岸平，花深荡桨不闻声。万家笑语荷花里，知是人间极乐城。"这首诗道出了湖州人乐游乐活的生活状态。清朝的时候，阮元也写了一首诗，充分地把湖州的水和人文历史，以及湖州人的农耕生活融合在一起，这首诗也叫《吴兴》："交流四水绕城斜，散作千溪遍万家。深处种菱浅种稻，不深不浅种荷花。"正是因为这么多的诗词歌赋赞扬湖州，所以说湖州"因水而咏"。

【动笔创作】

撰写一段有关湖州诗词的讲解词，并分组演示。

A.1.4　頔塘故道

引言

頔塘由西晋吴兴太守殷康组织修建，目的是疏通水运路线，以及灌溉周边农田。頔塘最早称"荻塘"此塘周围生长着很多芦荻，因此得名"荻塘"。千年前的頔塘故道，船队长龙行，轮声日夜鸣。如今，长约1.6千米的頔塘故道完好保留，无航运功能，主要作为城市排水与景观河道，河堤均有砖石护坡。让我们游览頔塘故道，感受历史的变迁吧。

在线课堂

交互式课件

情境导入

导游小张正带领一个来自西北地区的团队游览頔塘故道，游客说："早就听闻湖州是个因水而兴的地方，这个故道是不是也在其中起到了重要作用呀？"接下来，小张要如何向游客们讲解頔塘故道？她该讲哪些内容？

相关知识

頔塘最早称"荻塘"，又名"东塘""运河"，塘周围生长着很多芦荻，因此得名"荻塘"。唐贞元年间，湖州刺史于頔动员民众大规模修筑"荻塘"，后人为了纪念他的品德和事迹，把塘名改为"頔塘"。頔塘是太湖流域开凿最早的运河之一，距今已有1700多年的历史。自开凿起至今，頔塘历经各朝各代的整修与拓浚，始终发挥水利设施和航运通道的功能，对研究我国古代水利史、航运史和沿岸社会经济发展史具有重要意义。江南运河南浔段是頔塘全段河道中唯一未经大规模拓宽，仍保留清代至民国时期原貌的运河河道。

頔塘故道是完好保存的江南运河支线河道，是大运河在水网密布的长江三角洲地区延伸的河段。頔塘运河始建于西晋太康年间(280至289年)，作为湖州地区的区域运河。隋代初期，贯通南北的大运河建成，頔塘成为湖州联系大运河的重要航道。南宋时期，頔塘成为大运河支线——江南运河西线的一部分。后经多次疏浚和维修，一直保持着航运的功能。1952年于南浔镇北另开一段航道，绕开原頔塘河道，长约1.6千米的頔塘故道因而得以完好保留，现已无航运功能，主要作为城市排水与景观河道，河堤均有砖石护坡，有多处河埠，保存状况良好。

頔塘由湖州东门二里桥向东迤逦，至南浔古镇，东达江苏平望莺脰湖，与京杭大运河汇合，流入太浦河。湖州境内全长33千米，河宽80~100米。塘两侧荡漾如列星，阡陌交错，桑树遍布河岸两侧，周边鱼、米、蚕丝产量非常高，是湖州与嘉兴、苏州、上海等地水路交通的主要航道，其运力、运量位于长江下游地区前列，在中国有"小莱茵河"之称。頔塘是我国古代劳动人民创造的一项伟大工程，是祖先留给我们的珍贵物质和精神财富，也是活着的、流动的重要人类遗产。頔塘作为大运河支线，为周边市镇提供了便利的水上交通运输通道，发展成了基于頔塘运河的独特十字港水系。2014年6月，中国大运河项目成功入选世界文化遗产名录。

(资料来源：胡梦飞.中国运河文化遗产概论[M].郑州：黄河水利出版社，2020：48-49.)

操 作 示 例

技巧： 很多游客对走马观花式的讲解持厌恶态度，相反，他们希望导游的讲解深入浅出，因而讲解内容应尽量翔实有趣。可以结合地理方位、历史发展、功能、地位等多方面内容创作讲解词，使得游客形成全面认识。

讲解词示例 》》

大家好，我是导游小张。现在我将给大家讲一讲湖州南浔的頔塘故道。我们眼前的这条河道就是頔塘，它开凿于西晋太康年间，距今已有1700多年的历史，因早年河道两岸荻草茂盛而取名荻塘，后湖州刺史于頔修筑堤岸，百姓为了纪念他，将塘名改为"頔塘"。

頔塘故道是完好保存的江南运河支线河道，是大运河在水网密布的长江三角洲地区延伸的河段。后经多次疏浚和维修，一直保持着航运的功能。1952年于南浔镇北另开一段航道，绕开原頔塘河道，长约1.6千米的頔塘故道因而得以完好保留，现已无航运功能，主要作为城市排水与景观河道。

　　頔塘自湖州东门二里桥向东迤逦，至南浔古镇，东达江苏平望莺脰湖。湖州境内全长33千米，河宽80~100米，是湖州与嘉兴、苏州、上海等地水路交通的主要航道，其运力、运量位于长江下游地区前列，在中国有"小莱茵河"之称。頔塘是我国古代劳动人民创造的一项伟大工程，是祖先留给我们的珍贵物质和精神财富，也是活着的、流动的重要人类遗产。1989年，湖州市人民政府公布頔塘为市级文物保护单位。

【动笔创作】

1) 创作"頔塘故道"讲解词并进行讲解

(1) 各组领任务后，组内成员创作一份针对自己旅游团的讲解词。

(2) 各组推选一名组员进行讲解演示。

(3) 其他组听后提问并点评优缺点。

2) 评价总结(参照项目8中表8-1)

(1) 仪容仪表规范，礼貌用语规范。(10分)

(2) 语言表达准确、流畅、生动、有说服力，身体语言运用自如。(20分)

(3) 讲解内容正确、全面、条理性好，详略得当，重点突出，运用一定的技巧。(50分)

(4) 具备一定的应变能力，能够解答游客的疑问。(20分)

A.1.5　太湖水韵

引言

　　太湖被誉为"中国东南地区的明珠"，其清澈如镜的湖面，倒映着蓝天白云和周围群山的轮廓，仿佛天人合一的完美画卷。太湖不仅是一处自然奇观，也是丰富多彩的中华文化的重要组成部分，有着深厚的历史底蕴与文化积淀。千百年来，无数文人雅士以太湖为题材，留下了许多传世之作。他们赞美太湖水的灵动和山的宁静，抒发了对自然之美和生命之源的眷恋之情。太湖畔的古桥、古镇、庙宇与园林，无不体现出江南水乡独特的文化精髓，成为文化艺术与人文历史交汇的重要象征。

在线课堂

交互式课件

情境导入

导游小张正带领一个外国团队游览太湖，一名游客说："I have learned about Taihu Lake before. It is a treasure land of geomancy in China and a land of plenty!"（译文：我之前了解过太湖，这里简直是中国的风水宝地，是物产丰富的地方！）接下来，导游员小张要用英文向游客们讲解太湖，她应该讲哪些内容？如何进行讲解？

操作示例

技巧一：将复杂的句子简单化。在实际工作中，外语导游与外国游客同处在特定场景中，导游讲解应当以能被听懂、理解、无误解为准则。因此，导游语言应力图简明扼要、准确易懂。要尽量把冗长的各类从句分成多个简单句，这样既简洁又易懂，不会引起游客的困惑。

技巧二：运用解释或对比的方法简化讲解内容。例如，外国人对中国的朝代大多不熟悉，因此最好加上解释，比如将"清朝"翻译成"The Qing Dynasty was from 1616 or 1644 to 1911."

导游词示例(英文) »

Hello everyone, I am your tour guide Miss Zhang. Welcome to the state of lakes, mountains, and scenery for vacation. Taihu Lake is the third largest freshwater lake in China, with beautiful scenery. It is located at the border of Jiangsu and Zhejiang provinces. To the north is Wuxi and Changzhou, to the east is Suzhou, to the west is Yixing and Changxing, and to the south is our urban area of Huzhou. Huzhou is the only city in China named after Taihu Lake.

Taihu Lake is about 3 meters above sea level and its area is about 260,000 hectares. Taihu Lake is rich in products. Huzhou has "three treasures": Whitebait, Mei Wei fish, and White Shrimp. They are delicious and famous at home and abroad. Waxberry, loquat, and orange are abundant in the hills of the lake. If you come to Hill Xiaomei early in the morning, you can enjoy the spectacular sunrise. A red sun rises above the lake, flaming the entire sky and lake. With the movement of the water waves, the golden light is countless. Taihu Lake is a veritable tourist attraction with beautiful mountains and waters and gorgeous scenery. "Three White of Taihu Lake", the specialty of Taihu Lake, is very famous. "Three White" refers to white fish, whitebait and white shrimp, which constitute the landmark taste experience of Taihu Lake. The most pleasant experience is to taste "Three White of Taihu Lake" in the boat restaurant beside Taihu Lake. The beauty of the lake can also be enjoyed. Next, we will enter the Lakeview Restaurant and enjoy delicious food while admiring the beautiful scenery.

译文 》

　　大家好，欢迎来到湖光山色度假之州，我是导游小张。太湖是我国第三大淡水湖，风光秀美，它位于江、浙两省交界处，北面是无锡、常州，东面是苏州，西面是宜兴和长兴，南面是湖州市区，湖州是全国唯一以太湖命名的城市。

　　太湖湖面海拔3米左右，面积约为260 000公顷(2600平方千米)。太湖物产丰富，湖州有"三宝"：银鱼、梅鲚和白虾。其味道鲜美，享誉海内外。湖中山上盛产杨梅、枇杷和橘子。如果一大早来小梅山，还可欣赏到壮观的日出，一轮红日从湖面上喷薄而出，映红了整个天空、整个湖面，随着水波移动，金光万道。太湖山清水秀，风光绮丽，是名副其实的游览胜地。太湖特产"太湖三白"非常著名，"三白"指的是白鱼、银鱼和白虾，构成了太湖标志性的味觉体验。最惬意的体验是在太湖湖畔的船餐厅品"太湖三白"，一湖水色，同样秀色可餐。我们接下来将进入湖景的餐厅，在欣赏美景的同时享受美食。

【动笔创作】

　　撰写一段英文的太湖导游讲解词，并分组演示。

A.2 在湖州看见美丽中国：湖州历史文化探秘

案例 描述

　　文化遗产是一个地方最靓丽的名片和地标，可以说是一地旅游资源中的精华。湖州人杰地灵，数千年来积累了极其丰厚的文化遗产资源。本案例会采撷湖州最具特色的地标和文化遗产进行讲解词创作指导。通过范例和要点解析，让学生抓住湖州地域文化特色，锻炼学生自主撰写导游词并讲解湖州本地历史或文化遗产的能力。

学习 目标

知识目标： 1. 了解湖州最具代表性的历史和文化遗产概况。

　　　　　　 2. 从湖州历史和文化遗产中提炼湖州文旅的核心特点。

能力目标： 1. 以教材中提到的湖州代表性历史文化遗产为线索，进一步扩大搜索半径，争取关注更多湖州特色的历史文化遗产信息。

　　　　　　 2. 通过对教材中范例的揣摩和学习，在尊重历史的基础上形成自己独特的讲解风格。

素质目标： 1. 通过深入了解湖州历史和文化遗产，增强对祖国光辉灿烂历史的自信。

　　　　　　 2. 在学习过程中充分理解"在保护中发展、在发展中保护——让更多历史文化遗产活起来"的思想精髓。

A.2.1　湖州邱城遗址

引言

　　湖州这座江南文化名城的历史源远流长，了解其建城史是我们探索湖州厚重历史文化的第一步。我们在讲解任何一座城市的文化旅游资源时，往往从它的建城史开始。所以本案例以了解湖州的建城史为第一项任务，既可以培养学生讲解历史遗迹类景点的能力，也可以培养他们对湖州厚重历史的敬仰之情。

在线课堂

交互式课件

情境导入

　　1963年3月11日，邱城遗址被浙江省人民政府公布为省级重点文物保护单位。1981年4

月13日，邱城遗址被重新公布为浙江省重点文物保护单位。如今，邱城遗址已成为一处重要的历史文化遗产，供后人研究和缅怀。

时至今日，邱城遗址已被建成邱城遗址公园，供中外游客参观，让越来越多的人了解这座古城的历史文化。游客可以在这里欣赏到古代城池的遗迹，感受古代人民的智慧和勇气，也可以了解到太湖流域新石器时代文化的丰富内涵。

相关知识

湖州邱城遗址位于浙江省湖州市北9千米的白雀乡小梅口，是湖州历史上第一座古城，距今已有2500余年的历史。这座古城起源于春秋后期，当时吴王夫差的弟弟夫概受命在太湖西南滨筑"三城三圻"作为屯兵之所，而邱城便是其中之一。

邱城依山而建，城墙用泥土夯筑，呈错位"吕"字形，两座城垣南北相连，周长各约1500米，大小基本相同。这座城池扼守太湖小梅口，依山面水，具有可攻可守的地理优势。

邱城遗址总面积约3万平方米，分为城墙与遗址两个部分。遗址内堆积层次复杂，遗物丰富，墓葬密集，保存完好。考古发掘显示，遗址内有新石器时代晚期的马家浜文化和崧泽文化的遗存。其中，马家浜文化时期的器物以手制的红陶和比较粗笨、厚重的磨制石料为特色；而崧泽文化时期的石器则以扁平穿孔石斧和长条形石锛为主，生活器皿多为黑陶，器形规整，有些还有圆形和三角形的镂空图案。

邱城遗址的东、南和西南部有新石器时代遗址，因此被称为"邱城遗址"。这些遗址为研究太湖流域新石器时代文化提供了重要的实物资料。

操作示例

亲爱的游客朋友们，大家好！欢迎来到美丽的湖州，我是你们的导游小张，非常荣幸能够带领大家参观这片有着深厚历史底蕴的邱城遗址。

邱城遗址位于湖州市北9千米的白雀乡小梅口，总面积约3万平方米。这里曾是湖州历史上第一座古城，距今已有2500余年的历史。邱城依山而建，两座规模略等的城垣南北相连，形成独特的"吕"字形布局，将两座小山(均名邱城山)围在其中，彰显出古代人民的智慧和勇气。

邱城遗址不仅是一座古城，也是一部历史的活教材。据史书记载，邱城是春秋时期吴国在太湖南岸所筑的三城之一，既是屯兵、练兵之所，又是军事要塞。这里曾是吴越争霸的重要战场，见证了无数英勇将士的热血与忠诚。

现在，我们脚下的这片土地，曾经有过繁华的市井，有过喧嚣的战场，也有过宁静的田园。经过数千年的风雨洗礼，邱城遗址依然保持着独特的魅力，吸引着无数游客前来探寻历史的足迹。

在这里，我们可以看到城墙的遗迹，感受到古代人民的勤劳与智慧；可以看到密集的墓葬，想象古代人民的生活场景；可以看到丰富的遗物，领略古代文化的博大精深。

最后，希望大家在参观的过程中，能够深切感受邱城遗址所蕴含的历史文化价值，珍惜这份宝贵的文化遗产，共同传承和弘扬中华民族的优秀传统文化。谢谢大家！

【动笔创作】

假设你即将接待一些北京游客到湖州邱城旅游，针对此情境撰写一篇导游词，要求将邱城的历史与北京的建城史进行对比，以增强游客对邱城遗址的认知和对祖国光辉历史的深厚感情。

A.2.2 湖州湖笔文化

引言

对于一座城市来说，除了大量看得见、摸得着的物质文化遗产外，与这些物质财富的生产、加工和制造紧密相关的非物质文化遗产也是其旅游资源的重要组成部分。

非物质文化遗产，简称"非遗"，是与物质文化遗产相对的一种文化遗产形式。在我国非遗是指各族人民世代相传，并视为其文化遗产组成部分的各种传统文化表现形式，以及与传统文化表现形式相关的实物和场所。它包括口头传统和表现形式、表演艺术、社会实践、仪式、节庆活动、有关自然界和宇宙的知识和实践、传统手工艺等多个方面。在湖州，具有代表性的非遗当属中国传统文房四宝之首——湖笔。湖笔也是湖州当地导游介绍本地非物质文化遗产时的重中之重，是每个导游必须掌握的讲解对象。

在线课堂　　　　交互式课件

情境导入

在湖州南浔区有一个蜚声中外的传统非物质文化传承者——善琏湖笔厂。它是湖笔制作技艺和弘扬湖笔文化的代表性单位。善琏湖笔厂1956年创立于浙江省湖州市南浔区，目前生产的湖笔分羊毫、兼毫、兔毫、狼毫等，共400多个品种，主要选用优质山羊毛、山兔毛、黄鼠狼尾等原料，按传统工艺经过120道工序精制而成，具有尖、齐、圆、健之独特风格。

相关知识

湖州，这座位于江南水乡的城市，自古以来便以其独特的文化魅力吸引着文人墨客。其中，湖州湖笔作为"文房四宝"之一，以其精湛的制作工艺和卓越的品质，赢得了"笔中之冠"的美誉。让我们一起走进湖州湖笔的世界，探寻其历史渊源、基本工艺、所获荣誉、发展现状以及非遗传承宣传的奥秘。

湖州湖笔又称"湖颖"，其历史可追溯到秦朝时期。据史书记载，秦朝大将蒙恬在湖州地区首创"纳颖于管"的制笔技艺，为湖笔的诞生奠定了坚实的基础。自此以后，湖笔制作技艺在湖州地区代代相传，不断发展壮大。到了晋朝时期，湖州笔工辈出，制笔技艺日臻完善。到了元代，湖笔制作技艺达到了鼎盛时期，湖笔之名遂传遍天下。

湖州湖笔的制作工艺十分复杂，从原料选择到成品出厂，需要经过一百二十多道精细的工序。首先，选用优质的羊毛、兔毛、黄鼠狼毛等原料，经过严格的筛选和分类。然后，通过水盆、结头、装套等工序，将笔毛整理成笔头。接着，用鸡毛竹等优质材料制作笔杆，并将其与笔头结合，制作出完整的湖笔。最后，经过蒲墩、镶嵌、择笔、刻字等工序，使湖笔更加美观大方，富有艺术价值。整个制作过程纯手工完成，体现了工匠们的精湛技艺和独特匠心。

湖州湖笔凭借其卓越的品质和精湛的制作工艺，赢得了无数的荣誉和赞誉。早在元朝时期，湖笔就被誉为"吴兴三绝"之一，与赵孟頫的字、钱舜举的画齐名。到了近现代，湖笔更是屡获殊荣。2006年，湖笔制作技艺被国务院列入第一批国家级非物质文化遗产名录，成为中华民族宝贵的文化遗产。此外，湖笔还多次在国内外书法比赛中获奖，赢得了广泛的赞誉和认可。

操作示例

各位游客，大家好！欢迎来到湖州善琏湖笔厂内的湖笔博物馆。在这里，我们将一起探寻湖笔的历史发展、工艺特点、所获荣誉以及发展现状，并展望其未来。

湖笔作为中华文化的瑰宝，有着千年的历史。早在秦朝，大将蒙恬便在此地首创毛笔，开启了湖笔制作的辉煌篇章。历经千年传承，湖笔技艺日臻完善，被誉为"笔中之冠"。

走进博物馆，首先映入眼帘的是湖笔的制作工艺展示。从选料到成品，每一道工序都凝聚着匠人的心血。尤其是水盆工序，对湖笔质量有关键性影响。通过手工剪裁和整形，笔头才能呈现出最佳的书写效果。

湖笔以其独特的工艺和品质赢得了无数荣誉。早在元代，湖笔就已成为"吴兴三绝"之一。2006年，湖笔制作技艺被列入国家级非物质文化遗产名录，这是对湖笔文化的极高认可。

如今，湖笔产业在湖州得到了蓬勃发展。善琏湖笔厂作为行业领军者，不仅拥有先进的生产设备和技术，还培养了一批批技艺精湛的工匠。湖笔的年产量和品质均居全国前列，成为湖州文化的一张亮丽名片。

展望未来，我们将继续加大对湖笔产业的扶持力度，推动湖笔文化的传承与创新。相信在不久的将来，湖笔将以其独特的魅力，吸引更多国内外游客前来参观、体验，共同见证湖笔文化的繁荣与发展。

【动笔创作】

假设你即将带领泰国华人返乡文化旅游团到善琏湖笔厂游览，请你针对此情境撰写一篇导游词。要求基于在泰华人的文化背景和他们对中华文明的了解，以适合他们的方式把湖笔的历史脉络、工艺特点、所获荣誉和发展现状介绍给他们。

A.2.3　湖州历史文化

引言

随着中国"一带一路"倡议的深入发展，我国陆续出台了多国免签政策，外国人(尤其是英语国家的人)来华旅游的热潮不断涌现，海外来华旅游市场由此获得了蓬勃发展，接待外国来华游客也成为我国旅游经济新的增长点。虽然当下人工智能技术不断发展，中外语言障碍可以借助智能设备获得突破，但人机交互转换仍然不如面对面的语言交流顺畅。因此，掌握一定的英语交流能力对提升导游自身的收入水平、更好地向国际友人展现中国光辉灿烂的历史文化和中国式现代化建设成就都极具重要性。

在线课堂

交互式课件

情境导入

假设今年夏天的一天，你接到一个来自美国的老年旅行团。他们主要参观中国的北京、西安和长三角地区，并选择湖州作为长三角旅游的重要一站。请你在翻译软件的帮助下，用尽量简单、准确的英文撰写湖州导游词。

相关知识

当为来自英语国家的游客(特别是老年游客)撰写英文导游词时，可参考以下建议。

1) 语言简洁易懂

(1) 使用简单、直接的词汇和句子结构。

(2) 避免使用过于复杂或专业的术语(除非必须)并在使用时给出解释。

(3) 使用短句和段落，以便老年游客理解和记忆。

2) 语速适中

(1) 在撰写导游词时，要考虑到口头表达时的语速。

(2) 导游词应允许导游在解说时保持适当的语速，既不过快，也不过慢。

3) 内容充实且相关

(1) 提供关于景点、历史、文化和当地习俗的详细信息。

(2) 突出景点的独特性和重要性，以及与游客兴趣点相关的内容。

(3) 对于老年游客，可以加入一些可能令他们感兴趣的历史故事或传统习俗。

4) 结构清晰

(1) 导游词应有一个明确的开头、主体和结尾。

(2) 使用标题或子标题来组织内容，以便游客跟随。

(3) 在解说过程中，提供清晰的过渡句和连接词，使内容流畅。

5) 考虑文化差异

(1) 导游词应体现对游客文化背景的理解和尊重。

(2) 避免使用可能引起误解或冒犯的词汇或表达方式。

(3) 在提及特定文化习俗或历史事件时提供背景信息，以帮助游客更好地理解。

6) 安全性提示

(1) 在导游词中适当加入安全提示，如"走路时要小心""注意台阶"等。

(2) 对于老年游客，可以特别强调某些区域或活动的安全注意事项。

7) 互动与提问

(1) 在导游词中预留一些空间，以便导游在解说过程中与游客进行互动。

(2) 鼓励游客提问，并准备一些常见问题的解答。

8) 实用信息

(1) 提供关于景点开放时间、门票价格、交通方式等的实用信息。

(2) 对于老年游客，可以额外提供关于附近餐厅、洗手间等设施的信息。

9) 音频和视频辅助

如果条件允许，可以准备一些与导游词相关的音频或视频资料，为游客提供更直观、生动的体验。

10) 反馈与调整

(1) 在导游过程中收集游客的反馈，并根据需要调整和改进导游词。

(2) 考虑到老年游客的体力和兴趣点，可能需要在行程中做出适当的调整。

操 作 示 例

Ladies and gentlemen, welcome to Huzhou, I'm the Top tour guide Liu Shuang. As an old Chinese saying goes, "It is a great pleasure to have friends coming from afar." I am very glad to be your tour guide during your stay in Huzhou. If you have any questions, please don't hesitate to let me know. I will try my best to serve you well.

The history of Huzhou can be traced back to the Warring States Period. As early as 333 B.C. King Chunshen of the kingdom of Chu built a city there and named it the City of Gu. It acquired the present name Huzhou in Sui Dynasty. Huzhou is named after the spectacular Taihu Lake, and it remains the only city in the region to be named after the lake. It is a region of rivers and lakes in Southern China, known as the "home of silk and tea" "land of fish and rice", and "area of rich cultural heritage and paradise for tourists".

Huzhou is famous for silk and the silk trade has a long history. It is one of the birthplaces of world's silk culture. The silk fabrics unearthed from the Qianshanyang remains were articles of over 4700 years ago, and they are deemed the most aged silk fabrics in existence. Huzhou mulberry silk had been designated and listed as an article of tribute to the royal court from Han Dynasty. It has ever since been exported to many foreign countries, and has won the laudatory name of "an oriental flower". Huzhou holds the top position in the output of silk worm cocoons in the country, and its silk industry is flourishing with a complete system for the whole process of production.

Huzhou is the place where a heart can be settled down and all the worries can be forgotten.

Ladies and gentlemen! Let's have a short rest here. You can just stand here and enjoy the Silk Town in China or take some photos. It is up to you! Have fun!

【动笔创作】

请你按照本小节的"相关知识"指导要求将A.2中另外四个主题中的中文导游词改写为英文导游词。

A.2.4　长兴红色文化

引言

红色文化是我国文旅资源的重要组成部分。自20世纪初以来，大量具有红色教育意义的博物馆、纪念馆、遗址公园等景区如同雨后春笋般发展起来。尤其是建党百年时全国范围内的党史学习教育不断掀起红色旅游的热潮，各地的红色景区成为众多游客的打卡选择。这要求导游不仅要掌握当地的丰富历史文化旅游资源，还要关注当地的红色旅游资源，只有这样，才能满足党政考察团、青少年教育团等旅游团对红色旅游的需求。

在线课堂

交互式课件

情境导入

假设今年夏天，你将带领一个来自湖南省的党政交流访问团游览湖州。他们除了想要考察"两山理论"实践、寻求两地产业合作交流外，还对湖州长兴县的红色旅游文化非常感兴趣，你该如何介绍湖州长兴的红色旅游资源？

相关知识

湖州长兴县的红色旅游资源非常丰富，是探访中国革命历史、传承红色文化的重要目的地，其主要的红色旅游目的地如下所示。

1) 新四军苏浙军区旧址群

位置：位于长兴县槐坎乡和白岘乡境内，星状分布于苏、浙、皖三省交界的绵延山区中。

特点：是我国抗战时期江南保存最为完整、内涵丰富且规模最大的一处革命旧址群，被誉为"江南小延安"。

内容：包括新四军苏浙军区纪念馆、新四军苏浙军区司令部、粟裕宿舍和办公室、新四军供给部等十几处革命旧址，建筑面积共计8849.13平方米。

荣誉：是全国青少年爱国主义教育基地、国家国防教育示范基地、全国红色旅游经典景区等。

纪念活动：自1976年开放以来，已接待游客数百万人次。

2) 新四军苏浙军区纪念馆

位置：位于长兴县煤山镇温塘村，紧邻新四军江南银行旧址。

内容：纪念馆展厅由基本陈列"浙西丰碑"、特色展厅"红色标杆"、临时展厅"红色记忆"三部分组成，详细介绍了新四军在苏、浙、皖三省交界地区艰苦抗日的历史和根据地群众积极拥军、支援前线的故事。

纪念意义：1984年，粟裕同志部分骨灰敬撒于此，同年长兴县人民政府竖碑纪念。

3) 新四军江南银行旧址

位置：位于长兴县煤山镇新槐村温塘自然村，紧邻新四军苏浙军区纪念馆。

历史：1945年6月，江南银行在长兴槐坎温塘村正式成立，主要任务是审查和发行江南银行抗币，并负责抗币兑换。

4) 长潮岕村

特点：是名副其实的红色山村，拥有抗战时期中共长兴县委成立大会会址、村落文化陈列馆、新四军无名女战士墓、革命烈士墓、革命史迹馆等红色文化遗存。

5) 长兴县博物馆

位置：位于长兴县中央大道与滨湖大道交叉口。

内容：拥有长兴、太湖、临展、特展四大展区，馆藏文物10 000余件，其中国家一级文物24件、二级文物65件、三级文物520件。

6) 长兴档案馆

特点：具备"现代性""开放性""文化性""标志性"特色，拥有多个展览教育场所，配备现代化展陈设施。

荣誉：2009年晋升为国家一级综合档案馆，成为全国两千多个县级档案馆中首个国家一级档案馆。

综上所述，湖州长兴县的红色旅游资源丰富多样。通过探访这些革命旧址和纪念馆，游客可以深入了解新四军在抗日战争中的英勇事迹，感受革命先烈的崇高精神，传承红色文化。

操作示例

大家好，欢迎来到湖光山色度假之州。我是金牌导游小郭，今天我为大家讲述湖州的红色文化。

湖州市长兴县的仰峰村，地处浙江省北大门，是苏、浙、皖三省交界处。我们将时间拉回到七十多年前，1945年1月，下过雪的浙北山区朔风凛冽，天寒地冻，深夜仰峰村通往苏南地区的羊肠小道上却站满了百姓和战士，大伙儿翘首以盼，他们在等待谁呢？踏步声远远传来，篝火亮了起来。"来了！来了！"攀上树干的百姓急切地叫唤起来。

新四军一师主力部队在师长粟裕的率领下，行军抵达长兴，于六日在仰峰村和提前到达的新四军十六旅顺利会师。他们来这里做什么呢？湖州物产丰富，素称"鱼米之乡"。抗战时期这里曾是国民党政府的统治中心，亦是日本侵略军重点掠夺之地。1944年，根据党中央的战略方针，12月下旬新四军一师主力部队从苏南地区出发，1945年1月抵达长兴。13日成立苏浙军区，与日伪顽军展开了激烈的战斗。

苏浙军区部队以劣势兵力在错综复杂的形势和极其艰苦的条件下取得了抗战的胜利。各位朋友，我们现在所处的这座建筑是当年苏浙军区的司令部，亦是粟裕将军曾经居住和办公的地方。当年人们常常看到沈家大院的灯火一直亮到深夜，那是粟裕将军在灯光之下运筹帷幄，决胜于千里之外。

长兴在那段峥嵘岁月中留下了江南一带数量最多、内容最丰富的革命旧址群。在这片红色土地上流传着新四军英勇抗战和体现军民鱼水情深的故事，也欢迎您来到"江南小延安"湖州长兴重温红色历史。

【动笔创作】

请你自行搜索湖州另外两区两县的红色旅游资源，并撰写具有地方特色的导游词。

A.2.5　安吉白茶文化

引言

湖州安吉是"绿水青山就是金山银山"思想的发源地，安吉近年来以农、文、旅融合的绿色乡村旅游为最大特色。安吉白茶作为安吉旅游资源中最具历史厚度和知名度的农特产品备受青睐，国内外美誉度和销量也日渐攀升。以白茶作为湖州乡村旅游讲解的切入点，不仅可以塑造安吉文旅的品牌特性，也能有效链接安吉其他各方面的文旅产品和服务，是向全国乃至世界推介安吉旅游的最佳方式。湖州导游掌握了安吉白茶的历史文化知识，就好比拿到了安吉农特旅游产品推介的"金钥匙"和"流量池"。

在线课堂

交互式课件

情境导入

假设今年夏天，一个来自贵州的乡村振兴考察团将赴安吉考察特色茶叶种植，作为导游的你该如何从乡村产业振兴、绿色低碳可持续发展的角度来构思导游词？

相关知识

安吉白茶的历史可追溯到唐代，那时便有"白叶茶"的记载。到了宋代，安吉白茶名声大噪，被列为贡品，供皇室享用。在民间，流传着许多关于安吉白茶起源的动人故事，其中为人津津乐道的是关于一位赵姓望族后裔的传说。他因家族变故流落至安吉大溪地界，在深山中发现并培育了这种白叶茶。从此，安吉白茶便在这片土地上传播、扩散，传承至今。

安吉白茶的种植地位于浙江省安吉县，这里气候温和、四季分明、雨量充沛、光照充足，为茶树的生长提供了得天独厚的条件。土壤方面，安吉白茶主要种植在微酸性的黄壤和山地红壤中，这些土壤肥沃透气，富含有机质和微量元素，为茶树的茁壮成长提供了充足的养分。

安吉白茶的种植技术十分讲究，从园地选择、种植时间、品种选择到种植密度、修剪管理等方面都有严格的要求。园地应选择在坡度适中、排水良好的山地上，茶园要有一定的海拔高度，以保证茶叶的品质。种植时间一般在晚秋或早春，品种要选择粗壮的白茶茶苗。种植密度和修剪管理则要根据茶树的生长情况和品质需求进行灵活调整。

近年来，随着乡村振兴战略的推进和农、文、旅融合的深入发展，安吉白茶的文旅开发取得了显著成效。当地政府通过举办茶文化节、茶叶博览会等活动，吸引了大量游客前来观光、品鉴。此外，还开发了一系列与安吉白茶相关的旅游产品和纪念品，如茶具、茶食品等，进一步丰富了旅游体验。

在深加工方面，安吉白茶也取得了重要进展。当地企业通过引进先进技术和设备，对安吉白茶进行精深加工处理，推出了茶叶保健制剂、茶饮料等多元化产品。这些产品不仅保留了安吉白茶的独特风味和营养成分，还满足了现代人对健康生活的追求。

操作示例

大家好，欢迎来到湖光山色度假之州。我是金牌导游小周。

不同的地域孕育着不同的茶文化。而在湖州地区有很多特色的茶，如紫笋茶、熏豆茶等。今天我要跟大家分享我家乡的特产——安吉白茶。早在九百多年前，宋徽宗便在《大观茶论》中提到了安吉白茶。只是文中并没有注明白茶的产地，所以人们一直对其只闻其名，不见其形。

直到2003年，经过专家考证，宋徽宗所提到的白茶被确认为产自湖州安吉的白茶。这也为安吉白茶增添了一抹神秘的色彩。

根据制茶工艺的不同，茶可以分为六种。但是安吉白茶并不属于白茶类，那它属于哪一类呢？

安吉白茶的青叶经过采摘、摊青、杀青、理条、烘干后，是直接包装成品的。没错，它是采用绿茶的制茶工艺制作而成的，所以它属于绿茶类。

那为什么叫安吉白茶呢？因为这是一种比较特殊的树种，叫"白叶一号"。在气温为23度以下时，叶绿素缺失的芽叶呈乳白色，而安吉白茶青叶在这个特殊的白化期内采摘、加工。它的干茶经过冲泡后呈绿白色。这是安吉白茶特有的性状，也是其名称的由来。

好的安吉白茶芽叶完整、条状显直、鲜嫩，有时候还会泛着些许金黄。所以，它几乎是当地家家户户必备的待客饮品。它冲泡起来也非常简单。如果你到安吉来，那当地人一定会奉上一杯亲泡的安吉白茶，以示热情好客。

常言道："淡中有味茶偏好，清茗一杯情更真。"有机会一定要到安吉来看一看，走进白茶园，寻找白茶主，品尝白茶宴。在这里，一定能找到你的心之向往。

【动笔创作】

湖州除了安吉白茶外，还有德清县的莫干黄芽和长兴县的紫笋茶等其他名优茶种，请你搜集资料并撰写关于这两种茶叶的导游词。

A.3　在湖州看见美丽中国：湖州人文荟萃

案例描述

　　本案例将进一步对湖州文旅资源中另外两种类型的旅游资源——历史名人和代表性景点的讲解艺术进行分析和讲授，让学生全面掌握湖州文旅资源的关键方面和核心特点，同时锻炼学生对湖州文旅资源的把握能力。

学习目标

知识目标： 1. 了解湖州最具代表性的历史名人事迹和代表性景点的概况。

　　　　　　2. 从湖州历史名人事迹和代表性景点的概况中勾勒出湖州文旅的综合面貌。

能力目标： 1. 以教材中提到的湖州历史名人和代表性景点为线索，进一步扩大搜索半径，争取关注更多湖州特色的历史人物事迹和更为丰富的旅游资源信息。

　　　　　　2. 通过对教材中范例的揣摩和学习，在尊重湖州历史脉络的基础上形成自己独特的讲解风格。

素质目标： 1. 通过深入了解湖州历史名人事迹和代表性景点，增强对祖国光辉灿烂历史的自信和从事导游职业的使命感、光荣感。

　　　　　　2. 在学习过程中充分体悟党的二十大报告提出的"坚持中国特色社会主义文化发展道路，增强文化自信"的重要性。

A.3.1　湖州赵孟頫

引言

　　我们常说"人杰地灵"，一地自然山水和风物景观往往因历史名人题咏或活动而名扬四海。如王勃《滕王阁序》、李太白《蜀道难》、苏东坡《赤壁赋》等，文豪笔下的盛景随着笔尖流传而名扬四海。现今各地文旅工作者极重视挖掘历史名人与本地千丝万缕的联系，若一地是多位历史先贤籍贯所在、长居之所或埋骨之地等，该地文旅就拥有了历史文脉的"灵魂"和天然的知名度。历史上有诸多名流曾宦居湖州，如唐代颜真卿、宋代苏轼等，他们都曾在湖州留下不少事迹和诗文，是当下湖州文旅工作者发掘历史文化价值的富矿。除此之外，湖州一地灵山秀水孕育了不少湖州籍的名士，我们就以元代湖州籍著名书法家赵孟頫为例，展示该如何讲解当地文旅资源中的历史名人。

在线课堂

交互式课件

情境导入

假设今年夏天，你接到了一个来自北京的传统书法绘画爱好者旅游团，他们对元代大书法家赵孟頫的生平事迹和故居遗物非常感兴趣，要求参观湖州赵孟頫故居。你该如何介绍这一景点呢？

相关知识

赵孟頫(1254—1322)，字子昂，号松雪道人，又号水精宫道人、鸥波，是宋末元初著名的画家、书法家，被誉为"元人冠冕"。他生于吴兴(今浙江湖州)，是宋太祖赵匡胤的第十一世孙、秦王赵德芳的嫡派子孙。赵孟頫博学多才，能诗善文，懂经济，工书法，精绘艺，擅金石，通律吕，解鉴赏。他的书法和绘画成就尤为突出，开创了元代新画风，对后世产生了深远的影响。

在书法方面，赵孟頫精通篆、隶、真、行、草各种书体，尤以楷、行书著称于世。他的书法风格深受"二王"(王羲之、王献之)影响，体势紧密，姿态朗逸，同时融入了李北海(李邕)的碑刻风格，形成了自己独特的艺术风格。他的书法作品深受后世推崇，他被誉为"楷书四大家"之一。

在绘画方面，赵孟頫的成就同样卓越。他以"复古求新"的"古意论"和"以书入画"的思想为指导，在继承传统的基础上进行创新，形成了自己独特的绘画风格。他的画作题材广泛，包括山水、人物、花鸟等，尤以山水画最为著名。他的山水画作品气韵生动，笔墨精妙，构图严谨，具有很高的艺术价值。

赵孟頫故居位于湖州朝阳街道所前街月河桥西南侧孙衙河头，是一座具有重要历史意义和文化价值的建筑。该故居原为赵孟頫家族的宅邸，后经过多次修缮和改建，成了一座集展示、研究、传承赵孟頫艺术成就于一体的纪念馆。

赵孟頫故居占地面积约4500平方米，建筑面积约2000平方米。故居建筑采用仿宋风格设计，体现了皇族世家宅邸建筑的规制与格局。故居内设有多个展厅和陈列室，展示了赵孟頫的生平事迹、艺术成就以及相关的文物和文献。此外，故居还配备了先进的展示设备和多媒体互动设施，为游客提供了更加直观、生动的参观体验。

赵孟頫故居不仅是研究赵孟頫艺术成就的重要场所，也是传承和弘扬中华优秀传统文化的重要载体。通过参观赵孟頫故居，人们可以更加深入地了解赵孟頫的艺术精神和创作理念，感受他独特的艺术魅力。同时，赵孟頫故居已成为湖州乃至全国重要的文化旅游资源之一，吸引了大量游客前来参观和游览。

操作示例

大家好，欢迎来到湖光山色度假之州。我是金牌导游小章。今天由我向大家讲述湖州的名人——赵孟頫。

江南处处有宋韵，而今江南之中仍然飘荡的宋韵指引着我们前去寻访。在湖州城美丽的霅溪河畔，有一座仿宋式建筑，湖州著名的书画大家赵孟頫曾在这里生活。

赵孟頫，字子昂，号松雪道人、水晶宫道人，是宋太祖赵匡胤的第十一世孙，也是"楷书四大家"之一。他的艺术造诣极高。故宫博物院研究员王延喜先生说过："赵孟頫可以说是中国艺术史上独一无二、空前绝后的全才。"

他的传世作品有很多，其中书法作品《吴兴赋》尤为特别。这篇赋是赵孟頫二十多岁的时候写的。当时面临宋元易代，赵孟頫借助撰写吴兴的山川地理来表达自己的胸襟和志向。在48岁的时候，赵孟頫将文章写成了书法作品。文章从吴兴的"势雄乎楚越"的山川形势写起，历数各个朝代"风流互映"的名士显宦，描述丰富的"土地之所生"，极言家乡的富庶之状，最后叙写因兴文教而致"家有诗书之声，户习廉耻之道"的文明隆盛，落笔于"以仁义为化，礼乐为政"的题旨。此文表达了他对湖州山水的浓浓乡情，如今的湖州在深厚的文化底蕴和巨大的生态价值发展潜力下，坚定不移地走"绿水青山就是金山银山"之路，将进一步激荡起"奋进新时代，启航新征程"的磅礴力量。未来，湖州将会变得更加宜居、宜养。

【动笔创作】

在湖州居住、生活的历史名人除赵孟頫外，还有许多，比如，唐朝颜真卿和北宋苏轼也是中国历史先贤中的"顶流"，请你搜索他们在湖州的历史事迹和有关文物景区并撰写一篇导游词。

A.3.2　徐迟与南浔

引言

湖州自古代不乏人才，近现代以来，湖州依旧人才辈出。他们秉承了湖州先贤胸怀家国天下的精神，积极投身革命事业和国家建设当中，续写了湖州历史的新篇章。他们的种种事迹不仅是湖州人文历史的时代华章，而且是湖州红色文旅的重要组成部分。这种以近现代名人为讲解对象的导游词既具备追慕先贤的历史精神价值，又具备红色文旅的育人价值，是湖州导游必须了解和掌握的知识内容。

在线课堂   交互式课件

情境导入

南浔是湖州唯一的5A级景区，也是中国六大江南名镇之一。镇上独特的民国建筑中隐藏了许多民国时期的名人故居，这些故居构成了南浔镇重要的文旅资源之一。在当年富商大贾云集的南浔镇中，还出了一位著名文学家、翻译家——徐迟。

相关知识

徐迟(1914—1996)，原名商寿，浙江吴兴(今湖州)南浔镇人。他是一位诗人、散文家和评论家，1983年加入中国共产党。徐迟早年在家乡南浔接受教育，并受到早期白话诗人徐玉诺的影响。他曾在上海光华大学附中(今华东师范大学第一附属中学)学习，并在那里第一次见到新月派诗人徐志摩，从此深受其影响。

徐迟的文学创作生涯始于20世纪30年代，他发表了多部诗集和散文集，并在报告文学领域作出了突出贡献。他的代表作有《哥德巴赫猜想》《地质之光》《祁连山下》《生命之树常绿》等，其中《哥德巴赫猜想》与《地质之光》获中国优秀报告文学奖。徐迟还曾任《人民中国》编辑、《诗刊》副主编、《外国文学研究》主编，并在中国作家协会和湖北省文联担任重要职务。

徐迟的作品风格朴实而亲切，他善于从生活中提炼素材，创作出具有深刻内涵的作品。他的诗集包括《二十岁人》《最强音》等，其中，《二十岁人》是他的第一本诗集，由上海时代图书公司出版。此外，他的小说《武装的农村》也深受读者喜爱，这部作品反映了敌后农村的民兵抗日，展示了徐迟对时代背景的深刻洞察和人文关怀。

徐迟对故乡南浔古镇怀有深厚的感情。在他的作品中，经常可以看到对故乡的描绘和赞美。他晚年创作的《江南小镇》中，一口气用了66个"水晶晶"，诉说了自己对故乡浓浓的眷恋之情。此外，南浔古镇的文化气息对徐迟的成长和创作产生了深远影响。他从小受到湖笔文化的熏陶，这种文化气息贯穿了他的文学创作。还需要注意的是，徐迟的家族在南浔有着悠久的文化传统和历史背景。他的先辈们有举人、秀才等，这种家族传统和文化底蕴对徐迟的文学创作产生了重要影响。

操 作 示 例

大家好，欢迎来到湖光山色度假之州。我是金牌导游小刘。今天我们来到的是湖州的南浔。

常言道："江南好，最忆是南浔。"水晶晶的南浔是一座富商云集的诗画之地。百年古镇必有风云人物，今天我就给大家介绍其中的一位——我国著名诗人、现代散文家、翻译家徐迟。

徐迟出生在1914年的南浔小镇，早年就读于南浔中学。1928年，年仅15岁的徐迟前往上海，在那里认识了徐志摩，开启了自己的文学创作生涯。"九一八事变"之后，徐迟留在燕京大学，发表了处女作《开演之前》。1945年，抗日战争时期，他翻译了大量与抗战有关的文章，包括《我轰炸东京》《解放是荣耀的》《巴黎的沦陷》，并在同年九月得到国家主席的接见。徐迟的翻译工作得到了认可和鼓励。1946年，徐迟返回南浔，在母校担任教导主任，积极组织学生迎接解放军入城。

新中国成立之后，1961年，徐迟举家搬迁到武汉，深入长江三峡工地体验生活。党的十一届三中全会后，徐迟的文学创作达到了顶峰。1978年，他发表了两篇重要的报告性文学：《地质之光》和《哥德巴赫猜想》。特别是那篇描写数学奇才陈景润的《哥德巴赫猜想》，使得他在一夜之间爆红全国。用现在的话来说，他成了科学界的"顶流"。晚年时期，徐迟用电脑完成了长篇自传小说《江南小镇》。"这里有水晶晶的水、水晶晶的天空、水晶晶的日月……"徐迟用66个"水晶晶"表达了他对家乡的热爱。

1996年12月13日，徐迟逝世于武汉，享年82岁。晚年的他虽然人不在南浔，但心系南浔。从他对南浔的描写就可以看出他对家乡的热爱。人生水晶晶，梦想折射全世界。这样的南浔古老而又青春，它不仅属于徐迟，还属于每一位水晶晶的南浔人。

【动笔创作】

湖州近百年来弦歌不辍，诞生了一大批世界级科学家。其中，钱三强、赵九章、屠守锷等为我国"两弹一星"事业作出了巨大贡献。请你收集他们的资料，了解他们与湖州的渊源并撰写导游词。

A.3.3　两山路上话余村

引言

2005年8月15日，时任浙江省委书记的习近平同志来安吉调研。当时的村支书汇报："村里以前办矿山、水泥厂，经济富裕了，却污染了环境，不久前刚刚关掉了一些，已经着手复绿复耕了，看来以后要靠生态旅游、农家乐，靠着青山吃青山了。"

听了村支书介绍的情况，习近平总书记对余村的做法予以充分肯定，鼓励他们继续朝着这条路子走下去。紧接着，他还说了此后深刻影响浙江乃至中国经济社会发展的这番话："生态资源是这里最宝贵的资源……一定不要再去想走老路，迷恋过去那种发展模式。所以刚才你们讲到下决心停掉一些矿山，这个就是高明之举。绿水青山就是金山银山。我们过去讲既要绿水青山，也要金山银山，其实绿水青山就是金山银山。"

矿山关停，青山归来。"绿水青山就是金山银山"理念，让余村找到了发展的新方向，也让这个小山村走出了一条"绿富美"的康庄大道。十几年的时间，安吉余村这个仅1000多人口的浙北小山村，切实转变发展思路，致力于把绿水青山转化为金山银山，从"靠山吃山"的矿山村变身为"养山富山"的生态村，形成了"村景合一、全域经营、景区运作"的乡村旅游发展模式，旅游经济蓬勃兴盛。

2020年3月30日，习近平总书记再一次来到了余村。余村已焕然一新，成为宜居、宜业、宜游之地。习近平总书记说："绿水青山就是金山银山理念已经成为全党全社会的共识和行动，成为新发展理念的重要组成部分。"①

在线课堂　　　　　　　　　　交互式课件

情境导入

假设今年夏天，你接到一个来自北京的政务考察团。他们来到美丽的安吉余村，希望切身体会"两山理论"的提出背景、发展历程和现实成效。你该如何向他们介绍余村与"两山理论"呢？

相关知识

安吉余村静静地坐落在浙江省西北部的绿水青山间，它不仅是江南水乡的一个缩影，也是中国生态文明建设的一个典范。这个曾经以采矿业为主的村庄，如今已经转变为一个充满生机的生态旅游目的地，它的蜕变见证了"两山理论"的诞生与实践。

安吉余村位于浙江省湖州市安吉县，地处天目山脉北麓，拥有得天独厚的自然资源。这里山清水秀，竹林茂密，空气清新，被誉为"中国竹乡"。然而，在20世纪末，随着工业化进程的加快，余村的生态环境遭受了前所未有的破坏。矿山的开采使得山体裸露，水源污染，村民的生活质量急剧下降。

转折点出现在2005年，时任浙江省委书记的习近平同志来到安吉余村考察，他提出了著名的"两山理论"："我们既要绿水青山，也要金山银山；宁要绿水青山，不要金山银山；而且绿水青山就是金山银山。"这一理论深刻指出了经济发展与环境保护的关系，

① 浙江省林业局. 安吉余村："两山论"诞生地的美丽蝶变[EB/OL]. http://lyj.zj.gov.cn/art/2021/11/15/art_1277846_59021088.html, 2021-11-15/2024-10-19.

强调了生态文明建设的重要性。余村成了这一理论的试验田，开始了艰难而又坚定的转型之路。

在政府的引导和支持下，余村关闭了所有的矿山，开始修复受损的生态环境。通过植树造林、治理河道、恢复湿地等一系列措施，余村的山水逐渐回归原始的美丽。同时，村庄发展起了生态农业和乡村旅游，利用当地的自然资源和文化特色吸引游客，实现了从"卖石头"到"卖风景"的转变。

如今，走进安吉余村，可以看到连绵起伏的茶园、翠绿欲滴的竹海、清澈见底的溪流，以及错落有致的农家乐。村民们不再依赖于破坏环境的产业，而是通过绿色发展获得了更加稳定和可持续的收入。余村的成功转型不仅提升了村民的生活水平，也为全国乃至世界的乡村可持续发展提供了宝贵的经验。

"两山理论"不仅是一种理念，也是一种行动指南。安吉余村的实践证明，保护生态环境和发展经济是可以相辅相成的。在这里，绿水青山真正变成了金山银山，村民们在享受自然美景的同时，收获了实实在在的经济效益。

总的来说，安吉余村的故事是一部生态文明建设的生动教材。它告诉我们，只有尊重自然、顺应自然、保护自然，才能实现人与自然的和谐共生，才能走出一条生产发展、生活富裕、生态良好的文明发展道路。安吉余村作为"两山理论"的发源地，为我们每一个人提供了值得学习和借鉴的经验。

操 作 示 例

大家好，欢迎来到湖光山色度假之州。我是湖州市金牌导游小姜。今天由我为大家讲述湖州安吉两山路上余村的故事。我们现在所在的地方就是"两山理论"的发源地——安吉余村。

15年来，余村上下牢记嘱托，在习近平总书记的亲切关怀下，在"两山理念"的指引下，坚定不移地谋绿色发展之策，走生态文明之路，开展多种经营，大力发展乡村旅游业。如今的余村已经被建设成一个开放式景区。

2020年3月30日，习近平总书记再次来到余村，充分肯定了余村的发展道路，并且勉励我们把"两山之路"一直走下去。这里的花海能让您流连忘返，这里的农事体验能让您体会浓浓的乡愁，这里的文化生活广场能让您看到余村独有的春晚，这里的农家乐能让您品尝到原汁原味的土菜。这就是余村，一个富有特色的美丽乡村。

【动笔创作】

安吉乃至湖州市全域近年来深入贯彻"两山理论"，在生态保护和乡村文旅上不断发力，已经成为长三角乃至全国闻名的乡村文旅度假胜地。请在湖州寻找一些"宝藏度假乡村"，搜集相关资料并撰写导游词。

A.3.4　潞村——遇见湖州的丝

引言

　　湖州除了以绿水青山蜚声中外的安吉余村外，还有不少历史悠久、文化底蕴深厚的传统江南古村落。近年来，湖州大力发展乡村旅游，不仅成为世界乡村旅游大会永久举办地，还通过挖掘历史文化、完善乡村基础设施等措施大力建设一批乡村旅游示范村，而潞村就是其中首屈一指的名村。

在线课堂

交互式课件

情境导入

　　假设今年夏天，你接到一个来自广州的老年旅游团。他们来到湖州后对传统江南古村落很感兴趣，要求来湖州代表性的古村落——潞村参观、游览。你该如何向他们介绍这个历史悠久的古村落呢？

相关知识

　　湖州潞村位于浙江省湖州市吴兴区八里店镇西南部，是一个拥有丰富历史文化和自然资源的古村落。潞村距离湖州市中心约7千米，区域面积约3.1平方千米。其地理位置优越，交通便利，为游客提供了便捷的出行条件。

　　潞村历史悠久，文化底蕴深厚。作为"耕读传家"的历史文化村落，潞村见证了慎氏家族从北宋中期到明朝中期的发展。慎氏家族在潞村这块土地上默默生存、发展，积蓄力量，最终成为当地的望族。明代中期，慎家中兴，科甲连登、官宦辈出。

　　此外，潞村还是钱山漾文化遗址的所在地，这是人类丝绸文明史上极其重要的一个古文化遗址。钱山漾遗址因出土了四千多年前的家蚕丝绢片，于2015年6月25日被正式命名为"世界丝绸之源"。

　　潞村旅游资源丰富，包括钱山漾文化遗址、潞村古村落、吴兴县农民协会纪念馆、五星级文化礼堂等。这些景点不仅展示了潞村深厚的历史文化底蕴，还为游客提供了丰富的旅游体验。

　　近年来，潞村大力发展农旅产业和文化产业，促进农民增收。潞村依托国家农业示范区建设，大力提升传统农业，打造农业体验"大花园"。同时，潞村大力发展美育、游学、亲子文化产业，建立了省级首批美育村基地和乡村博物馆。此外，潞村还以"潞村绣娘工坊"为平台，组建潞村绣娘队伍，通过专业技术培训，形成分聚结合的家庭业态模式，逐步走向市场，以振兴潞村当地文化旅游产业为己任。

潞村注重生态保护，创建优越的村庄环境。通过建立村级环卫队、实行网格化管理、构建三级联动格局等措施，强化落实人居环境长效管理机制。同时，潞村持续开展积分兑换、星级评比等活动，激发村民参与积极性，形成共建、共享的农村人居环境共同体，实现人居环境"整洁、舒适、安全、美丽"目标。

潞村凭借其丰富的历史文化和旅游资源，获得多项荣誉称号。2020年，潞村入选浙江省3A级景区村庄名单；2023年，潞村被评为文化艺术村——刺绣村。这些荣誉不仅是对潞村历史文化底蕴的认可，也是对其未来发展的期许。

总之，湖州潞村是一个拥有丰富历史文化和自然资源的古村落。其独特的地理位置、深厚的历史文化底蕴、丰富的旅游资源以及产业发展和生态环保的成就，使其成为一个值得一游的旅游胜地。

操 作 示 例

大家好，欢迎来到湖光山色度假之州。我是金牌导游员小陈。湖州素有"丝绸之府""鱼米之乡"的美誉。今天我就带大家一同走近湖州的丝绸文化。

1936年，潞村人慎微之先生发表的《钱山漾石器发现之中国文化之起源》轰动海内外。于是，关于中国丝绸起源的探究拉开了序幕。钱山漾遗址先后进行了四次发掘。在1958年的第二次发掘中，出土了一块长2.4厘米、宽1厘米的指甲盖大小的丝绸残片，它被鉴定为世界上最早的丝绸。因此在2015年的时候，钱山漾遗址被正式命名为"世界丝绸之源"。

由钱山漾牵出的这根纤纤细丝，源源不断地向我们诉说着湖州蚕乡的丝绸故事。最让我们骄傲的是，在1851年英国伦敦举办的首届世博会中，湖州"荣记"辑里湖丝一举夺得金奖，"荣记"成为中国首个获得国际大奖的民族工业品牌。辑里湖丝能串八枚铜钱而不断，而普通的蚕丝只能承受四枚铜钱的重量，辑里湖丝具有细、圆、匀、尖、白净、柔韧的特点。这么优质的湖丝是如何而来的呢？第一，得益于优越的蚕种。湖州的蚕种源于明代万历年间的莲心种，因茧小如莲心而得名。第二，得益于七里村清澈见底的雪荡湖。优质的水质是缫丝的关键因素。第三，得益于当地居民高超的缫丝技艺。缫丝的工具是当时最先进的三绪脚踏丝车。所出之丝富有拉力、丝身柔韧、色泽洁白，以上三点便是湖丝甲天下的重要因素。

美丽的湖丝一头连着中国，一头连着世界，丝丝缕缕叙写着湖州丝绸的魅力。2013年，"一带一路"的合作倡议得以提出，赋予了湖州丝绸新的机遇和挑战。因此，我们应该传承好湖州的蚕桑丝绸文化，续写湖州缤纷柔美的丝绸故事。

【动笔创作】

近年来，湖州大力建设世界级全域旅游示范区，力争成为世界级旅游目的地。作为湖州旅游金字招牌之一的乡村旅游不容忽视。湖州除了潞村外，还有荻港渔庄、太湖溇港等特色鲜明的乡村旅游目的地，请你搜集相关资料，选取湖州境内的特色村庄并撰写导游词。

A.3.5　湖州飞英塔

引言

湖州深厚的历史文化底蕴体现在多个方面，这里不仅名贤辈出，还有许多古建筑可供我们抚今追昔。湖州的城市标识是由湖州最著名的古建筑——飞英塔和太湖岸畔的喜来登月亮酒店构成的，这两个地标性建筑代表了湖州的历史和现代。飞英塔也是湖州首屈一指的旅游目的地，因此，掌握飞英塔的有关知识是湖州导游的必修课。

在线课堂

交互式课件

情境导入

假设今年夏天，你接到一个来自陕西西安的青少年江南文化寻访旅游团，他们除了参观湖州博物馆、南浔、潞村等一系列历史景点外，还对湖州的古建筑非常感兴趣，希望能参观湖州仅存的唐代古建筑——飞英塔。你该如何向他们介绍这座古建筑的特征和历史文化意义呢？

相关知识

湖州，这座位于浙江省北部的城市，以其秀丽的自然风光和深厚的文化底蕴吸引着四方游客，而飞英塔，这座古老而庄严的建筑，不仅是城市的历史文化标志，也是首屈一指的旅游目的地。

飞英塔坐落于湖州市的东北角，矗立于塔下街飞英公园之内。这座古塔始建于唐朝，历经千年风雨，仍巍峨耸立，成为湖州人心中的骄傲。

飞英塔的独特之处在于其"塔里塔"的结构。内塔为石塔，八面六层，高约14.55米，由太湖青白石雕凿而成，古朴典雅。外塔则是一座八角七层的楼阁式塔，高达55.45米，砖木结构，檐角飞翘，气势恢宏。内外两塔相得益彰，既有古朴之风，又不失现代之美。

走进飞英塔，仿佛穿越了时空的隧道。内塔的石壁上，雕刻着精美的佛像，每一幅都栩栩如生，让人感受到古代工匠的精湛技艺和虔诚之心。外塔设有悬挑式扶梯和回廊，游客可以沿着扶梯逐层攀登，欣赏到湖州城市的全景和周边的自然风光。

飞英塔不仅是建筑艺术的瑰宝，也是湖州历史文化的见证。历史上，飞英塔曾经历多次修葺和重建，每一次都凝聚了湖州人民的智慧和力量。同时，飞英塔是历代文人墨客赞美和吟咏的对象。苏轼、赵孟頫等历史名人都曾留下赞美飞英塔的诗句，使得这座古塔更加声名远扬。

如今，飞英塔已经成为湖州市的标志性建筑之一，吸引了众多游客前来参观和游览。无论是薄雾缭绕的清晨，还是暮色苍茫的傍晚，飞英塔都显得那么宁静而庄严，让人感受到一种超越时空的宁静和美好。

总之，湖州飞英塔是一座充满历史和文化底蕴的古塔，它不仅代表了湖州人民的智慧和力量，也是湖州城市的一张名片。如果你来到湖州，一定要去参观这座千年之塔，去感受它的古韵今风，品味它的历史韵味。

操 作 示 例

大家好，欢迎来到湖光山色清丽之州，我是湖州金牌导游小徐。如果您来湖州旅游，只选一处景点停留，我一定会向您推荐这座千年古塔。

"忽登最高塔，眼界穷大千。"苏轼在《端午遍游诸寺得禅字》中盛赞飞英塔。如今，登上此塔，我终于感受到了千百年前，东坡居士也曾领略过的景致。

这是国内现存且有史料记载的唯一一座"塔中有塔"的双塔结构古塔，被誉为"中国古塔奇观"。飞英塔之名取自佛经中"舍利飞轮，英光普照"之意。围绕着这座宝塔，飞英公园应运而生。

就站在这儿看，或许您会觉得这座塔看起来平平无奇。别急，让我带您一探究竟。

飞英塔内的石塔建于唐代，当时是为保存"舍利七粒及阿育王饲虎面像"。北宋时期，"神光现于绝顶"的祥瑞之兆在僧俗间流传，所以，飞英塔的石塔外又增建了木塔，以收敛神光，最终形成"塔里塔"。

进入塔内，您一定会和我一样为之震撼。独一无二的建筑结构和精湛的雕刻技术将意蕴丰富的佛教文化体现得淋漓尽致。千百年来石塔曾遭遇过多次天灾，秉承"外塔复原，内塔加固"的原则，外塔于1986年底复原成功；而内塔则是南宋时期修建完成的真迹。如今，飞英塔是全国重点文物保护单位。

沿着极窄的楼梯拾级而上，登塔至顶层，凭栏远眺，可一览湖州风光。不知道您有没有注意过湖州的城市形象标识，其中月亮酒店的内部空间，嵌入的正是这座"塔里塔"——飞英塔。古代和现代的两个建筑的剪影巧妙地重叠，这是新与旧的完美融合，似乎正向每一位旅人诉说着这座江南古城从古至今的美丽传说。

【动笔创作】

除了闻名遐迩的飞英塔外，湖州还有锦峰塔、多宝塔等宋代古塔，请你搜集多方资料，撰写湖州其他古塔的导游词。

A.3.6　大唐贡茶院

引言

　　湖州自古以来就是茶叶的重要产区。湖州茶文化的历史可以追溯到唐代，那时湖州被誉为"唐代中国东部茶都"。湖州不仅是茶圣陆羽的第二故乡，也是他完成世界第一部茶学著作——《茶经》的地方。因此，湖州被称为"茶之圣地"，是全球茶文化的圣地。

　　湖州自古以来盛产名茶，其中温山御菇、顾渚紫笋、安吉白茶、三癸雨芽、莫干黄芽等被誉为"湖州五大名茶"。这些名茶以其独特的品质和口感赢得了广泛的赞誉。此外，湖州经常举办各种茶文化活动，如茶文化节、茶艺表演等。这些活动不仅展示了湖州茶文化的魅力，也促进了茶文化的传承和发展。湖州茶文化的代表性景点——长兴县大唐贡茶院就是湖州茶文化的集大成者，也是全国乃至世界茶文化爱好者的向往之地。因此，湖州导游既要掌握景点的主要特征，又要熟悉湖州茶历史、茶文化、茶名人、茶技艺等方面的知识，才能接待好慕名而来的游客。

在线课堂

交互式课件

情境导入

　　假设今年清明，你接到一个来自北京的茶文化探访旅游团，他们想在湖州参观茶叶的采摘和制作流程，你将带领他们到长兴大唐贡茶院学习茶的历史文化以及采茶、制茶技艺等，针对这种情况，你该如何进行讲解呢？

相关知识

　　大唐贡茶院始建于唐大历五年(770年)，是督造唐代贡茶顾渚紫笋茶的场所，也是中国历史上首座茶叶加工工场。

　　唐代时期，长兴顾渚山所产的紫笋茶成为贡茶。大唐贡茶院为仿唐建筑，整座建筑顺山势而建，古朴典雅，突显茶文化旅游特色；主要由陆羽阁、吉祥寺、东廊、西廊四个部分组成。每个部分都有其独特的主题和内容，展示了贡茶的历史、文化及制作过程。

　　大唐贡茶院内有以下主要景点。

　　陆羽阁：为纪念"茶圣"陆羽而建，展示了陆羽的生平和《茶经》的内容。阁楼二层正中位置立有陆羽塑像。

　　吉祥寺：与陆羽阁南北相对，寺内供奉着文殊菩萨，体现了"贡茶"与"佛茶"的合一。

东廊：主要展示贡茶制作工艺、品茗三绝、贡茶知识以及茶艺流传过程。

西廊：由"名人典故""摩崖石刻""二十八刺史"三大部分组成，保存了许多与紫笋茶相关的历史和文化信息。

大唐贡茶院不仅是茶文化的重要载体，也是中国古代茶叶加工技术和茶文化传承的重要场所。它见证了紫笋茶作为唐代贡茶的历史，以及陆羽等茶学大师对茶文化的贡献。

长兴大唐贡茶院以其丰富的历史文化内涵和独特的建筑风格，吸引了众多游客前来参观，是了解中国茶文化和历史的重要窗口。

操作示例

大家好，欢迎来到湖光山色度假之州。我是金牌讲解员小徐。今天由我为大家讲述湖州的紫笋茶。

史载贡茶唐最鲜，顾渚紫笋冠芳妍，境亭胜会留人念，绿蕊纤纤令胜前。又到了一年一度新茶上市的季节，今天我要给大家介绍的就是大唐贡茶——紫笋茶。

紫笋茶产于湖州长兴顾渚，历史悠久，久负盛名。在1200多年前的唐代，茶圣陆羽在长兴顾渚山茶区发现此茶，言其"芳香甘冽，冠于他境，可荐于上"，又以"阳崖阴林，紫者上，绿者次，笋者上，芽者次"载入《茶经》，取名"紫笋"，并推荐给皇帝。

现在大家看到的大唐贡茶院正是当年紫笋茶的制作场地。大唐贡茶院始建于唐大历五年，是中国历史上第一座专门为皇帝加工茶叶的皇家工场，距今已有1200多年的历史。兴盛时期，采茶义工多达3万，工匠1000多名，烘焙茶叶的场所达到了100余间。从唐代开始，经过宋、元至明末，连续进贡876年，顾渚紫笋可谓是中国贡茶之最。

如今的大唐贡茶院，远眺恢宏古朴，近瞧一片古色古香，置身于此，仿佛回到了千年前的时光。一边感受茶文化的悠远静雅，一边享受"偷得浮生半日闲"的乐趣。欢迎大家来到湖州长兴，品味顾渚紫笋的千古茶香。

【动笔创作】

湖州除了长兴大唐贡茶院外，还有茶圣陆羽墓等众多有关茶文化的景点，请选取其中的一个，搜集相关资料并撰写导游词。

A.4 在湖州看见美丽中国：湖州特色风情游

案例 描述

茗雪清波，浩浩太湖，湖州有山的刚毅、水的灵性，从东部平原到西部山川，有小桥、流水、粉墙、黛瓦的江南水乡古镇水韵，有中国蚕桑文化和湖笔文化的发源地善琏，有"湖州三绝"——塔中塔、桥中桥、庙中庙，有金钉子、扬子鳄、十里银杏的古生态，也有"中国竹乡"——安吉翠竹王国。这些独具特色的旅游资源印证了"在湖州看见美丽中国"这张城市名片的含金量。

学习 目标

知识目标：掌握德清莫干山、德清民宿、德清莫干山民国建筑群、长兴古银杏、安吉独松关、金钉子、安吉竹博园等资源的概况，掌握不同类型旅游景点讲解词的创作重点与讲解方式。

能力目标：能够针对相关景点进行导游词的创作与讲解。

素质目标：培养合作意识，提升团队讲解能力。

A.4.1 德清莫干山

引言

莫干山的山峰连绵起伏，云雾缭绕，景色如画，被誉为"中国画中山水"的典范。在这片神奇的土地上，历史文化古迹与自然景观和谐共生。古代文人墨客钟情于此，留下了许多脍炙人口的诗文和充满灵韵绘画作品，为莫干山增添了无尽的文化魅力和艺术气息。莫干山以其独特的山水风光和深厚的历史文化底蕴吸引着无数文人雅士和艺术爱好者前来探寻灵感与创意的源泉。

在线课堂

交互式课件

情境导入

一天，导游员小王在火车站接到了一个30人的疗养度假团，按工作流程，她认真核实了团队人数并集合登车。接下来，她要向游客们讲解德清莫干山，她该讲哪些内容？如何进行讲解？

相关知识

莫干山系天目山余脉，山体呈北东走向，位于浙江省湖州市德清县境内，中心地理坐标：北纬30°36′，东经119°52′。莫干山地区，东至三桥埠、武康，南至筏头，西至铜官山，北至龙池山碧坞，东西横亘15千米，南北纵贯12.5千米，方圆百里有余。中心景区包括塔山、中华山、金家山、武陵山、莫干岭、炮台山等。若以荫山为中心，则中华山屏障于西北，炮台山拱卫于东南，武陵山支撑于东北，海拔724米的塔山为莫干山最高峰。莫干山地势西南高、北东低，地貌分东、西两种类型。西部为低山侵蚀剥蚀构造地貌，东部为丘陵侵蚀剥蚀地貌。莫干山地处北亚热带南缘，四季分明，雨量充沛，年平均气温13.3℃。莫干山风景名胜区主要水系为东苕溪支流，有余英溪、阜溪、埭溪等。

莫干山素以竹、云、泉"三胜"和清、静、绿、凉"四优"而闻名遐迩。莫干山是国家级风景名胜区，风景名胜资源十分丰富，主要景点有芦花荡公园、武陵村、剑池飞瀑、白云山馆、怪石角、塔山公园，以及天池寺踪迹、莫干湖、旭光台、名家碑林、滴翠潭等百余处。

操作示例

技巧：善用类比法。所谓类比法就是以熟喻生，达到类比旁通效果的导游手法。具体有：①同类相似类比，即对相似的两物进行比较，以便旅游者理解并使其产生亲切感，如将德清莫干山和梵净山这样更具知名度的山进行对比；②同类相异类比，即对比两种风物在规模、质量、风格、水平、价值等方面的不同，如将德清莫干山和泰山等风格差异较大的山体进行对比。

讲解词示例 》

大家好，欢迎来到湖光山色度假之州，我是导游小王。百年的历史夹杂着凉爽的山风，从遥远的地方扑面而来，这样一个让人神往的地方离我们很近，那就是莫干山。莫干山位于长江三角洲中心位置，地处浙江省湖州市德清县境内，景区总面积58平方千米，以竹、云、泉"三胜"和清、静、凉、绿"四优"蜚声海内外。早在20世纪初，莫干山就与北戴河、鸡公山、庐山齐名，为我国夏季的四大避暑胜地，有着"江南第一山"的美誉。

莫干山不仅有丰富的自然景观，还有独特的人文景观。早在2500多年前，吴王阖闾就派干将、莫邪这对铸剑夫妻在山上筑成了盖世无敌的雌雄双剑，莫干山也因此得名。众多的历史名人为莫干山留下了难以计数的诗文石刻，以及两百多幢名人别墅。1890年，美国人传教士佛利甲发现并推荐莫干山。1896年，英国人贝勒在山上兴建了第一幢山川田园式别墅，在莫干山开启了第一个建别墅的高峰期，有美国、英国、俄罗斯等十多个国家/地区的人士在此兴建别墅，所以莫干山也有"世界建筑博物馆"之称。他们还在山上兴建了教堂、邮局、图书馆、网球场等公共设施，在山顶形成了现代社会生活模式。因此，莫干山成为中国旅游休闲度假发源地之一。在历史的长河中，莫干山见证了许多历史事件，如蒋宋联姻、第二次国共合作谈判、莫干山会议等。这几年，莫干山收获了"国家级风景名胜区""国家级旅游度假区""国家级文明旅游示范单位"等多张金名片，走出了一条既保护生态又实现高质量发展的道路，让我们一起到莫干山饱览风光，叩问历史，用心融入。

【动笔创作】

撰写一篇介绍莫干山的导游词，并分组演示。

A.4.2 德清民宿

引言

近年来，依托得天独厚的自然风光和历史悠久的人文底蕴，德清以特色民宿产业为先导，探索出一条独具特色的乡村振兴之路。2013年起，德清民宿迈入黄金发展期，仙潭村的莫梵、劳岭村的西坡、碧坞村的大乐之野等一大批民宿品牌蓬勃兴起。这些曾被遗忘的乡村，因民宿品牌的打响而进入人们的视野。2019年，民宿产业进入提质变革期，逐渐呈现出高端化、精品化、主题化的特点，文旅融合的"民宿+"引领行业发展，莫干山成为中国民宿发展的样板地、标杆地。

在线课堂

交互式课件

情境导入

导游小张正带领一个来自西北地区的团队游览德清，游客说："早就听闻德清自然风光极美，民宿也非常出名，德清民宿有什么特别之处吗？"接下来，导游小张要向游客们讲解德清民宿知识，她该讲哪些内容？如何进行讲解？

相关知识

以104国道为界，莫干山镇、筏头乡和武康镇的上柏、城西、对河口、三桥等区域，统称为德清的西部，是生态环境保护区，也被称作"环莫干山旅游休闲观光区"。这里汇集着大量名声在外的民宿。以"国际化度假"作为发展的主题。德清乡村旅游的发展由外籍人士率先破冰，现在"洋家乐"不仅指外国人在德清经营的项目，还涵盖上海、杭州甚至本地人在德清西部山区经营的有创意和特色的民宿项目。

目前，德清已有外国人士及国内投资者开办的"洋家乐"150多家，彰显了德清乡村旅游高端度假的主题。"洋家乐"主要客源为跨国公司高层和都市白领等高端消费者，他们注重旅游过程的新鲜感、体验性和高品质，是高端度假的主要消费人群。针对这一群体，各"洋家乐"突出自身文化特色，提供管家式、一站式的高品质服务，充分挖掘本地自然环境和人文风情优势，全力打造以休闲度假为主的高端旅游品牌，满足消费群体的个性需求，网上好评率超过90%。

注重精品项目的打造。随着裸心谷、法国山居、郡安里等项目竣工开业，目前全县共有不同主题的"洋家乐"项目650个，其中已建成法国山居、西坡、遥远的山等精品民宿项目150余个，每个项目平均投资额达660万元。不同特色的项目带来了不同的经营理念，均由当地居民和外来投资者自发经营。目前在建、新建项目有亲泉谷、莫顿酒庄、醉清风、课间、良舍、谧园、花木深等，建设投资约2.8亿元。这些具有丰富文化内涵的精品乡村民宿项目将给德清乡村旅游注入新的血液和发展的动力，将又一次提升整个"洋家乐"民宿产业的品位和档次。(资料来源：中国村社发展促进会. 聚焦德清民宿经济[EB/OL]. http://www.village.net.cn/news/index/3872. 有改动)

德清莫干山弥宫民宿位于莫干山脚下高峰村，背靠竹林，周边有进口超市、餐饮店、游玩点等。民宿所在的位置可以说是闹中取静。民宿的整体设计概念是"花园中的城堡"，融入了马厩、花海、拱形等元素。进入拱门后，走过长长的白色汀步走道，它仿佛是一条浮在水上的路，映照着城堡。穿过护城河走道，就是野趣的花园台阶，一步一景，在花海中走向城堡。建筑外观采用白色与黑色为主色调，顶部设计成城堡的标志性尖顶。内部客厅将前台、休息区、茶室互相打通，并合理地进行了区分，让走动与穿梭显得更加自由。每一扇窗户都开得恰到好处，室外的绿植被引入室内，成为暖色的空间内画龙点睛之笔，充满生机与活力。在产品的打造上，突出艺术与梦幻童话的结合，民宿打出的标语是："全世界都在催着你长大，而我们只想守护你心中的童话。"建筑外观是梦幻的城堡，民宿还配备了马匹，并专门备有各种服装，让客人可以沉浸式体验。弥宫民宿会定期举行青年艺术家潮流艺术展，以青年艺术的形式带给客人全新的体验。

莫干山瀛轩民宿。瀛轩在设计、建设、装修过程中参照五星级酒店的标准。在管理过程中严格按照五星级酒店的要求培训员工，要求管家服务周到，确保让客人感到满意，争取用心服务好每一位客人。民宿主人亲自打理民宿，服务客人，并采购优质食材，挑选精品客房用品，希望客人在瀛轩能住得舒适。民宿有10个风格各异的景观房，在每个房间能看到不一样的四季美景，房间配备智能家电系统和高品质的基础设施。每个房间以古风颜色命名。手写的温馨提示、手工制作的羊毛装饰系列，都是民宿主人自己设计、纯手工制作的，可谓独一无二，体现了其匠心精神。

裸心堡是"裸心度假"在莫干山上打造的高端度假村，于2017年正式开业。裸心堡故事起源于2007年，"裸心"创始人高天成于偶然之间发现了这座位于莫干山顶的城堡遗址，并予以重建。裸心堡的城堡主体是苏格兰传教士医师梅滕更于1910年建造的莫干山1号城堡式别墅。"裸心"向当地政府取得蓝图后，逐步探索并了解当地人文历史，最终将中西文化以及有关城堡的历史传奇融为一体。历经近4年的重建，裸心堡在莫干山巅展现新姿，带来壮阔美景、历史传奇和欧式的奢华度假体验。

操作示例

技巧：善用情感引导。通过情感引导，让旅游者感受到民宿的文化和生活方式，以及周围环境的美丽和宁静。例如："各位游客朋友们，我们今天不仅可以欣赏莫干山的壮丽景色，还可以品尝当地美食，参与传统艺术表演，制作传统工艺品等。我们的行程体验丰富，可以让大家更加了解当地的文化传统，感受德清人民的热情和友善。"

讲解词示例 >>

大家好，欢迎来到湖光山色度假之州，我是导游小张，今天我将为大家讲解湖州德清的民宿。当现代文明逐渐削弱农耕文明时，身处上海、杭州、南京这些大都市的人率先开始觉醒，他们渴望重拾乡村田野的灵性，乡村旅游应运而生。德清静静地在这里，离都市那么近，却返璞归真，独具内涵。德清民宿的精髓在于莫干山，莫干山因春秋末年吴王阖闾派干将、莫邪在此铸成盖世无敌的雌雄双剑而得名。

"德清民宿"是一个统称，其中汇聚着大量名声在外的民宿，以莫干山为中心铺设开来。我们今天来到了一家极具具有代表性的民宿——蠡山沄居。植被风貌清新自然，酒店背靠蠡山，面朝观音，园林景观独具，考究的选址与借景，确实给了我们一种沉静的感受，就好像"舟行碧波上，人在画中游"，让我们深感惬意与惊喜。在这里，可以尽情享受古村落建筑与设计带给我们的意蕴美感，现代简约的新中式风格与精心挑选的黑胡桃木家具和谐相融，每间客房均配备了液晶电视、斯林百兰的床垫、独立的浴缸及智能马桶，使我们能够尽享美好下榻体验，暂避都市喧嚣。我们可以随心自在，专注于恢复内外平衡，实现身心放松，沉浸式地体验山水田园的恬淡生活，让放松、放空、放心的状态自由切换。在德清民宿，那些民国名人会跨越时空隧道一个个地向你走来，民宿主人也会津津乐道地为你评述，还会向你诉说他们在莫干山创业的故事。

【动笔创作】

1) 创作"德清民宿"讲解词并进行讲解

(1) 各组领任务后，组内成员创作一份针对自己旅游团的讲解词。

(2) 各组推选一名组员进行讲解演示。

(3) 其他组听后提问并点评优缺点。

2) 评价总结(参照项目8中表8-1)

(1) 仪容仪表规范，礼貌用语规范。(10分)

(2) 语言表达准确、流畅、生动、有说服力，身体语言运用自如。(20分)

(3) 讲解内容正确、全面、条理性好，详略得当，重点突出，运用一定的技巧。(50分)

(4) 具备一定的应变能力，能够解答游客的疑问。(20分)

A.4.3　德清莫干山民国建筑群

📠 引言

　　德清莫干山民国建筑群作为中国浙江省的一颗文化明珠，展示了民国时期独特的建筑风貌和历史文化底蕴。这片建筑群位于风景秀丽的莫干山脚下，以其独特的民国风格建筑和意义深远的历史背景吸引着无数游客和文化爱好者前来探访。这些建筑不仅体现了当时的社会风貌和文化氛围，还承载着岁月的沧桑和丰厚的历史积淀。走进这片建筑群，仿佛穿越了时光隧道，可以感受到民国时期的独特韵味和文化魅力，是探索历史与艺术的绝佳之地。

在线课堂　　　　　　　　　　　　　　　交互式课件

👥 情境导入

　　游客们踏入德清莫干山民国建筑群，怀着对历史与文化的好奇心，走进了一座精美的复古建筑。他们站在门前，目光在青砖灰瓦间穿梭，不禁向导游提出了一个问题："这些建筑的设计风格有什么特别之处？它们建造于什么时期呢？"

　　接下来，导游小张要向游客们讲解德清莫干山民国建筑群的知识，她该讲哪些内容？如何进行讲解？

📝 相关知识

　　建筑风格：德清莫干山民国建筑群以其典雅的民国风格建筑而闻名，融合了中国传统建筑与西方现代元素，展现了民国时期的建筑风貌。

　　历史背景：这些建筑多建于20世纪20至30年代，是当时莫干山地区富裕人士或文化名流的住宅或别墅，反映了当时社会精英的生活方式和审美趣味。莫干山别墅群是近现代许多重大历史事件的发生地，如蒋宋联姻、国共合作谈判、团结抗日和改革币制、发行金圆券等，另外在别墅的原主人中，黄郛、汪精卫、张静江、杜月笙、张啸林、钱新之、陈叔通、蒋抑厄、周庆云等都是历史上的风云人物。

文化意义与保护修缮： 德清莫干山民国建筑群代表了中国近现代建筑的一部分，不仅是建筑艺术的重要遗产，也反映了当时社会文化、经济状况及其影响力的历史变迁。近年来，当地政府和文化保护机构对这些建筑进行了修缮和保护，以确保其历史价值和建筑完整性。

操作示例

技巧： 巧用述古法。所谓述古法就是向游客叙述有关的历史人物、事件、神话故事、轶闻典故等，以丰富游客的历史知识，使他们运用形象思维更好地了解眼前的景观。同时讲解语言注重故事性。例如，莫干山白云山馆因蒋介石与宋美龄度蜜月而闻名，导游讲解时要将此段渊源介绍给游客。

讲解词示例 >>

大家好，欢迎来到湖光山色度假之洲，我是导游小张，今天我讲述的是德清莫干山。在江南的文化图景里，莫干山无疑是一块充满异域风情的文化飞地。从1896年建造第一幢别墅开始，莫干山逐渐发展成为中外文明的汇集地，前山现存200余幢近代别墅，具有很高的历史价值。这200多幢别墅形象丰富，各有特色，分别代表了美、日、俄等十多个国家/地区的建筑风格，使莫干山素有"世界建筑博物馆"之称。纵观莫干山别墅群，既有哥特式的尖顶建筑，也有巴洛克式或拜占庭式。有的庄重，有的优雅，有的舒展，有的雄浑，这里的每一幢别墅都蕴藏了丰富的历史文化内涵，比如，皇后饭店曾是毛泽东的下榻处。今天我要带大家参观的是第二次国共谈判的所在地——白云山馆。时光追溯到1927年12月1日，蒋介石与宋美龄在上海结婚，连夜来到莫干山度蜜月，就住在白云山馆二楼的套房里。1937年3月23日，在一楼会议室中，周恩来、潘汉年与蒋介石、张冲进行了第二次国共谈判。国共谈判结束后的当天，四人共进晚餐，并在白云山馆住了一夜。蒋介石依然住在与宋美龄度蜜月时的二楼套间里，周恩来与潘汉年下榻在蒋介石对面朝南的居室，张冲则住在周恩来后面朝北的屋子里。参与国共谈判的四个人都住在白云山馆二楼，相隔仅几步之遥。回望坐落于莫干山的一幢幢民国建筑，它们似乎在诉说民国时期历史的沧桑，让我们一起欣赏这些民国建筑，铭记这段民国历史，深切感悟莫干山厚重的民国文化内涵。

【动笔创作】

1) 创作"德清莫干山民国建筑群"讲解词并进行讲解

(1) 各组领任务后，组内成员创作一份针对自己旅游团的讲解词。

(2) 各组推选一名组员进行讲解演示。

(3) 其他组听后提问并点评优缺点。

2) 评价总结(参照项目8中表8-1)

(1) 仪容仪表规范，礼貌用语规范。(10分)

(2) 语言表达准确、流畅、生动、有说服力，身体语言运用自如。(20分)

(3) 讲解内容正确、全面、条理性好，详略得当，重点突出，运用一定的技巧。(50分)

(4) 具备一定的应变能力，能够解答游客的疑问。(20分)

A.4.4　长兴古银杏

📇 引言

银杏是古代银杏类植物在地球上存活的唯一品种，最早出现于3.45亿年前的石炭纪，因此被看作"世界第一活化石""植物界的大熊猫"。在湖州长兴县境内，有一片古银杏林，经悠长岁月，枝繁叶茂，是中国南方保存最完整、规模最大的古银杏群落之一。走进这片千年古林，仿佛置身于岁月长河之中，每棵参天古树都述说着悠久的历史和自然的奥妙。

在线课堂

交互式课件

👥 情境导入

游客们漫步在长兴古银杏的青翠林荫中，感受着古老树木的神秘氛围。一位中年男士停下脚步，好奇地问道："这里的古银杏有何特别之处？它们的历史可以追溯到多久以前？"接下来，导游要向游客们讲解长兴古银杏的相关知识，她该讲哪些内容？如何进行讲解？

📝 相关知识

十里古银杏长廊位于小浦八都岕，为长兴县三大古生态奇观之一。整个长廊长约12.5千米，长廊中散落着3万余株原生野银杏，其中百年以上的老树2700多株。八都岕十里古银杏长廊被誉为"世界银杏的故乡"，3万余株原生银杏树遍布十余千米，构成了罕见的生态奇观。方一村有一棵1300余年的雄性银杏树，被称为"银杏之王"。古银杏公园以这棵1300年的古银杏树为中心，其周围环绕着许多百年的银杏树，该公园是一个开放式的公园。

八都岕除遍生银杏之外，其文化渊源也特别悠长，据传，汉代刘秀曾八躲追兵至此，八都岕由此得名。此外，南朝皇帝陈霸先曾到丝沉潭垂钓，宋代杨万里曾到此为银杏赋诗。谷内的乌瞻山是古代著名的星占术士向往之地，山上有杨仲庚墓。谷地两侧青山环抱，中有清溪流水，各式各样的民居建筑掩映在银杏群中，环境清幽，鸡犬相闻。

操 作 示 例

技巧：善用感慨法。所谓的感慨法就是用寓情于景、富有哲理性的语言激发游客的情绪，使他们得到一种愉悦的启迪。例如："银杏树以其顽强的生命力、坚韧不拔的品质，见证着时光的变迁，承载着历史的记忆。银杏树教会了我们坚守初心。在生长的过程中，它始终保持着一颗纯净的心，不受外界环境的影响。无论是面对风雨还是阳光，它都保持着对生命的热爱和执着。让我们徜徉在这片古银杏林中，感受生命的伟大。"

讲解词示例 》

大家好，欢迎来到湖光山色度假之州，我是导游小张。今天由我带大家走进长兴县四古文化之一的十里古银杏长廊，长廊位于长兴县八都岕。大家可以看到我身后的这棵树，它便是古银杏树王，有1300多年的历史，大家可能都见过银杏树，它是湖州的市树。银杏树的叶子如同鸭掌一般，又被称为鸭掌树。十里古银杏文化长廊所在的八都岕中有一个"岕"字，是不是很陌生？今天我来给大家说一说，"岕"是长兴人创造的一个生字，它怎么写呢？上半部分是一个"山"，下半部分是"介绍"的"介"，意思是"介于两山之间"。八都岕十里古银杏长廊被誉为"世界银杏的故乡"，目前有野生银杏树3万余株。金秋十月，欢迎您带上您的家人来到八都岕欣赏美丽的风景。

【动笔创作】

创作"长兴古银杏"讲解词并进行讲解

(1) 各组领任务后，组内成员创作一份针对自己旅游团的讲解词。

(2) 各组推选一名组员进行讲解演示。

(3) 其他组听后提问并点评优缺点。

评价总结(参照项目8中表8-1)

(1) 仪容仪表规范，礼貌用语规范。(10分)

(2) 语言表达准确、流畅、生动、有说服力，身体语言运用自如。(20分)

(3) 讲解内容正确、全面、条理性好，详略得当，重点突出，运用一定的技巧。(50分)

(4) 具备一定的应变能力，能够解答游客的疑问。(20分)

A.4.5　安吉独松关

引言

安吉县独松关位于中国浙江省湖州市境内，是一处历史底蕴深厚、自然景观绝美的重要地标。独松关不仅承载了悠久的历史记忆，还展示了自然与文化的和谐融合。游客们来到这里，徜徉于峡谷之间，感受到岁月的厚重和大自然的奇妙，每一步都是在探索历史与自然交织的深邃之美。

在线课堂

交互式课件

情境导入

游客们踏入安吉县独松关的青山峻岭间，被一株巍然挺立的独松所吸引。一位年轻旅行者停下脚步，眼神中充满了对这片土地的好奇："这里的独松关是否曾经见证过历史上的重要事件？它在古代有什么特别的作用吗？"

接下来，导游要向游客们讲解安吉独松关的概况与历史知识，她该讲哪些内容？如何进行讲解？

相关知识

历史上，独松关与位于余杭境内的幽岭关、百丈关合称"独松三关"，是南宋京城临安北侧的主要屏障。只要守住了独松关，也就挡住了杭州北来的兵患，因此，独松关是古时兵家必争之地。安吉东南方向与余杭交界处，宣杭古道从这里经过安吉递铺镇，从宣州入徽，此处名即为关上。南宋建炎年间在此所设关卡，名为独松关，相传关门前曾有千年古松一棵，现已无存，只有我国保护文物的石碑一块。此处比较清静，似乎没有什么游人，目前只剩下关门，边上的关墙已经在修公路时拆除了一半，关前后夹杂在几栋民房之间，关内的兵营遗址变成了堆放竹子的场地。

独松关的地理形势险要，关后是高峻的独松岭，岭上满是苍松翠竹。两条从独松岭前伸出来的山脉，如同巨人的两条臂膊，将独松关抱在其中。关墙全由大石砌成。据清人编的《安吉县志》：关墙之上原有箭楼，关内有兵营六间。关墙长约六十米，厚十米。关门如洞，深十米，高约三米，宽不足一米，只能容一人通过。如今物是人非，经历了朝代兴亡，独松关已经残破不堪。原来在这附近沿线，另有幽岭关、千秋关等。昔日的雄关峻岭，已日趋暗淡，而如今独松岭下正在修建水库，水库建成后，这条古时浙西北地区南通杭州的交通要道将从此断绝，这座"中华名关"将更加沉寂。只有当了解安吉历史或熟读《水浒传》的游人登上断关残墙，听着山风掠过独松关时竹浪的呼啸、松涛的轰鸣，才会联想到此地曾是鼓角争鸣的古战场，依稀能想见独松关昔日的雄姿。

（资料来源：张士轩.浙江安吉独松关旧事[J].大众考古，2015(7)：65-67.）

操作示例

技巧： 讲解过程可构建时间线。对于有复杂历史背景的景点，可尝试在描述中构建时间线，按照时间顺序排列事件节点，以帮助游客更好地理解事件之间的联系。这种方法可以增强游客对景点的记忆。

讲解词示例 »

大家好，欢迎来到湖光山色度假之州，我是导游小张。今天我为大家介绍的是安吉历史上非常重要的一关——独松关。独松关原来的关墙横跨东西两山，现如今，我们看到是仅存的遗址。关墙是用大块的卵石砌成的，中间由土石夯筑，关东西两侧高山林立，南北通行。从古代开始，长期是杭州通往南京的咽喉要道、必经之地。据史料记载，独松关历史上发生了数十起战役。抗日战争时期，我国军队在独松关上，歼灭日寇十余人，有诗为证："古道漫漫独松岭，金元悍将难生还，抗日枪声响峻岭，击死日寇埋深山。"今天我们看到的独松关古风犹存，风光秀丽，已经成为人们凭吊、释怀、旅游观光的场所。

【动笔创作】

1) 创作"安吉独松关"讲解词并进行讲解

(1) 各组领任务后，组内成员创作一份针对自己旅游团的讲解词。

(2) 各组推选一名组员进行讲解演示。

(3) 其他组听后提问并点评优缺点。

2) 评价总结(参照项目8中表8-1)

(1) 仪容仪表规范，礼貌用语规范。(10分)

(2) 语言表达准确、流畅、生动、有说服力，身体语言运用自如。(20分)

(3) 讲解内容正确、全面、条理性好，详略得当，重点突出，运用一定的技巧。(50分)

(4) 具备一定的应变能力，能够解答游客的疑问。(20分)

A.4.6 金钉子的秘密

引言

在湖州这片神秘的土地上，有一处引人入胜的景点——金钉子。其独特的地质结构，如同大自然雕刻的杰作，不仅让人惊叹于其壮美景观，也激发了科学家们对地球演变历史的探索和思考。在这个自然奇观面前，我们感受到了时间的深邃和地球的古老。

在线课堂

交互式课件

情境导入

游客说："导游，我们将去金钉子景区，这个名字好有意思，它指的是真的金子吗？"接下来，导游要向游客们讲解金钉子的概况，她该讲哪些内容？如何进行讲解？

相关知识

全球年代地层单位界线层型剖面和点位简称"GSSP"，俗称"金钉子"，在一个特殊的地层剖面中所指定的一个特定间断和特定点，用来定义和识别全球地层单位的界线。"为什么叫金钉子，不叫银钉子？""金钉子"是国际地层委员会的命名，金子贵重，表示它很重要，钉子钉下后固定不动，表示它是一个永久的标志；另外，也有国际地质学界约定俗成的成分。

(资料来源：钱钧.精编浙江导游词[M].北京：中国旅游出版社，2012：311.)

操 作 示 例

技巧：善用猜谜法。所谓猜谜法就是根据旅游景观的内容和特点，以猜谜的形式引发游客的兴致。此外，突出"之最"以引起游客兴趣。例如："大家知道它为什么叫'金钉子'吗？下面由我给大家解密……全世界级别最高的'金钉子'共有三颗，俗称'大金钉子'，分别是划分古生代和新元古代的金钉子，在加拿大纽芬兰；划分古生代和中生代的金钉子，在中国长兴；划分中生代和新生代的金钉子，在北非的突尼斯。"

讲解词示例 »

大家好，欢迎来到湖光山色度假之州，我是导游小张。宋末元初著名诗人戴表元曾经说过："行遍江南清丽地，人生只合住湖州。"也许2.51亿年前的一群海洋生物也是这么想的。当时，湖州还是一片充满生机的海底世界，珊瑚和腕足类生物在这里演绎着它们的生命进化历程。地球已有46亿年的历史，在这漫长的岁月中，生命并非静止不变的，而是从低级向高级、从简单到复杂，逐步演进的。这一过程被划分为四个主要的阶段。最早的是新元古代，从距今约10亿年前到5.4亿年前，那时的生物微小到肉眼难以察觉。紧接着是古生代，这个时期是无脊椎动物、脊椎动物和陆生植物共同发展的时期。第三个年代是中生代，这个时期以爬行动物(如恐龙)和裸子植物的大发展为特征。然而，到了新生代，恐龙灭绝，哺乳动物、鸟类和被子植物出现了大发展。在这四个年代之间，存在着三条重要的分界线，国际上统称为"金钉子"。新元古代与古生代的分界线位于加拿大，而古生代与中生代的分界线则位于中国湖州市长兴县。中生代与新生代的分界线位于北非的突尼斯。在全球范围内，这样的金钉子仅有三个，而湖州有幸成为其中之一。欢迎来湖州，亲自聆听地球历史的回响，感受生命进化的奇迹。

【动笔创作】

1) 创作"金钉子"讲解词并进行讲解

(1) 各组领任务后，组内成员创作一份针对自己旅游团的讲解词。

(2) 各组推选一名组员进行讲解演示。

(3) 其他组听后提问并点评优缺点。

2) 评价总结(参照项目8中表8-1)

(1) 仪容仪表规范，礼貌用语规范。(10分)

(2) 语言表达准确、流畅、生动、有说服力，身体语言运用自如。(20分)

(3) 讲解内容正确、全面、条理性好，详略得当，重点突出，运用一定的技巧。(50分)

(4) 具备一定的应变能力，能够解答游客的疑问。(20分)

A.4.7　安吉竹博园

引言

湖州安吉竹子博览园以其丰富的竹文化资源和独特的园林设计而闻名。这个博览园不仅是竹艺和园林艺术的杰出代表，也是一座结合了教育、娱乐和研究功能的现代化景区。游客们在这里可以领略到竹林的静美、竹文化的深厚历史，以及精湛的竹工艺，也能沉浸于竹与自然和谐共生的奇妙氛围中。湖州安吉竹子博览园是探索竹之美、感受自然魅力的绝佳去处。

在线课堂

交互式课件

情境导入

导游小张正带领一个旅游团游览竹博园，游客说："这里是竹博园嘛，除了参观各色的竹子，还有其他特色活动吗？"接下来，所有游客都望着她，小张要向游客们讲解安吉竹博园的相关知识，她该讲哪些内容？如何进行讲解？

相关知识

安吉竹子博览园位于竹乡安吉，是国家4A级旅游景区、全国科普教育基地、全国首个大熊猫落户的县级基地，是一家集竹海观光、竹文化主题体验及科普教育于一体的竹类大观园。轻舟赏竹翠，曲径闻竹香，凭窗听竹语，登高观竹浪。396个竹子品种让你体验到"宁可食无肉，不可居无竹"的意境；四只大熊猫让你感受它们的迷人萌态；识竹、品竹之余，或泛舟湖上，或品茗林间，或挑战自我，是深度体验的江南竹文化之旅第一站。

雨雾广场是整个景区的一大亮点，它营造出一种雨雾竹都的感觉，朦胧秀丽中不乏气势恢宏，还能起到降温、加湿的作用，把灰尘等有害杂质隔离在公路一侧，给景区创造更好的环境，它不仅是整个安吉竹子博览园的客流集散地，而且是入口形象区域，起到引景、导景、前奏和标志的作用。

热带雨林总面积2200平方米，最高处为15米，以收集、保存、研究和展示热带及高山竹区竹种资源为目标，是开展竹类植物多样性迁地保护和科学普及教育的重要场所。共保存展示竹子品种61种，各类热带植物140余种。在这里不仅可以看到许多珍奇的竹类植物，比如高大的歪脚龙竹、奇特的攀援竹类爬竹、无耳镰序竹、来自台湾的花秆大佛肚竹、南美的瓜多竹等，还可以观赏到其他典型的热带植物，比如食虫植物、苏铁类、蕨类、兰花和凤梨类植物，如鸡蛋花、榕树、龙眼、桫椤、猪笼草等。整个温室采用竹子为骨架植物，下层配置四季温室花卉，将火山岩假山、瀑布、山洞、栈桥、溪流、特色竹亭等园林景观融为一体，错落有致，具有浓郁的热带风情，一定会让你流连忘返。

玉带桥是一座钢结构人行景观桥，为中国美院风景建筑设计研究院设计，全长197米，横跨在浒溪之上，为联系东西园区的纽带。玉带桥形若蜿蜒玉带，并拥有流畅挺拔的曲线，幽雅秀美，因此而得名。

浒溪为西苕溪的支流之一，由北向南纳入苕溪主流，经湖州入太湖，流经竹博园，沿园区东侧形成一段绵延1千米，宽50余米的河边景观湿地。浒溪终年流水舒缓，溪清水洁，盛产鱼虾，蒲草丰茂，芦苇青青，野花点点。溪滩塘垛自成方圆，星罗棋布，栈道竹筏，串联其中，春日鸟语花香，夏日捕鱼捉虾，石滩摸螺捉蟹，品取鱼之乐，尝出水之鲜。

竹贤阁是廉政文化主题馆。展馆一至二层展示了从唐朝开始的历代清廉官吏及其咏竹、画竹的代表作品，这些作品歌颂了竹子坚忍不拔、刚直不阿、虚怀若谷的高尚品质，展现了先贤们的精神追求，让游客深刻感受竹子的美学价值，达到教育的目的。

见竹思廉区块选取了与廉文化有关的十余种竹种集中展示，以竹喻人，达到"见竹思廉"的目的。毛石景墙由一个圆门和一个方门组成，寓意这是一段规矩墙，《荀子·礼论》中说："规矩诚设矣，则不可欺以方圆。"《史记·礼书》中说："人道经纬万端，规矩无所不贯，诱进以仁义，束缚以刑罚。"圆门进，方门出，没有规矩，不成方圆，它告诉我们，做人做事都要守规矩，恪守本分。

竹影天桥长400米，宽3米，是一条趣味盎然的生态绿色通道，沿路可抵达园中景点。桥身造型简洁，色彩明净，与竹林、湖面、园路交错有致。游人穿行其间，心旷神怡。

鸟艺表演是精彩的鸟类杂技节目，"演员"有来自南美洲的金刚鹦鹉、澳大利亚的葵花鹦鹉、非洲的灰鹦鹉、印尼的红冠鹦鹉等。它们各有绝技，如鹦鹉骑单车、群鸟打篮球、吉祥鸟认钱、小鸟做算术、鹦鹉放飞等。游客可和鹦鹉们互动，拍照合影。

安吉竹博园大熊猫馆是世界一等的大熊猫专业生态展馆，整个熊猫馆面积约为7000平方米。大熊猫居住的地方是严格按照专家建议设计、建造的，其中各项功能齐全。比如，熊猫怕热不怕冷，160平方米的室内馆就设置成了恒温室，室外气温一旦超过26摄氏度，它们就要进去享受空调带来的凉爽了。另外，大熊猫喜欢爬树，偶尔也要玩玩游戏，四个500多平方米的室外馆安装了树架、游乐设施，专供它们健身、休闲。万顷竹海加上花园式的熊猫别墅，大熊猫们在竹博园里必定能茁壮成长。

安吉小熊猫馆。2016年10月从四川成都大熊猫繁育研究基地引进了七只小熊猫，整个小熊猫馆占地面积约1500平方米。根据小熊猫的习性，在设计上主要以室外活动场所为主，其中各项功能齐全。小熊猫是大熊猫的伴生动物，有和大熊猫相类似的生活饮食习性，而且它是可以和人类近距离接触的温顺动物，相信在竹博园必定能快乐地成长。

熊猫嘉年华可为游客提供精彩的小丑表演和供儿童游玩的电玩城。2016年重新改造、装修的熊猫生活体验馆配有精美的小吃和熊猫邮局。

清风廊展示历代清廉官吏故事，是楹联主题的竹刻长廊，全长282米，通廊以竹装饰，清新淡雅，右面墙上共有近30幅竹刻作品，有廉政人物故事版画，还有名人名联。"清风廊"三字由俞建华先生题写，他曾任浙江省书法家协会副主席、杭州市书法家协会副主席。以隶、行书见长，现为浙江省书法家协会顾问、西泠印社社员。

正气林占地3000余平方米。我们可以穿过松林间的小路，感受松树的挺拔、正直，它们深深地植根于贫瘠的土地，执着、坚毅、洒脱、泰然。

中国竹子博物馆是6000年竹文化的浓缩，是中国一等、世界领先的竹子专业博物馆。全馆占地12 000平方米，2012年进行重新装修，形成了识竹厅、传统加工展厅、现代加工利用厅、全竹家具展厅、话竹厅、赏竹厅、论竹厅等七个展厅和一个序厅。在这里，可以看到竹编《清明上河图》《兰亭序》、世界最粗大的巨龙竹、实心的古里竹等。这里以丰富的展品、翔实的史料，通过现代最先进的光影技术，让游客亲身感受中国丰富的竹资源、悠久的竹历史和光辉灿烂的竹文化。

(资料来源：钱钧.精编浙江导游词[M].北京：中国旅游出版社，2012：325-326.)

操作示例

技巧： 善用美好寓意，以使游客身心愉悦。美好生活是一种内心的安宁。它让我们在忙碌和压力中找到平衡，让我们在平凡的日子里感受到不平凡的美好。游客在旅游过程中尤其需要通过事物的美好寓意来愉悦身心，因而可以借用竹子等有美好寓意的景物表达祝福。

讲解词示例 》

大家好，欢迎来到湖光山色度假之州，我是导游小张。今天由我为大家讲述安吉的竹文化世界。俗话说得好："竹子看中国，中国竹子看浙江，浙江竹子看安吉，而安吉竹子看竹博园。"

大家观察一下，我们眼前的这个竹子有什么奇特之处？是不是像一个个乌龟的龟壳覆盖在上面？这种竹子称为龟甲竹，大家都知道乌龟是象征长寿的。所以，当地老人做寿的时候，亲朋好友们常送这种盆栽的龟甲竹，希望家里的老人能够健康长寿。龟甲竹的移植有难度，一般都是以母竹移植栽培，并且它的遗传性不太稳定，一株比较饱满的成年龟甲竹可以卖到上千块。

现在我们看到的就是中国四大名竹之一的紫竹。紫竹刚长出来的时候也是绿色的，它要经过两到三年的严寒霜冻之后才会慢慢地变紫，越到后面，颜色越深。所以，人们也把它称为墨竹或者黑竹。随着时间的推移，这种竹子会变得越来越漂亮，它有个别名叫"老来俏"。安吉当地人非常喜欢使用这种竹子，当老百姓家嫁女儿的时候，这种紫竹常被做成蚊帐竿，陪女儿一起嫁到夫家。这有两方面的意义，一方面，希望女儿嫁到夫家之后能够大红大紫，紫气东来。另一方面，紫竹的"紫"和孩子的"子"谐音，送紫竹暗示着希望女儿嫁到夫家之后，能够早生贵子。关羽在《风雨竹》一诗中说："不谢东君意，丹青独立名，莫嫌孤叶淡，终久不凋零。"在这里，衷心祝愿大家以后的生活能够大红大紫，紫气东来。

【动笔创作】

创作"安吉竹博园"讲解词并进行讲解

(1) 各组领任务后，组内成员创作一份针对自己旅游团的讲解词。

(2) 各组推选一名组员进行讲解演示。

(3) 其他组听后提问并点评优缺点。

评价总结(参照项目8中表8-1)

(1) 仪容仪表规范，礼貌用语规范。(10分)

(2) 语言表达准确、流畅、生动、有说服力，身体语言运用自如。(20分)

(3) 讲解内容正确、全面、条理性好，详略得当，重点突出，运用一定的技巧。(40分)

(4) 具备一定的应变能力，能够解答游客的疑问。(20分)